RECLAM-BIBLIOTHEK

Heino hören, auf Schnäppchenjagd gehen, uralte Adidas-Trainingsjacken tragen, Biergärten bevölkern – das ist nicht der Alltag eines Kleinbürgers, das ist das Leben der absoluten Trendsetter.

Allenthalben waltet der gute schlechte Geschmack, höchste Zeit also, für Ordnung zu sorgen. Dieser »Wegweiser« versammelt die Idole und Kultgegenstände, unternimmt einen Streifzug durch die Welt der Geschmacklosigkeiten, in schöner alphabetischer Abfolge. Die Lebenshilfe »Wie werde ich Trendsetter?«, der Psychotest »Wie dehnbar ist dein Geschmack?« und das Nachwort »Trash Couture« beschließen das unentbehrliche Nachschlagewerk.

Unsere Geschmacksexpertin Franziska Roller, geboren 1965 in Stuttgart, lebt als freie Autorin und Kulturwissenschaftlerin in Tübingen.

Franziska Roller

Abba, Barbie, Cordsamthosen

Ein Wegweiser zum prima Geschmack

RECLAM VERLAG LEIPZIG

Mit 8 Abbildungen

ISBN 3-379-01586-5

© Reclam Verlag Leipzig 1997

Reclam-Bibliothek Band 1586
1. Auflage, 1997
Reihengestaltung: Hans Peter Willberg
Umschlaggestaltung: Oberberg + Puder, Leipzig
Foto der Autorin: Sandra Schuck
Gesetzt aus VAG Rounded thin und Zapf Chancery medium italic
Satz: XYZ-Satzstudio, Naumburg
Druck und Bindung: Ebner Ulm
Printed in Germany

Inhalt

Die Vorbemerkung

Dies ist ein Buch über den guten schlechten Geschmack. Die darin abgehandelten Personen, Filme, Musikstile, Einrichtungsgegenstände, Kleidungsstücke haben eines gemeinsam: Sie spielen eine Rolle für die eine neue Form der Lust auf schlechten Geschmack, auf Kitsch und Trash, auf Billigprodukte der Massenindustrie. Phänomene, die erst durch ein neues Publikum Kultstatus erhalten, werden ebenso berücksichtigt wie Künstler, die Trash und Schund bewußt als Stilform einsetzen. Angesehene Filmemacher stehen neben Schlagerfuzzis und künstlerische Ausdrucksformen der Hochkultur neben kitschigem Ramsch.

Die Menge der beglückenden Geschmacklosigkeiten ist unüberschaubar, und eine solche Sammlung von Fundstükken kann keinen Anspruch auf Vollständigkeit erheben. Deshalb wurde das aufgelesene Material nicht nach inhaltlichen Kriterien zu Kapiteln zusammengefügt, sondern alphabetisch geordnet. Wer wissen möchte, wie die Ehe von Roy Black verlief und welche Schauspieler die schönsten Fernsehserien zieren, ist mit dieser Sammlung falsch beraten. Hier geht es nicht um Biographien und Daten, sondern um eine Haltung gegenüber der Massenkultur.

Ein Wegweiser zum prima Geschmack ist ein paradoxes Unterfangen. Er kategorisiert, bewertet, stellt Regeln auf für ein kulturelles Phänomen, das sich erst aus dem Verstoß gegen Normierungen und aus ihrer Überschreitung entwickeln kann. Nur wer die Regeln kennt, kann sie brechen, kann mit Geschmackstabus spielen und kreativ mit den Auswüchsen der Konsumgesellschaft umgehen. Es geht um die Lust an Dingen, die gerade deshalb gefallen, weil sie schlecht sind. Diese Haltung ist darauf aus, verbotenes Terrain zu betreten, Verachtenswertes zu Prestigeträchtigem umzuwerten und so die herkömmlichen Muster von gutem und schlechtem Geschmack für hinfällig zu erklären.

Guter schlechter Geschmack kann Gesellschaftskritik ausdrücken oder nur den eigenen Status im Rahmen einer entsprechenden Subkultur verbessern. In jedem Fall handelt es sich um einen ebenso aufregenden wie gefährlichen Balanceakt. Die Aufnahme von Trash und Kitsch ins eigene Repertoire ist gescheitert, sobald sie nicht mehr durch Kombination mit anderen, als niveauvoll oder cool wahrgenommenen Stilisierungen gebrochen wird. Ebenso schnell wie das Spiel begonnen wurde, kann es wieder in bitteren Ernst umschlagen, kann einen die Zeit überholen und in die Abgründe der Niveaulosigkeit zurückstoßen, aus denen die neuen Statussymbole entwendet wurden.

Geschmacklosigkeiten als Attitüde funktionieren nur dann, wenn gleichzeitig mit der scheinbaren Hingabe zum Schlechten eine liebevolle Distanz aufrechterhalten wird. Sonst unterscheidet sich der jugendliche Schlagerliebhaber durch nichts mehr von seiner spießigen Tante, wenn er eine Heino-Platte auflegt.

Herzlichen Dank an Ute Holfelder, Ulrich Janßen, Stefanie Krug für Tips, an Benedikt Roller und Uli Wagner für Nachhilfestunden in gutem schlechtem Geschmack, und auch an alle anderen Freundinnen und Liebhaber des schlechten Geschmacks, die mir bei der Zusammenstellung geholfen haben. Besonders danke ich Klaus Schönberger und Michael Zaiser für Diskussionen und Korrekturen – und vor allem Tobias Roller, mit dem ich in Zeiten von Abba-Haß und Abba-Liebe den guten schlechten Geschmack erkundete und ohne dessen Mitarbeit dieses Buch um einige Themen ärmer wäre.

*A*bba

In den siebziger Jahren schmückten die Konterfeis von Agnetha, Annafrid, Benny und Björn unzählige Teenagerzimmer. Die Mädchen träumten von langen Nächten mit »Fernando« und übten mit der besten Freundin das synchrone Hüftschwingen, während die Jungs zwischen glühender Verehrung für Annafrid und verzehrender Liebe für Agnetha schwankten. Der Name des Quartetts, der aus den Anfangsbuchstaben ihrer Vornamen zusammengesetzt ist, sowie ihre Selbstdarstellung als Team, das Liebe und Freundschaft vereint, versprechen ewigen Zusammenhalt. Die Inszenierung der Ehe als romantisches Glitzer-Bühnenstück (auch wenn während des Bestehens der Band nur drei Monate lang beide Paare gleichzeitig verheiratet waren) gelang der schwedischen Gruppe in solcher Perfektion, daß sie nach zehn Jahren in der Versenkung wieder Kult wurde. Kurz nachdem das bekennend schwule Duo »Erasure« seine LP »Abbaesque« mit gecoverten Abba-Stücken herausgebracht und sich im dazugehörigen Video als »Anna« und »Frida« verkleidet hatte, gelangten die Originale wie auch Techno-Versionen der Abba-Hits zu neuem Ruhm in den Discotheken.

Die gnadenlose Heterosexualität der beiden Abba-Paare wie auch die sanftmütig-feminine Ausstrahlung der Sängerinnen inspiriert Filmemacher und Gesangskünstler ungemein. Allen anderen voran bildet der Hit »Dancing Queen« down under in Australien das Herzstück zweier großartiger Filme. Für die junge Frau, die in »Muriels Hochzeit« vom schönsten Tag im Leben einer Frau träumt, sich am liebsten in Brautkleid-Läden aufhält und so ihrem engen Familienleben, dem korrupten Vater und der devoten Mutter zu entkommen versucht, bringt »Dancing Queen« den Wendepunkt in ihrem Leben. Sie füllt einen Barscheck ihres Vaters großzügig genug aus, um ihren gehässigen Freundinnen in den Urlaub nachfliegen zu können, und dort ist das dicke Mädchen bei der Show im Feriendorf zusammen mit einer neuen Freundin der Star. Mit Abba-Perücken und in langen Kleidern bringen sie als Dancing Queens den Saal zum Toben und sind für einen Moment eins mit ihren Träumen.

In »Priscilla – Königin der Wüste« gelingt den schwulen Travestiekünstlern mit diesem Lied der Höhepunkt ihrer Karriere und die Versöhnung mit der heterosexuellen Vergangenheit in einem Hotel irgendwo in der australischen Wildnis; für die Wahl dieses Abba-Songs ist sicherlich auch die Doppeldeutigkeit mitverantwortlich, die der Begriff »Queen« im Kontext der Travestieshow erhält.

Die Texte der Gruppe sind inzwischen sogar zu einer Inspirationsquelle für die linke Frauenbewegung geworden. In einer Stadtzeitung (»Marburg Virus«) wird endlich aufgedeckt, daß es sich bei den Gewinnern des Grand Prix von 1974 um das als Popgruppe getarnte »Arbetare Bollatätten tergengste Borgeoisi en Autokrati« (ArbeiterInnenbollwerk gegen Bourgeoisie und Autokratie) handelt, das in seinen Texten auf subtile Weise die Analyse der Entfremdung der arbeitenden Bevölkerung mit der Kritik an gängigen Weiblichkeitsvorstellungen verbindet. Abba ist aufgrund dieser bis heute weitgehend verborgen gebliebenen Inhalte folglich nicht nur Sinnbild für »Money Money Money« im Schlagerbusiness, sondern auch das »Waterloo« des Patriarchats.

*A*ctionfilme

Lange Zeit konnte man nicht einmal vor den besten Freunden zugeben, daß man sich im Kino einen Actionfilm angesehen hatte – es sei denn, man machte sich sowieso keine Gedanken über Geschmack oder Prestige. Inzwischen hat sich der Spieß umgedreht. Immer weniger Kinogänger wagen es, den neuesten Schwarzenegger-Film zu verpassen oder gar aus Überzeugung nicht anzuschauen. Diese Entwicklung kam nicht so plötzlich, wie es aussehen mag: Seit die meisten einen Videorecorder besitzen oder bei Freunden zum Videoabend eingeladen werden, sind immer mehr Film-begeisterte auf den Geschmack gekommen. Anfangs nahm man den Bruce-Lee-Film nur mit, weil das Ausleihen des drit-ten Videos billiger ist. Mit der Zeit entwickelte sich der Ac-tionfilm dann zum unumgänglichen Bestandteil eines Video-abends. Und das mit gutem Grund. Schließlich befriedigt ein Actionfilm eine ganze Reihe von Bedürfnissen, die ansonsten brachlägen. Feinsinnige Filmkritiken über tieferliegende Sinn-konstruktionen kann man getrost vergessen. Hier feiert das Bild des überladenen Muskelprotzes, der zarte weibliche Ge-schöpfe rettet, fröhliche Urständ. In Zeiten der Fraueneman-zipation und des Trends zur Androgynität erholen sich hier geplagte Männer von den alltäglichen Zumutungen und kön-nen davon träumen, stark und schön zu sein. Wer gut ist und wer böse, läßt sich zumeist auf den ersten Blick an den un-terschiedlichen Formen des grimmigen Lächelns und Zähne-fletschens erkennen (besonders beeindruckend: der Schwede Dolf Lundgren als russischer Bösewicht in »Rocky IV«). Ein wei-teres wichtiges Merkmal des Actionfilms sind die coolen Sprü-che. Selbst wenn der Held an einem brennenden Seil aus dem 18. Stock eines Hochhauses hängt, hat er noch ein lockeres Bonmot auf den Lippen und gibt dem Publikum so die Ge-wißheit, daß alles gut wird.

Während Terminator Schwarzenegger und Rocky Stallone eher auf Technikspielzeug und rohe Gewalt setzen, bestechen die Stars in Karate-, Kung-Fu- und anderen Kampfsportfil-men häufig durch technisch perfekte Akrobatik, seien es Bruce Lee, Jacky Chan oder auch Chuck Norris. Besonders lustig sind jedoch Jean-Claude-van-Damme-Filme, die einer fulmi-nanten Hau-drauf-und-Schluß-Mentalität huldigen, oder die Streifen mit Steven Seagal, hinter dessen Prügeleien die an-geblichen Aikido-Taktiken höchstens noch schemenhaft zu erkennen sind.

Der Klassiker des Actionfilms schlechthin ist James Bond. Immer auf der Höhe der Zeit kämpft der britische Geheim-dienstler, unterstützt von Miss Moneypenny und einem großartigen Erfinder, gegen die Bedrohungen der Zeit, seien es mafiose Verbrecher, böse Russen oder furchterregende Asiaten. Der technische Aufwand ist gewaltig und wirkt selbst in jahrzehntealten Filmen nur selten richtig lächerlich – außer vielleicht beim Showdown, der ganze Heerscharen von Bösewichten in wechselnd bunten Overalls das Leben kostet.

Abgesehen von den kleinen Ausrutschern George Lazenby und Timothy Dalton prägten die Bond-Darsteller über Jahrzehnte die allgemeine Vorstellung vom wahren Helden. Sean Connery konnte sich als schlagfertiger Frauenheld profilieren und schaffte es sogar, sich als einer der gefragtesten Schauspieler zu etablieren. Roger Moore, der ihn eine Zeitlang ablöste, war zwar schauspielerisch weniger überzeugend, aber als Figur durchaus stimmig. Inzwischen wurde mit Pierce Brosnan ein würdiger, wenn auch recht stromlinienförmiger Nachfolger gefunden: moralisch, schön und sportlich. Als Bond persifliert er seine eigene Rolle, und das muß er auch, um angesichts der langen Bond-Tradition nicht nur als Abklatsch seiner Vorgänger zu wirken. »Mein Name ist Bond, James Bond« und »geschüttelt, nicht gerührt« sind Klassiker, die nicht mehr ohne ein Augenzwinkern ausgesprochen werden können.

Eine weitere Variante sind Fantasyfilme in Vergangenheit oder Zukunft. Dies ist vor allem für die Planung von Fortsetzungen sehr praktisch, denn falls der erste Film ein Kassenschlager ist, muß das plötzliche Wiederauftauchen des Feindes in der nächsten Folge keinerlei Rücksicht auf die Logik der Handlung im Vorhergehenden nehmen. Christopher Lambert ist zwar am Ende des Films immer der letzte unsterbliche Highlander, doch es ist nie unmöglich, einfach wieder ein paar neue zu erfinden. In der Fortsetzbarkeit liegt generell eine der größten Stärken des Actionfilms. Es ist ungewiß, ob »Rocky MCCCXXIVX« noch genauso erfolgreich sein wird wie »Rocky IV«, doch Produzenten wie Zuschauer geben die Hoffnung nicht auf.

$\mathcal{A}$merican Hardboiled Detectives

In den dreißiger Jahren wurden sie in den USA in riesigen Auflagen auf den Markt geworfen. Als sogenannte Pulp-Paperbacks wurden sie auf billigem Papier gedruckt und mit reißerischen Sex-and-Crime-Covern versehen. Schon damals verschlangen sie nicht nur ungebildete Schundliebhaber, sondern auch in bürgerlichen Kreisen waren sie en vogue: die Hardboiled-Krimis. Zu einem richtigen Hardboiled gehört vor allen Dingen ein trunksüchtiger, einsamer Privatdetektiv, der sich vollkommen desillusioniert durch die schlechte Welt schlägt und immer ein kleines Stückchen unter dem Rand des Existenzminimums dahindümpelt. Er lebt in einem her-untergekommenen Büro, dessen Miete immer überfällig ist, oder hängt in billigen Motels herum. In den fünfziger Jahren tritt an seine Stelle immer häufiger der Cop, der ebenso-wenig an Gerechtigkeit oder irgendwelche anderen Werte glaubt, sie aber dennoch standhaft vertritt, wobei er sich der letztlichen Sinnlosigkeit seines Tuns bewußt ist. Es geht also um den guten Menschen schlechthin, und der ist ein Mann. Selbstverständlich gibt es immer auch ein paar schöne Frauen, die jedoch zumeist aus dem Leben des jeweiligen Protagonisten so schnell wieder verschwinden, wie sie ge-kommen sind. Eine Ausnahme bildet hier Dashiell Hammett, dessen Privatdetektiv dauerhaft und respektvoll mit seiner Gattin zusammenarbeitet. Und dann sind da noch die un-glaublich gemeinen Gangster, gegen die der gute Pessimist mit Coolness, Schläue und niemals ganz legalen Methoden zu Felde zieht.

Die Stories handeln grundsätzlich von Sex, Gewalt und Geld; am Anfang steht zumeist ein Mord. Auch wenn man behaupten kann, daß Hardboiled-Autoren hoffnungslose Romantiker sind, bleibt bei jeder Lösung eines Falls ein scha-ler Nachgeschmack. Denn in einer korrupten Welt voller ge-scheiterter Existenzen ist eigentlich sowieso nichts zu retten, nichts aufzuhalten oder zu verhindern. Trotz der unauflöslichen Verquickung des amerikanischen Traums mit dem amerikanischen Alptraum gibt es auch Hardboiled-Schreiber, die wie der frühe Joseph Wambaugh mit schwarzem Humor dem Ganzen eine witzige Seite abgewinnen können.

Es ist eine einfache Welt, in der der Hardboiled spielt, und gerade weil keinerlei Aussicht auf einen Ausweg aus Verlogenheit und Brutalität besteht, erscheint sie irgendwie tröstlich. Die Dialoge sind kurz und hart; dabei bleibt hinter jedem lakonisch hingeworfenen Satz des Helden seine einsame, gute Seele spürbar, sei es bei Raymond Chandler, Elmore Leonard oder James Lee Burke. Allerdings gibt es einige wenige, die diese Konventionen radikal überschreiten. Bei Jim Thompson sind die Cops schizophrene Mörder. Ihre Ausbrüche zielgerichteter Gewalt müssen beim Lesen aus der Ich-Perspektive miterlebt werden und erlauben keinerlei Distanzierung. Ebensowenig kann man sich der sadistischen Besessenheit des New Yorker Yuppies in Bret Easton Ellis' »American Psycho« entziehen. Dieser Roman bedient sich der Sprache des Hardboiled, doch ist an eine Auflösung von Anfang an nicht zu denken. Zwischen völlig sinnentleerten Gesprächen über Kosmetik und Kleidermarken führt der nach außen glatt und langweilig wirkende Börsenmakler Patrick Bateman ein Doppelleben. Er sucht sich Nutten, Penner, Passanten oder ersteht Tiere in Zoohandlungen, um sie zu quälen, zu verstümmeln und umzubringen. Seine einzige seelische Beunruhigung besteht darin, daß er sich zuweilen miserabel fühlt, weil er zu viele oder zu wenig synthetische Drogen eingeworfen hat.

Das alte Dreißiger-Jahre-Genre erfreut sich inzwischen wieder einer Beliebtheit, die dazu beiträgt, daß es von Schriftstellern wie Andrew Vachss (den zugegebenermaßen vor allem das Anliegen umtreibt, tatsächlich die Welt zu verbessern) nach wie vor liebevoll kultiviert wird. In den letzten Jahren haben sich auch zunehmend Schriftstellerinnen am Genre des Hardboiled versucht und es durch ironische Elemente erweitert. Die alten Groschenhefte von Jim Thompson werden bei Diogenes neu aufgelegt, und wer die Klassiker von Chandler und Hammett nicht gelesen hat, wagt kaum, dies öffentlich einzugestehen, denn diese Bildungslücke ist für gebildete Leute, die meinen, etwas zu sagen haben, unverzeihlich.

Anderson, Pamela

»Ich werde einfach immer schöner.«

Pamela Anderson ist die fleischgewordene Barbie schlechthin. Sie verkörpert den Triumph der plastischen Chirurgie über die Frau und steht offen dazu, daß ein Großteil ihrer Rundungen aus kleinen (und großen) Silikonkissen besteht. In Europa wurde sie erst als Bademeisterin in der Serie »Baywatch« so richtig bekannt. Auch wenn es noch nicht ganz soweit ist, daß Intellektuelle hierzulande ihre Leidenschaft für diese nur spärlich durch Bikinis und Badehosen verhüllte Peepshow bekennen, ist Pamela Anderson immerhin dem Magazin der »Süddeutschen« ein Interview wert – Indiz für ihre Bedeutung als Kultfigur des Vulgären. Sie liebt es, in allen Fernfahrerkabinen als Playmate des Monats rumzuhängen (ihr Rekord: sechs mal im Playboy), denn sie weiß, daß sich Schönheit nicht nach subtilen Feinheiten, sondern nach Quantität mißt: »Eine Milliarde Baywatch-Fans auf der ganzen Welt können nicht irren.«

Pamela Anderson ist eigentlich die ultimative Fassung des Blondinenwitzes. Die Plastikschönheit beweist zwar ein sehr realistisches Verhältnis zu ihrem Körper, wenn sie verkündet: »Ich bin natürlich nicht wegen meiner Schauspieltalente zu Baywatch geholt worden. Das ist klar.« Wird sie jedoch mit Fragen konfrontiert, deren Beantwortung ihr als Intelligenz oder gar Intellektualität ausgelegt werden könnte, verweigert sie sich grundsätzlich, damit ihr Ruf keinen Schaden nimmt. Kompliziertere Einschätzungen beispielsweise dazu, ob die Grenze zwischen Körper und Technologie durchlässig geworden sei, quittiert sie mit einem koketten »Verstehe ich nicht«. Auch auf Überlegungen zum Feminismus antwortet sie mit einem ihr Image erhaltenden »Was meinst du damit?«. Eine ihrer liebsten Freizeitbeschäftigungen war es lange Zeit, nackt an einem Trapez durch ihr Wohnzimmer zu schwingen (vorausgesetzt ihr Mötley-Crüe-Macker Tommy Lee oder auch gleich die ganze Band schauten von unten zu). Pamela Andersons raffiniertester Trick war jedoch – bis sie mit medienwirksamen Scheidungsdrohungen begann – die absolute Treue zu ihrem Gatten. Als Antagonistin zu Madonna (»Wenn ich schon vulgär bin, dann ist Madonna mindestens pervers«) verkörpert sie die Karikatur eines Männertraums, der perfekt, weil durch und durch künstlich ist (wobei sie ihren Körper auch gar nicht erst als naturgegeben propagiert), die Frau, die von allen mit den Augen besessen werden kann, gleichzeitig unerreichbar scheint und doch einem, aber nur einem Mann ganz gehört. Als Beleg hierfür können die Sexaufnahmen von ihr und Tommy gelten, die seltsamerweise immer wieder ganz gegen ihren Willen an die Öffentlichkeit gerieten. Letzten Endes ist sie aber – trotz ihrer Verkörperung reaktionärster und sexistischster Stereotypen – von Madonna gar nicht so weit entfernt, denn auch Pamela Anderson entlarvt die massenmedialen Vorspiegelungen von Authentizität und Ursprünglichkeit als Farce. Auch sie inszeniert Männerphantasien, und erfüllt sie zugleich. Allerdings führt sie die Inszenierung nicht wie Madonna offen vor, sondern treibt sie bis zu dem Punkt, an dem sie sich selbst ad absurdum führt (tragisch bei Pamela im Gegensatz zu Madonna ist jedoch, daß das aller Wahrscheinlichkeit weder sie noch die Männer durchschauen).

*B*arbie

Wenn es eine Trendsetterin gibt, die allen anderen um Jahrzehnte voraus war, so ist es Barbie. Sie war schon ein Girlie, als andere noch in Birkenstocksandalen herumliefen. Geboren als Comicfigur in der BILD-Zeitung der fünfziger Jahre dauerte es nicht lange, bis sie vom Zeitungsmaskottchen zur beliebtesten Plastikfrau der Welt avancierte. Barbie ist mutig, denn sie kennt keine Grenzen; dezente Eleganz ist ihr vollkommen fremd. Es muß Rosa und Gold sein; Haare so glänzend wie der Lack eines Cabriolet. Sie hat mehr Schuhe als Imelda Marcos. Wenn sie heute ganz in Weiß mit Spitzen und Plastikblumen heiratet, hat das überhaupt keine Bedeutung, denn morgen geht sie vielleicht reiten oder sitzt stundenlang vor ihrem kleinen glitzernden Spiegel, ohne sich auch nur im geringsten um ihren frisch Angetrauten und trotzdem nach wie vor Ewigverlobten zu kümmern – vielleicht ist er bereits wieder vergessen, oder sie heiratet ihn morgen einfach noch einmal. Barbies Plastiksexappeal ist clean und antiseptisch; sie schreckt vor keiner Schönheitsoperation zurück und sieht auch mit ihren inzwischen über 35 Jahren noch aus wie siebzehn. Und so ihr Schöpfer Mattel will, wird das auch die nächsten 35 Jahre so bleiben.

Für bewußte, aufgeklärte, gebildete Eltern war der Wunsch der Tochter nach einer Barbiepuppe über viele Jahre hinweg der Alptraum ihrer schlaflosen Nächte. Heute wissen wir, daß es sich hierbei um eine fatale Fehleinschätzung handelte. Barbie ist die ultimative Alternative zum Windelwechsel-Training an langweiligen Babypuppen. Barbie wurde endlich als die moderne, selbständige Frau schlechthin erkannt, weil sie vor allem Geld will und Männer in ihrem Leben eine völlig untergeordnete Rolle spielen. Denn welche Frau kann ein so asexuelles, blasses Anhängsel wie Ken – man beachte vor allen Dingen die leblose Wölbung unter seiner Gürtellinie – schon richtig ernst nehmen? Vor allem, da der Plastikadonis durch einen Ring an seiner Halskette ja schon lange als homosexuell geoutet wurde.

In beruflichen Dingen war sie den Frauen ihrer Zeit immer weit voraus; sie brilliert in über 45 Metiers und interessiert sich trotz dieser Erfolge nur für Mode, Mode, Mode. Bereits zwanzig Jahre vor Sally Rides fuhr die Anziehpuppe schon zum Mond, 1973 war sie Ärztin, und gleichzeitig glänzte sie noch als Model, als Golf- und Tennisspielerin, als Marine Sergeant und Baseballspielerin, im langen Abendkleid und im Strandbikini. Im Jahr 1992 war sie sogar die erste weibliche Präsidentschaftskandidatin der USA – und wer will behaupten, sie hätte keine realistischen Chancen gehabt? Sie besitzt einfach alles, vom Eigenheim mit Swimmingpool über den Sportwagen bis zur modernen Computerausstattung. Neuerdings übertrifft sie als Baywatch-Barbie sogar die Rundungen von Pamela Anderson (die zu großen Teilen aus demselben Material besteht wie ihre Plastikschwester). Barbie ist international, als Kenia-, Native-American- und Germany-Barbie fühlt sie sich auf der ganzen Welt zu Hause.

So vielfältig die Barbie-Formen auch sein mögen, einige Outfits fehlten bis vor kurzem in der Kollektion: die Schlampe und die Tunte. Der Geschäftsmann Bill Tull aus San Francisco hat diese Lücke entdeckt und geschlossen. Bei ihm sind Barbies mit Nasenring und Zigarette im Mundwinkel erhältlich, ebenso eine Hurenbarbie im Negligé, die ein Kondom bereithält. Und Ken wird endlich seiner eigentlichen Neigung entsprechend als Drag Queen angeboten. Tull rät seinen Kunden allerdings, schnell zu bestellen, weil er nicht weiß, »ob Mattel unseren Humor versteht«.

»Barbies sind schön«, befand schon Andy Warhol, der Vorreiter der Hingabe zum Massenprodukt, »jede aus Plastik, aber ich liebe Plastik. Ich wäre gern aus Plastik«. Und mit ihm schwärmten zahllose andere Künstler für die minimalistischen Kunststoffgöttinnen. Zu ihrem 35sten Geburtstag erhielt Barbie im Berliner Werkbund-Archiv sogar eine eigene Ausstellung. Modedesigner wie Dior und Gaultier, Bogner, Joop! und Otto Kern reißen sich darum, für sie schneidern zu dürfen. Starcoiffeur Alexandre nimmt sich ihrer Haarpracht an, Innenarchitekten kreieren Möbel und Küchenzeilen, und Trash-Künstler versetzen sie mit trüber Suppe, Fischhäuten und anderen Scheußlichkeiten in die eklig-faszinierende Welt des David Lynch.

Der absolute Durchbruch glückte ihr jedoch erst als optisches Jingle bei VIVA-Moderator Stefan Raab. Dort taucht sie in der als Aquarium gestylten Klospülung immer wieder auf bzw. ab und hat so die Erfüllung ihrer wahren Bestimmung schlußendlich erreicht. Inzwischen werden sogar Barbie-Parties veranstaltet, auf denen die Frauen endlich mal rumlaufen dürfen, wie sie es sich immer schon erträumten – und zwar, wie im richtigen Barbie-Leben, unter Ausschluß der Kens, die höchstens als Accessoires von draußen durch die Scheiben lugen dürfen.

*B*eavis & Butt-Head

Die Comicfiguren Beavis und Butt-Head sind die Kultfiguren der MTV-Generation schlechthin. Politisch absolut unkorrekt, bisweilen brutal (Tritte in die Weichteile sind an der Tages-ordnung), anarchistisch, nihilistisch und – vermeintlich – stroh-dumm gammeln sie durch den Tag. Zudem sind sie unglaub-lich häßlich und haben eine miserable Körperhaltung – kurz, sie sind Antihelden der amerikanischen Jugend. Aus der Sicht von Sozialpädagogen fallen sie mit Sicherheit unter die De-vianz-Kategorie »Außenseiter mit ausgeprägter Verhaltens-störung«. In Wirklichkeit haben sie jedoch den Lauf der Welt längst durchschaut. Für ihren ebenso soften wie idealisti-schen Spät-Hippie-Lehrer, der immer noch an das Gute im Menschen und damit an die Veränderbarkeit der gesellschaft-lichen Verhältnisse glaubt (auf ihn trifft die Aussage von Kurt Cobain zu, die Alt-Revoluzzer lebten heute in einer »Leonard-Cohen-afterworld«), haben sie nur Spott und Verachtung übrig. Doch auch ihren autoritären, militaristischen Sportlehrer brin-gen sie in schöner Regelmäßigkeit völlig aus der Fassung. Die unglaublich blöde Lache ist das Markenzeichen der beiden und läßt das schlechte Zahnfleisch von Butt-Head und den vorstehenden Unterkiefer von Beavis so richtig zur Geltung kommen.

Ihrer Verhöhnung alles Gutgemeinten verleihen Beavis & Butt-Head besonders dadurch Ausdruck, daß sie ihre Anti-haltung (»this sucks«) und den schlechten Geschmack (»this is cool – this kicks ass«) zur einzig wahren Lebensphiloso-phie erheben. Schulprojekte mit dem Erziehungsziel, soziale Verantwortung zu übernehmen, enden bei den beiden grund-sätzlich im Desaster. Ihnen anvertraute Tiere landen mit Sicherheit in einem reißenden Fluß, und Baby-Attrappen, die man hüten soll, als sei es ein lebendiges Kind, werden allenfalls verstümmelt wieder abgeliefert. Ansonsten essen sie die Nasenpopel des anderen, verspeisen mehrere Wochen alte Pizzastücke, die sie aus einer Sofaritze gezogen haben, und Musikvideos sind nur wirklich gut, wenn »chicks«, »fire« und »destruction« darin vorkommen. Ihre Kommentare zu den Videoclips, die sie sich zu Hause auf einem versifften Sofa reinziehen, sind legendär. Dafür sorgt nicht zuletzt der Sprachwitz, der sich vor allem in sexuellen Anspielungen austobt und gerade durch die stetig wiederholte Behauptung »I hate words« seinen besonderen Reiz erhält. Dabei zeugen ihre zynischen bis feinsinnig-ironischen Kommentare von einer analytischen Schärfe und Kompetenz in Sachen Rock History, die sie keineswegs dumm, sondern geradezu »witty« erscheinen lassen.

Bee Gees

In den sechziger Jahren hatten die Bee Gees mit Schmachtfetzen wie »Saved by the Bell« oder »Massachusetts« ihre große Zeit. Ihr Erfolg wurde schon bald durch Zwist und Streitigkeiten zwischen den Brüdern gestört und führte zu ständigen Aus- und Wiedereintritten der Bandmitglieder. Dennoch verkörpern die Saubermänner rückblickend vor allem den Diskosound der siebziger Jahre. Mit duftigweich geföntr Haarpracht, weißen Hemden, hautengen Hosen und eunuchengleichen Fistelstimmen sangen sich Barry, Robin und Maurice Gibb in den Hitparaden ganz nach oben. Die besondere Stärke der Band lag in der hemmungslosen Orchestrierung ihrer Eigenkompositionen. Auf einem Konzert in der Londoner Royal Albert Hall präsentierten sie sich mit 60 Orchestermusikern und einem 45köpfigen Chor, um ihre ebenso skurrilen wie nichtssagenden Texte zu untermalen. Der kleine Bruder Andy galt als der Schönling, der nie mitsingen durfte, dafür eine Liaison mit der Dallas-Pam Victoria Principal einging und schließlich das Image der blitzblanken Brüder durch

Drogengeschichten beschmutzte. Barry Gibb konnte so un-
behelligt als Frontman der Band glänzen, schon deshalb, weil
die Hasenzähne seines Bruders Robin diesen von vorneherein für diese Position disqualifizierten.

Die Musik der Bee Gees machte in den siebziger Jahren
John Travolta und Olivia Newton-John berühmt. Der Tanzfilm
»Saturday Night Fever« führte tatsächlich zu fieberartigen Zu-
ständen – bei begeisterten Fans wie auch bei leidenschaftlichen Gegnern der Discowelle, allerdings aus entgegengesetzten Gründen. Heute sind die Stimmen der Bee Gees
wieder im Radio zu hören – allerdings als verhackstückte Ein-
sprengsel in einer Technoversion. So lösen die Bee Gees ihr
Credo »Staying Alive« bis heute ein, zwar eher als Untote, aber
immerhin.

Biafra, Jello

> »Von früh an entwickelte ich einen Sinn für
> Platten und Musik, die nicht notwendiger-
> weise ›cool‹ waren. … mir hing das Radio
> so zum Hals heraus, daß ich damit anfing,
> Schallplatten nur danach auszusuchen,
> welche Cover am interessantesten aus-
> sahen.«

Berühmt wurde Jello Biafra mit seiner Punkband Dead Kennedys, und zwar vor allem durch einen Prozeß wegen eines
Posters, das dem Album »Frankenchrist« beilag und mehrere
körperlose Penisse in vaginaartigen Öffnungen zeigte. Jello
Biafra gewann diesen ersten Prozeß gegen Pornographie in
der Rockmusik, doch die Band (wie auch Biafras Ehe) zer-
brach daran. Die Kennedys waren eine der ersten Bands, die
Mainstream-Musik wie Elvis Presleys »Viva las Vegas« cover-
ten, und zwar nicht als Hommage, sondern als Beleidigung.
Davon abgesehen hat Biafra jedoch auch auf dem Gebiet
der schlechten, seltsamen oder abwegigen Musik Pionierar-
beit geleistet. Er genießt die unbekümmert durcheinanderge-
mischten Stilformen und bezieht daraus neue Ideen für seine

Musik: »For those who stay curious, there are always new frontiers.«

Biafras Begeisterung für Incredibly Strange Music kam selbstverständlich auch an Heino nicht vorbei. Biafra liebt es, Leuten seltsame Musik vorzuspielen, und stellte fest, daß die Vorführung von Heino-Platten ausnahmslos heftige Reaktionen hervorrief. Er resümierte: »If there's any bloodcurdingly schlocky production move to be made, he'll do it« und brachte die Wirkung von Heinos »German oom-pah, with huge Abba-esque sensurround backgrounds«-Musik gerne auf Dead-Kennedy-Konzerten zum Einsatz. Bei einem Gig in Hamburg begann das Publikum zum ersten Heino-Song der Band Schuhplattler zu tanzen. Als die lederbejackten Punks jedoch merkten, daß die Dead Kennedys keinesfalls vorhatten, nach einem Lied mit dem Späßchen aufzuhören, fanden sie die Sache überhaupt nicht mehr komisch. Sie warfen alles, was sie finden konnten, auf die Boxen, bis diese keinen Ton mehr von sich gaben.

𝓑ier

Aus der Flasche trinken, rülpsen, Baustellenatmosphäre, Six-packs an der Tanke kaufen, Berge von Bierdosen im Stadtpark – solche Bilder machen Bier erst richtig schön. Eher unästhetisch sind allerdings die reaktionären Anteile, die mit diesem Getränk in Verbindung gebracht werden: Reinheitsgebot, deutsches Wasser aus deutschen Landen, Lokalpatriotismus, Heimat. Sie sind ebenso unverbrüchlich mit dem Bierkonsum verbunden, und man kann ihnen nur durch rücksichtslos schlechtes Benehmen begegnen.

Bedauerlicherweise hat die Bierbranche hier noch überhaupt nichts verstanden. Sie verdirbt sich ihr gutes Proletarier-Image mit Spots von grünen Wiesen und von Quellwasser, unterlegt mit sonoren Männerstimmen oder klassischer Musik. Dies ist ebenso wie die Versuche, dem Bier einen Anstrich von Seriosität zu geben, gar die Dresdner Semper-Oper ab-

zufilmen oder den Hopfentee als Yuppie-Getränk anzuprei-
sen, sicherlich der wichtigste Grund für den von der Brauerei-
industrie beklagten Rückgang des Bierkonsums. Bekennende
Biertrinker hören nun mal nicht unbedingt glattgebügelten
Jazz, auch wenn das Saxophon auf den ersten Blick werbe-
wirksam erscheint. Sie gehen nicht in Anzug und Abendkleid
aus, verbringen den Urlaub nicht auf der eigenen Segelyacht
und haben weder Bausparvertrag noch Jacketkronen. Und
wenn doch, versuchen sie mit Bier ja gerade, diese Mankos
und Peinlichkeiten zu überspielen.

   Nicht nur Warsteiner und Beck's, Jever und Flens verkennen diese innere Logik des Biertrinkens. Nun versuchen auch
die ostdeutschen Biermarken, ihr herzerfrischendes Arbei-
ter-und-Bauernstaat-Image loszuwerden und stürzen durch
dröge Edelspots und stromlinienförmiges Flaschendesign
ihre Fans und damit auch sich selbst ins Unglück. Doch die
Hoffnung bleibt, daß wackere Trinker die Zeichen der Zeit
erkennen und sich selbstbewußt danebenbenehmen. Nur
sie können den Ruf des Gerstensafts gegen alle Widernisse
schützen, indem sie unverdrossen die Bierfahne hochhalten.

*B*iergärten

Wer Heimattümelei und krachledernes Brauchtumsflair sucht,
geht in den Biergarten. So machen es Einheimische wie auch
sensationslüsterne amerikanische Touristen, die auf exotische
Gemütlichkeit made in Germany aus sind. Holzbänke und
(zumindest in Bayern) zünftige Maßkrüge, dazu jede Menge
Fleisch, Wurst und Kraut unter freiem Himmel – diese Kultivierung von Urwüchsigkeitsattitüde wird höchstens noch vom
Münchner Hofbräuhaus übertroffen. Während die chice Szene
sich lange Zeit von solchen Exzessen mit Grausen abwandte
und lieber in verrauchten, aalglatt gestylten Etablissements
unter sich blieb, gehört es inzwischen auch dort zum guten
Ton, einen Stammbiergarten zu haben und ihn auch tatsächlich regelmäßig aufzusuchen. Auswahlkriterium ist: je

derber, desto besser. Anstatt die volkstümlich-biedere Seite der eigenen Kultur schamvoll zu übersehen, gilt sie nun – selbstverständlich mit einer Prise distanzierter Ironie – als Vorzeigeobjekt, das Gästen keinesfalls vorenthalten werden darf. Diesem Umstand ist es sicher auch zu verdanken, daß die »Biergartenrevolution« erfolgreich war und die Vorverlegung der Sperrstunde in Bayerns Kulturstätte Nr. 1 verhindern konnte.

Die neue Begeisterung für den Biergarten haben inzwischen auch zahlreiche auf Szenepublikum spezialisierte Discos und Kneipen bemerkt. Wo immer sich ein Stückchen Rasen oder ein Baum befindet, wird eine Garnitur Bierbänke aufgestellt und als »Biergarten« oder in der ostdeutschen Version als »Freisitz« deklariert. Die Werbung hierfür bedient sich selbstverständlich den bekannten Klischees: Dirndlmadln in Schwarzweiß mit Vierziger-Jahre-Frisur und -Pose strahlen von den Plakaten und beugen sich nach Möglichkeit so weit über den unerläßlichen Bierkrug, daß das Dekolleté voll zur Geltung kommt. Prost.

*B*lack, Roy

»Schön ist es auf der Welt zu sein.«

Kaum ein Schlagersänger war so beliebt wie Roy Black, doch erst der Tod machte ihn zum Idol des schlechten Geschmacks. Roy Black starb als die tragische Figur des unverstandenen Stars schlechthin, den die Musik glücklich und unglücklich zugleich gemacht hatte. Wahrscheinlich wäre er schon lange vergessen, hätte nicht der Sender RTL ihn für die Hotel-Serie »Ein Schloß am Wörthersee« verpflichtet und, weil er schon dabei war, gleich alle Roy-Black-Filme aus den frühen siebziger Jahren wiederholt. Die Handlung dieser durch Gesangseinlagen garnierten Schmachtfetzen ist mit der Beschreibung »Black & Beautiful« (»taz«) hinreichend umrissen. Dennoch bleiben Filmszenen wie sein »Ave Maria« in einer heimeligen Dorfkirche unerreicht. Dementsprechend rauschend war auch der neuerliche Erfolg der Happy-End-Streifen, in denen der Geist der Operettenfilme aus den Fünfzigern wiederauferstand und nur bei Leuten mit einer unerbittlichen »Jetzt-erst-recht«-Haltung ohne gesundheitsschädigende Wirkung blieb.

Das plötzliche Ableben des Sängers in einer Fischerhütte geriet zu einem Medienspektakel; Tausende von Fans riefen bei RTL an, um das Video von seiner Beerdigung zu ergattern (allerdings vergeblich, denn auch dieser Sender hat, wie er versichert, seine moralischen Prinzipien). Selbst einige »taz«-LeserInnen schrieben empörte Briefe, weil sich das Blatt in respektloser Weise über das Dahinscheiden des Künstlers verbreitet hatte. So viel Emotionalität auf allen Seiten konnte auch die Jugend-Subkultur nicht kaltlassen. Fasziniert von der bundesweiten Trauer um den Mann, der zusammen mit dem kleinen Mädchen Anita ihren Müttern immer wieder gesagt hatte, es sei schön, auf der Welt zu sein, lancierten sie Roy-Black-Parties. Denn wer hip ist, bekommt eine Party. Die Gäste schwelgten »Ganz in Weiß«, sahen den »Sand in Deinen Augen«, begeisterten sich an Roy Blacks bürgerlichem Namen »Gerd Höllerich« und kauften sich Poster von dem hübschen, guten Jungen mit dem Augenaufschlag, der Schwiegermütter zum Schmelzen bringt.

RTL weiß den Ruhm des verhinderten Rock'n'Rollers weiterhin zu nutzen; das biographische Roy-Black-Fernsehspiel »Du bist nicht allein« war ein echter Quotenhit. Und auch wenn böse Zungen meinen, sein größter Erfolg sei die Wahl zum Krawattenmann 1972 gewesen, bleibt Roy Black bei Fans wie Feinden unvergessen.

Blondinenwitze

Billige Witze mit flachen Pointen haben eine lange Tradition, von den Sparwitzen (»Geht ein Pferd in den Bäckerladen«) über Häschenwitze (»Hattu Hunger? Muttu essen«) bis hin zu den Mantawitzen. Während letztere für Intellektuelle tabu bleiben müssen, weil sie ihre Pointen aus überheblichem Klassenbewußtsein beziehen (»Steht ein Manta vor der Uni«), haben Mantafahrer mit Namen Manfred inzwischen den Spieß umgedreht und eigene Manni- und Manta-Clubs gegründet. Das größte Verdienst der Mantawitze liegt jedoch in der Erfindung der Blondine. Wenn sie beispielsweise auf dem Beifahrersitz des tiefergelegten Mantas sitzt, während er verzweifelt vor dem verschlossenen Wagen steht, weil er versehentlich den Schlüssel steckenließ, weiß sie immer Rat. Dank ihrer aufmunternden Zurufe wie »mehr rechts, tiefer, ja, jetzt, fast!« wird er es sicher irgendwann schaffen, mit einem Draht das Knöpfchen hochzuziehen.

Blondinenwitze sind sexistisch bis dort hinaus. Deshalb beweisen vor allem weibliche Intellektuelle ihren Emanzipationsgrad gerne dadurch, daß sie mindestens ein Dutzend Blondinenwitze erzählen können und sogar herzlich dabei lachen. Auf die Erkenntnis hin, daß sie dies nicht davor schützt, selbst Opfer von Blondinenwitzen zu werden (so z. B. die immer wiederkehrende Frage: »Bist du blond? Haha«), sind in der Zwischenzeit auch leicht abgewandelte Blondi-Jokes auf dem Markt: »Hat eine Blondine drei Wünsche frei. Sagt sie: ich hätte so gerne eine Frisur wie bei Denver Clan – click, hat sie eine Fönfrisur. Ich hätte so gern eine Figur wie Pamela Anderson – click, hat sie eine. Ich wär so gerne ein bißchen dümmer – click, ist sie ein Mann.« Hahaha!

Bonk

Werbung hat ihre schönen, weil skurrilen Seiten. Kleinanzeigen mit abwegigen Schlankheitsmitteln und wenig vertrauenerweckenden Bodybuildinggeräten sind inzwischen nicht nur auf Papier, sondern auch auf den Privatkanälen in Form von Fernsehspots zu sehen. Als ebenso ästhetisch anrührend erweisen sich Werbeanzeigen aus vergangenen Jahrzehnten, die in ihrer aus heutiger Sicht grotesk wirkenden Überzeichnung alles über den Lebenstraum einer Zeit auszusagen scheinen. Beide Aspekte vereint die finnische Firma Bonk zu einem Konzept, dessen Ansatz sich vielleicht am ehesten als Werbeästhetik des Nutzlosen bezeichnen ließe. Glaubt man den perfekt im Stil der jeweiligen Zeit gestalteten Beweisfotos, produziert sie seit fast hundert Jahren vollkommen unbrauchbare Gegenstände, die die Weltgeschichte beeinflußten, so z. B. den Raba Hiff Quasar, die völlig funktionslose und daher kundenfreundliche Maschine: keine Reparaturen, kein Ärger. Seit 1917 vertreibt Bonk den sogenannten Garum-Destiller, der aus Anchovis-Fischen eine Droge produziert und mit dessen Hilfe schon Lenin immer genügend »Opium fürs Volk« unter die Leute bringen konnte. In den fünfziger Jahren stellte Bonk einen Teddy-Schredder her, mit dem Kinder ihren Plüschkram mühelos zerkleinern konnten, und in der Flower-Power-Zeit ermöglichte es eine »Freakwave Transmuter Unit«, daß die Anlage des Woodstock-Konzerts ausschließlich durch die Hirnströme der Massen gespeist wurde. 1972 kam dann mit »Raba Hiff DEF 5« ein Staubsauger zur Entsorgung schlechter Stimmung für den Hausgebrauch auf den Markt.

Der Schöpfer der fiktiven Nonsensfirma, Alvar Gullichsen, schaffte es 1992 sogar, mit Bonk sein Land auf der EXPO in Sevilla und auf der Triennale in Mailand zu vertreten. Wer trotzdem immer noch an die reale Existenz des Unternehmens glaubt, kann sich übers Internet als Mitarbeiter bewerben und erhält vielleicht sogar ein Vorstellungsgespräch für den Job als »Senior Cosmetic Therapy Physicist«. Einen Versuch ist das allemal wert: http://www.telegate.se/bonk/posts.html.

Bowling

Kegelstuben gibt es im Hinterzimmer jeder Dorfkneipe. Sie sind zugegebenermaßen auch schon eine Welt für sich, die zu erkunden aufregend sein kann. Doch zu groß ist das Risiko, dort den Kegelclub der Tante zu treffen oder deshalb unangenehm aufzufallen, weil man das durchschnittliche Mindestalter für Kegler (ca. 53 Jahre) noch nicht erreicht hat.

Dagegen hat das Bowling-Ambiente einen ganz anderen Reiz. Hier herrscht keine schummrige Kneipenstimmung, sondern in grellem Neonlicht, das die Gesichter der Anwesenden mit einem blaßgrauen Ton überzieht, reiht sich Bahn an Bahn. Das Dekor ist gemeinhin in Chrom, Türkis und Pink gehalten und erinnert an amerikanische Motels der fünfziger Jahre. Sitzecken mit farblich passenden Plastikpolstern gruppieren sich um ein Pult, an welchem die erreichten Punktzahlen auf einer Leuchtanzeige ablesbar sind. Hier versammeln sich Menschen jugendlichen wie mittleren Alters, mit denen der Eindringling aus der oberen Mittelklasse gemeinhin nur selten in Berührung kommt. Manche erscheinen sogar in sportiven Jogginganzügen aus glänzendem Polyacryl und tragen somit zur Perfektionierung des Gesamteindrucks bei. Der Geräuschpegel in der Halle ist beachtlich; zwischen dem Rumpeln rollender Kugeln sind Jubelschreie und lautstarke Ausbrüche von Selbsthaß zu vernehmen.

Wer allerdings glaubt, sich ohne vorherige Kenntisse einfach ungesehen einschleichen zu können, irrt. Auch wenn es leicht beim Nachbarn abzuschauen ist, wie das Spiel funktioniert, ist es schon eine Wissenschaft für sich, die Kugel mit dem richtigen Gewicht auszuwählen und dann auch wiederzuerkennen, wenn sie wie von Zauberhand aus einer Öffnung neben der Sitzecke wieder ausgespuckt wird.

Ein Abend im Bowlingcenter ist pure Erholung. Die Umgebung vereitelt jeden Versuch, sich durch intellektuelle Gespräche in Szene zu setzen, und der dezente Schweißgeruch der Bowlingschuhe läßt jede modische Selbstdarstellung lächerlich wirken. Die Müdigkeit am Ende des Abends kommt nicht von angestrengten Bemühungen, sich gut zu verkaufen und Eindruck zu schinden, sondern einfach von zuviel Bier und Konzentration darauf, die Kugel nicht unschön über die Bahn holpern zu lassen. So ist es kein Wunder, daß Douglas Coupland in »Generation X«, dem Kultroman der heute um die 30jährigen mit Bildung und ohne Perspektive, gerade diese Freizeitbeschäftigung wählt, um deren Vorliebe für »RECREATIONAL SLUMMING«, zu illustrieren: »Die Gewohnheit, an Erholungsaktivitäten einer Klasse teilzunehmen, die man als niedriger als die eigene einschätzt: ›Karen! Donald! Laßt uns heute abend zum Bowling gehen! Und macht euch keine Sorgen wegen der Schuhe … offensichtlich kann man dort welche ausleihen.‹«

*B*oxen

Boxen war lange Jahre ein Sport für Zuhälter und Halbwelt. Sowohl im »wirklichen Leben« als auch in Verbrecherfilmen war der Boxring der Ort des Sehens und Gesehenwerdens, an dem die Männer ihre Abgebrühtheit und die Frauen ihre Skrupellosigkeit zur Schau stellen und nebenher noch ein paar unsaubere Geschäfte tätigen konnten. Seit Max Schmeling den Ring verlassen und auch Muhammed Ali, Joe Frazier und George Foreman (vorübergehend) die Boxhandschuhe an den Nagel gehängt hatten, saßen nur einige nachts vor dem Fernseher, um sich heimlich Kämpfe anzuschauen. Wahrscheinlich auch durch die neuerlichen Erfolge deutscher Boxer ist dieser Sport hierzulande zu neuen Ehren gekommen; eindeutiges Indiz dafür ist die Veröffentlichung des millionenschweren Schutzherrn aller Linken Jan Phillip Reemtsma, der sich öffentlich mit Muhammed Ali auseinandersetzte und bei dem gediegenen Verlag Klett Cotta 1995 »Mehr als ein Champion« veröffentlichte. Alle Versuche, den Flair von Unterwelt und Korruption zu vertreiben, waren jedoch umsonst; da hilft nicht einmal das vornehm-anständige Gehabe eines Henry Maske. Als Axel Schulz in der Stuttgarter Schleyerhalle gegen den gedopten Buren François Botha verlor, war alles da, was Rang und Namen hat. Allerdings führte das keinesfalls zu einer wohlanständigen, gesitteten Atmosphäre; im Gegenteil: Die Sektflaschen, die nach dem Kampf wie Geschosse in den Ring flogen, kamen gerade aus den VIP-Logen. Offensichtlich gehört es mittlerweile auch unter denen, die unablässig Ordnung und Anständigkeit auf ihre Fahnen schreiben, zum guten Ton, sich danebenzubenehmen. Warum das so ist? Wahrscheinlich wegen zuviel Gewalt im Fernsehen.

*B*ravo

Die Jugendzeitschrift »Bravo« feierte 1996 ihr vierzigjähriges Jubiläum und umgab sich zu diesem Zweck mit dem Nimbus der pädagogisch wertvollen Kultur- und Aufklärungszeitschrift. Prominente Gäste ehrten das Blatt durch ihre Anwesenheit bei den Festivitäten, und Fernsehsendungen dokumentierten seinen historischen Wert. Für aufgeklärte, antiautoritäre und bildungsbürgerliche Eltern hingegen war »Bravo« immer schon ein rotes Tuch. Sie verabscheuten die Hochglanzposter, auf denen glattgesichtige Schlagerstars von den Jugendzimmerwänden grinsten. Ebensowenig Gefallen fanden sie an den Schminktips und den Ratschlägen bei sexuellen Problemen. So spalteten sich auch die Schulklassen in zwei Lager – »Bravo«-Leser gierten auf Neuigkeiten über ihre Lieblingsgruppe, und Nichtleser behaupteten, sie fänden das alles blöd.

Die meisten »Bravo«-Ignoranten konnten sich jedoch einer heimlichen Neugier nicht erwehren, und spätestens als junge Erwachsene gerieten auch sie in den Bann der Zeitschrift. Zuerst heimlich, dann bekennend verschlangen sie alleine und in Gruppen die Psychotests, die Antwort auf brennende Fragen wie »Bist du ein guter Flirter?« oder »Bist du eifersüchtig?« gaben. Die größte Faszination geht jedoch von der Lebensberatung durch »Dr. Sommer« aus. Gleichgültig, ob die Leserzuschriften echt oder auf Bestellung geschrieben sind, sie sind beklemmend, intim und unglaublich witzig. Ein Klassiker ist die bange Frage nach Form, Farbe und Größe des jeweiligen Geschlechtsteils oder nach anderen Geheimnissen der zwischengeschlechtlichen Intimität: »Immer wenn ich mit meinem Freund Stehblues tanze, fühle ich einen harten, länglichen, irgendwie flaschenförmigen Gegenstand in seiner Hose. Ist mein Freund ein Trinker?« Erfunden oder nicht, lustig ist das allemal.

Das späte Vergnügen an der »Bravo« kann in Zeiten des

guten schlechten Geschmacks voll ausgelebt werden. Dabei muß offenbleiben, ob die eigentlich aus dem »Bravo«-Alter herausgewachsenen Fans tatsächlich ein distanziert-ironisches Vergnügen am Schlechten treibt oder ob sie nicht auch einen Nachholbedarf befriedigen: Endlich können sie sich ohne schlechtes Gewissen der Trivialität von Fankultur und der kommerziellen Verwertung des »ersten Mals« hingeben.

*B*rillen

Angeblich wurden Brillen ursprünglich einmal erfunden, um Sehschwächen auszugleichen oder empfindliche Augen zu schützen. Das wissen heute nur noch wenige – außer den Teenagermädchen, die sich sicher sind, aufgrund der verordneten Gläser für den Rest ihres Lebens entstellt zu sein (bis sie dann endlich das Geld für Kontaktlinsen zusammengekratzt haben). Daß der ursprüngliche Zweck der Brille fast in Vergessenheit geraten ist, verwundert nicht, schließlich avancierte sie zu einem der ausdrucksstärksten Accessoires überhaupt. Dafür gibt es zahllose Gründe: Die Brille kann selbst dem nichtssagendsten Gesicht Charakter verleihen. Und sie ist ein Statussymbol, zumindest wenn sie vom richtigen Designer gestaltet wurde und sein Name auch für alle sichtbar außen auf dem Bügel steht (ausgenommen ist hier selbstverständlich der Ray-Ban-Klassiker, der durch die reiskornförmigen Metallnieten am Gestell unverkennbar ist). Die Sonnenbrille verbirgt die Augen und eignet sich dazu, Coolness vorzutäuschen. Cops tragen sie verspiegelt, Gangster und Machos (aber auch Heinos) dunkel getönt. In den Siebzigern wurden riesige weiße Plastikgestelle Mode, die kurz darauf als monströse Häßlichkeiten in der Mottenkiste verschwanden. Linke Intellektuelle und John Lennon tragen bzw. trugen die runde Nickelbrille und seriöse Herren das Horngestell.

Die Brille konnte aber auch das markanteste Zeichen des Losers, des Trottels und des Waschlappens sein, der immer

Pech bei Frauen hat. In diesen Fällen handelte es sich grundsätzlich um ein Kassengestell mit breitrandiger schwarzer Fassung und Brillengläsern dick wie der Boden einer Colaflasche. Jerry Lewis wurde in »The Nutty Professor« (1963) angeblich durch eine chemische Formel vom verklemmten Pauker zum coolen Macker – aber eigentlich war es das schlichte Absetzen seiner Breitrandbrille, das die wundersame Verwandlung bewirkte. Solche Brillen kreierten den Aquariumsblick, der wahlweise Gefühle von tiefem Mitleid (für Woody Allen) und höhnischer Verachtung (für alle, die nur aussehen wie Woody Allen) auslöst. Otto Waalkes verwendete die dicke schwarze Brille denn auch als Requisit für den Theo-wir-fahrn-nach-Lodz-Pfarrer.

Mit der Zeit setzte die Brillenindustrie alles daran, die Designerbrille mit ausgefallenen Modellen als subtiles Distinktionsmittel einzusetzen. Menschen, die sich als stilvoll darstellen wollten (vergleiche hierzu die sozialdemokratischen Wahlplakate der letzten Jahre) schätzten es, wenn die Glasscheibchen in ihren Gesichtern mit Querbalken, Nietenreihen, unmotiviert herausgesägten Eckchen oder anderen unglaublich individuellen Elementen verziert waren. So kam es, daß in Anlehnung daran auch die Brillengestelle mit Kassenzulassung immer feiner, edler und randloser wurden. Diese Entwicklung konnte wiederum nur auf eine Weise beantwortet werden: Die teuren Modelle der Trendsetter sahen auf einmal aus wie die alten Kassengestelle. Die Sehhilfe von Diedrich Diederichsen belegt den Trend der linksintellektuellen Kultur- und Musikszene zur dickrandigen schwarzen Plastik- bzw. Hornbrille. Ungeschlagen sind auch die Augengläser des Schlagzeugers von Tocotronic. Die Hamburger Band stellt mit Titeln wie »Ich möchte Teil einer Jugendbewegung sein« einen Gegenentwurf zu den »Boygroups« dar und verhalf dem schmächtigen, komplizierten und intellektuell-verschrobenen Jungmann zum Kultstatus. Und wen wundert's, daß auch VIVA-Moderator Stefan Raab die dicke schwarze Brille für sein Outfit bemühte.

Nana Mouskouri erfand das feminine Pendant dazu, das ebenso wie die 70er-Jahre-Schmetterlingsbrillen nach einer

Phase der Lächerlichkeit wieder ganz auf der Höhe der Zeit ist. Gerade für Frauen sind auch die schräg zulaufenden 50er-Jahre-Brillen wieder ›topaktuell‹. Hier hat Dame Edna mit brillantenbesetzten Modellen schon lange die Weichen gestellt, denn als Frauen verkleidete Männer verbieten sich nie, das Extrem zu wählen und ihrem Drang, alles besser zu machen als die Frauen selbst, nachzugeben: Auch als ›schönes Geschlecht‹ sind sie perfekter als diejenigen, die demselben von Geburt an zugerechnet werden. So tragen sie auch die schrillsten Damenbrillen, während andere Frauen zumeist durch anständiges Mittelmaß das Gesicht zu wahren versuchen.

Eigentlich sind die Tage der Brille in ihrer ursprünglichen Verwendung längst gezählt. Denn auch wenn Kontaktlinsen derzeit völlig uncool sind, beschlagen sie eben doch nicht, wenn man aus der Winterkälte kommt und eine geheizte Wohnung betritt, sie sind gut gegen den Tränenfluß beim Zwiebelschneiden und auch bei Regen immer noch durchsichtig. Aber vielleicht liegt es gerade an ihrem Anachronismus, daß die Brille für die Mode des schlechten Geschmacks immer unverzichtbar bleiben wird.

Cop-Serien

Amerikanische Cop-Serien sind allen politisch-kritisch denkenden Menschen ein Dorn im Auge. Während kein anderer demokratisch verfaßter Staat so viele Menschen in den Knast schickt wie die USA, während Polizisten Schwarze erschießen und damit Krawalle und Riots auslösen, ist der Freund und Helfer auf dem Bildschirm unablässig und mit ganzem Herzen für das Gute im Einsatz. Der HipHopper Ice-T spricht offen aus, daß diese Serien völlig realitätsfern sind: Bei ihm in South L.A. »shit ain't like that«.

Es muß hier offenbleiben, wie der durchschnittliche amerikanische Fernsehzuschauer über die alten Cop-Serien aus den 60er und 70er Jahren denkt. Aus europäischer Sicht sind sie ganz offensichtlich reine Fiktion und haben nichts, aber auch gar nichts mit der Realität zu tun. Vielleicht liegt es gerade daran, daß sie so erfolgreich sind. Denn das billig eingekaufte Zeug, das die Privatkanäle am frühen Abend überschwemmt, wird von einer wachsenden Fangemeinde goutiert. »Starsky und Hutch«, »Die Profis«, »Kojak«, »T. J. Hooker«, die »California Highway Patrol« oder der wackere Stuntman Colt Seavers (»Ein Colt für alle Fälle«) bestehen zahlreiche Abenteuer, bei denen Männerfreundschaften (manchmal kommen auch schöne Frauen in der Rolle des guten Kumpels vor) die Grundlage des Erfolgs ausmachen. Von besonderem Reiz ist die siebziger-Jahre-Serie »Die Zwei«, die im englischen Original zwar recht witzig ist, doch erst in der deutschen Synchronisation mit ihren mehr als schlüpfrigen Zoten nicht nur ihr homosexuelles Publikum richtig begeisterte. Die Stories der meisten Detektiv- und Copserien sind allerdings zumeist in ihrem Ablauf vorhersehbar: Action und Spannung sind wohldosiert, und die Guten besiegen die Bösen.

Die hiesigen Versuche, vergleichbare Polizistenserien zu produzieren, blieben dagegen zum Scheitern verurteilt. Zuerst einmal fehlt das wichtigste Requisit: das schrillende amerikanische Telefon. Ohne dieses Geräusch kann auch die chaotischste Szene auf dem Revier nicht wirklich überzeugen. Außerdem wirken die zu lösenden Fälle ausgesprochen gezwungen; es will einfach nicht so recht gelingen, in einer bundesdeutschen Großstadt die Abgründe von Verderbnis und Gewalt zu imaginieren, die eine gute Cop-Serie braucht, um ihre Helden als tragische und aufopferungsvolle Gestalten dastehen zu lassen. Und schließlich ist das Bemühen, das Image der Polizei aufzupolieren, so deutlich zu spüren, daß die Sendungen einfach keinen Spaß machen können.

Sehr viel erfolgreicher war das österreichische Konzept, sich solchen Polizeiserien gleich in Form einer Parodie zu nähern. In »Kottan ermittelt« wird der ebenso dumme wie cholerische Vorgesetzte regelmäßig vom Kaffeeautomaten gebissen, und das geschieht ihm auch ganz recht. Kottan nudelt alle Klischees des Kommisars- und Bullenkrimis gnadenlos durch und wildert auch genußvoll in anderen Filmgenres, wenn er gemeinsam

mit seiner Frau das berühmte Lied »True Love« aus dem Klassiker »High Society« mit Grace Kelly und Bing Crosby singt.

So gelungen diese Parodie auch ist, die amerikanische
Cop-Fiction bleibt unübertroffen. Denn sie preist das harte
Leben aufrechter Gesetzeshüter und entwickelt ihren Charme
nun einmal gerade durch ihren ebenso offensichtlichen wie
tabuisierten Widerspruch zum realen Leben.

Cordsamthosen, Breitripp

Cordsamt, vor allem der breitgerippte, ist ein praktischer Stoff:
aus reiner Baumwolle, gut waschbar und warm. Dementsprechend häufig findet er Verwendung als Arbeitskleidung
für Zimmerleute, er wird auch gerne von Bauern bei der
Stallarbeit getragen und eignet sich hervorragend für Knie-
bundhosen, in denen sich der Wanderer am Wochenende
zünftig gekleidet fühlt – sofern er sie mit roten Kniestrümpfen
und derben Wanderschuhen kombiniert.

In den sechziger Jahren kamen dann Anzugjacketts aus
Cordsamt auf, die Lässigkeit und ein entspanntes Verhältnis
zu rigiden Kleiderordnungen suggerieren sollten, und wenig
später war die Cordhose zusammen mit dem Nickipullover
das Kinderkleidungsstück schlechthin. Leider. Denn Cordsamt
scheuert sich schnell ab. Jede Hose bekam früher oder später häßliche Fehlstellen an Knien und Oberschenkeln, worauf-
hin dann die Mutter die verhaßten Lederflicken in Herzform
auf das ramponierte Ding applizierte. Eine Cordsamthose war
folglich ein Garant dafür, in der Schule richtig schlecht an-
gezogen zu sein und verachtet zu werden. Während der fein-
gerippte Cord eines gewissen Chics nicht entbehrt und auch
für Hemden schon länger wieder in Mode gekommen ist, sind
die breiten Cordsamtklamotten richtig schlecht. Kein Wunder
also, daß auch sie zumindest in Hemdform inzwischen wieder den Markt überschwemmen. Doch wirklichen Mut beweisen nur die Liebhaber der klassisch-breitgerippten Cordsamthose. Und die sind bislang noch selten.

Countrymusik

Popmusik war und ist vielleicht immer noch mit Ideen von Auflehnung und Revolte verbunden. Countrymusik stand dagegen gemeinhin für das absolute Gegenteil: Sie verkörperte das Lebensgefühl von Rednecks, Squares, rassistischen Hinterwäldlern, deren christlich-bigotter Rechtskonservatismus sich in der Armseligkeit ihrer Musik spiegelte. Stetson, Fransenhemden und Steel-Guitar gehörten zum Repertoire des Verabscheuungswürdigen.

Doch auf einmal wird genau diese Musik von Großstadtjugendlichen mit Begeisterung gehört. Ehemalige Mitglieder der Industrial-Punk-Gruppe Einstürzende Neubauten hörten auf, ihr Publikum mit ohrenbetäubenden Geräuschladungen zuzuschaufeln, und begannen, als Jever Mountain Boys Countrymusik zu spielen. Platten von Johnny Cash und Willy Nelson fanden ein neues jugendliches Publikum, und sogar der hemmungslos schmalzige Kenny Rogers löste nicht mehr nur abfälliges Gelächter aus. Höhepunkt der neuen Liebe zum Country sind vielleicht die »12 Golden Country Greats« von Ween. Die zwei Briten kauften sich ein Ticket nach Nashville und spielten dort eine Reihe von Songs zusammen mit einigen der berühmtesten Countrymusiker ein. Hier sind alle Genres vom Tearjerker bis zum Honky-Tonk-Song vertreten, und zwar nicht als plumpe Parodie, sondern als perfekt eingespielte, oberflächenbehandelte Countryplatte, die nur durch ihre drastischen Texte mit dem Genre bricht – und dadurch, daß sie keinerlei Authentizität beansprucht.

Doch genau hier, bei der Illusion von Echtheit, sind die Ursachen für den neuen Country-Boom zu suchen. Ein neuer Blick auf den White Trash stellte sich ein, der nicht mehr nur die reaktionären »pigs« sah, sondern die weißen Underdogs, Söhne (und auch einige Töchter) von Hobos, den Landarbeitern, Tagelöhnern und Landstreichern, die heimlich auf Güterzügen mitreisen und nirgendwo zu Hause sind. Sie singen vom Leben in wechselnden Arbeitercamps, das sie mit Whisky und Bier erträglich zu machen versuchen.

Nur vor diesem Hintergrund konnte auch der Folksänger Townes van Zandt aus den verrauchten Kneipen der kanadischen Holzarbeiter in europäische Konzertsäle gelangen: ein echter, authentischer Hobo, der Angst vor größeren Menschenansammlungen und fremden Ländern hatte und seine Rolle als Outlaw bis zu seinem (konsequenterweise durch Alkohol verursachten) Tod aufrechterhielt.

Nicht so sehr die Musik ist wichtig, sie bewegt sich in einem ritualisierten Kanon von Instrumenten, Rhythmen, Melodien, sondern es geht um die Texte. Sie fühlen sich in das Leben der Minderprivilegierten ein, sie evozieren durch detaillierte Beobachtungen Emotionen und stellen sich auf die Seite der Unterdrückten. Johnny Cash singt in »Man in black«: »I wear it for the poor and the beaten down.« Das ist echt. Das ist Entertainment. Das fühlt sich gut an.

*T*he Cramps

»In Sacramento kam in der K Street ein Obdachloser auf uns zu und sagte: ›Wißt ihr, was ihr seid? Ihr seid wunderschöne Monster.‹ Wir mochten das, – das war genau, wie wir uns fühlten.«

Die Cramps sind Ikonen der B-Kultur. Als konsequente Trash Culture Junkies entdeckten und kultivierten sie die Faszination für abgelegene und seltsame Dinge schon vor Jahrzehnten. Lux Interior und Poison Ivy bilden das Kernstück der Gruppe, die sich dem Rockabilly verschrieben hat und als Mitbegründer des Psychobilly gilt. Beide zählen zu den bestangezogenen Musikern überhaupt; vor allem glamouröse Kleidungsstücke, die aussehen, als kämen sie aus einem Second-hand-Laden im Rotlichtviertel (und wahrscheinlich tatsächlich dort erstanden wurden) sind ihre Spezialität. Auch die Bühnenshow der Cramps ist sehenswert; zeitweise scheint Lux unter einer oralen Fixierung zu leiden und steckt alles in den Mund, was ihm in die Finger kommt. Manchmal starrt er auch das ganze Konzert hindurch auf irgendeinen undefinierbaren Punkt. Ivy sieht grundsätzlich mürrisch und gelangweilt aus. Sie verschwendet niemals ein Lächeln ans Publikum.

Lux' und Ivys Begeisterung für Easy Listening und Incredibly Strange Music mit wilden Schreien, exotisch klingenden Wortschöpfungen und verborgenen Obszönitäten begann – schon lange vor der Gründung der Cramps – damit, daß sie sich Plattencover ansahen und feststellten, daß sie wunderbar waren: schöne Mädchen, bezaubernde Fotos und wilde Titel. In Ohio, einer Stadt, in der damals vor allem Industriearbeiter das Straßenbild prägten und niemand sich für alte Schallplatten interessierte, trieben sie sich in Select-o-Hit-Läden rum und kauften für 20 Cents oder weniger alles auf, was ihnen in die Hände fiel und irgendwie interessant aussah.

Auch seltsame Filme und B-Movies gehören zu den Objekten ihrer Begierde, seien es Monsterfilme, indische Filme, Selbstmordfilme (»Suicide, insanity, murder, all the good dark stuff«) oder Softpornos. Nicht nur die Bilder, sondern auch Titel wie »Too Much Sex Quiz« oder »Ultimate Degenerate«, sind dabei eine Inspirationsquelle für ihre Musik. Neben Herschel Gordon Lewis ist Russ Meyer einer ihrer erklärten Lieblingsregisseure: Mit einer Coverversion zum Soundtrack von »Faster, Pussycat, Kill, Kill« setzen sie einem seiner berühmtesten Filmen ein Denkmal.

Alle Ergebnisse ihrer Sammelleidenschaft gehen in die Musik der Cramps ein, für die sie Sex und Drogen zum Grundprinzip erklärt haben. Sie covern Rockabilly und bauen trashige Textfragmente in ihre eigenen Stücke ein. Nach Jahrzehnten als White Trash Romeo and Juliet entwickelten sich ihre abgelegenen Vorlieben fast schon zum Mainstream. Doch Lux und Ivy ist das völlig egal. Sie machen weiter, haben Spaß, spielen mit der 3-D-Kamera, die als fehlgeschlagene, lächerlich wirkende Modernisierung ein perfektes Beispiel für Trash-Geschmack darstellt, und wollen entweder als Berühmtheiten wie die Beatles in die Geschichte eingehen oder, wie Ivy sagt: »Just hang the bones and say this is the running gears of a Rock machine.«

*D*DR-Nostalgie

Das Ende der DDR überschwemmte die gesamte Republik mit nun wertlos gewordenen Ansteckern, Orden und Uniformen. Was früher nur von irgendwelchen »linken Spinnern« am Parka herumgetragen wurde, breitete sich nun epidemieartig aus. Discos waren voller FDJ-Hemdenträger und martialischer Armeemäntel, und auf kaum einer Lederjacke fehlten kleine, rotemaillierte Metallplättchen mit Händen, die sich schütteln (noch beliebter waren allerdings die kleinen roten Sterne und die Leninköpfchen, die durch den Niedergang der Sowjetunion zugänglich wurden). Erschwerend kam hinzu, daß die Treuhand alles SED-Eigentum verscherbelte, dessen sie habhaft werden konnte. So kam es, daß auch sozialistische Aschenbecher, Geschirr und andere Haushaltswaren in den Besitz von Leuten übergingen, die auf diese Weise ein bißchen am vorüberwehenden Hauch der Geschichte mitschnuppern wollten.

Angesichts dieser inflationären Begeisterung für DDR-Kitsch war es für distinktionswütige Liebhaber des schlechten Geschmacks nicht leicht, ihre Pfründe zu sichern. Das erschien um so bedauerlicher, als das Pathos der betreffenden Objekte kaum seinesgleichen kennt. Eine Lösung fand sich in der haltlosen Übertreibung: Es mußten Gegenstände gefunden werden, bei denen der Spaß aufhört, die mehr waren als nur ein neckisches kleines Zubehör. Eine Möglichkeit bestand darin, sich zu Hause einen kleinen, mit einer roten Nelke (bzw. am Todestag einem schwarzen Band) dekorierten Honecker-Altar einzurichten und auf die beunruhigten Nachfragen von Besuchern mit langatmigen Ausführungen über die ungerechte, ja kriminelle Behandlung des letzten großen sozialistischen Staatsmannes zu reagieren. Allerdings kann hier eine glaubwürdige Inszenierung ebenso fatale Folgen für das eigene Ansehen im Freundeskreis haben, wie wenn die Sache sofort durchschaut wird. Und dabei ist der cyanidblaue Hintergrund der Honni-Ikone wirklich zu schön, um völlig in der Versenkung zu verschwinden.

Eine zweite, weit häufigere Variante besteht im Abhalten von DDR-Nostalgie-Veranstaltungen. Aber auch sie sind eine unsichere Angelegenheit. Ein bezeichnendes Beispiel ist die Veranstaltung einer westdeutschen Fachhochschule für Kunst und Gestaltung im Jahre 1992. Hier sollte die DDR-Ästhetik anhand von Sitzelementen, die um resopalbeschichtete Tischchen gruppiert waren, SED-Propaganda-Beschallung, Mitropa-Bar und echter Plaste aufgegriffen und dokumentiert werden. Unter glühenden Reden aus Sprachversatzstücken des real existierenden Sozialismus und dem Auftritt der »Liedertafel Margot Honecker« verstrich die Zeit, und alles hätte so schön sein können – wenn nicht am Schluß die Verantwortlichen der FH das Mikrophon an sich gerissen und mit Grabesstimme davor gewarnt hätten, hier irgend etwas komisch zu finden – vor allem angesichts dessen, was derzeit im Lande passiere. Doch vielleicht war das genau das Quentchen an Geschmacklosigkeit, das noch gefehlt hatte.

Variante drei der DDR-Nostalgie: Parties mit SED-Ästhetik und Honecker-Doubles. Sie haben vor allem in Ostdeutschland einen so immensen Erfolg, daß es unwahrscheinlich ist, hier auf mehr als zwei oder drei distanzierte Zyniker zu treffen. Trotz aller parodistischen Elemente geht es hier eher um das trotzige »Jetzt-erst-recht« als darum, sich dem dekadenten Genuß hinzugeben, den die zur Farce heruntergekommene Ernsthaftigkeit der DDR-Selbstdarstellung zu bereiten vermag.

Trotz aller Hindernisse bleibt das Erbe der DDR eine der wertvollsten Fundgruben für den guten schlechten Geschmack, denn die niemals durch Relativierungen getrübte Ernsthaftigkeit und Verbissenheit, mit der im SED-Staat Propaganda betrieben wurde, ist durch keine noch so raffinierte Kombination von Hervorbringungen des westlichen Kapitalismus wirklich zu übertreffen. Die Ästhetik von Gebrauchsgegenständen aus DDR-Produktion scheint zwar auf den ersten Blick der Mode der fünfziger Jahre zu gleichen, doch der Eindruck zeitlosen Verhaftetseins im Vergangenen, den diese über Jahrzehnte treulich überlieferten Formen ausstrahlen, läßt in ansonsten gemeinhin unerreichter Intensität Gefühle der Rührung aufkommen.

*D*er deutsche Kommissar

Im großen und ganzen ist die Bundesrepublik weder für ihre Kinofilme noch für ihre Fernsehserien besonders angesehen. Der Autorenfilm langweilt mit penetranter Intellektuellenschwermut, und die bemühten deutschen Komödien erreichen glücklicherweise nur selten ein internationales Publikum. Einzig eine besondere Figur der Krimiserie hat es weltweit zu einem großen Kreis von Bewunderern gebracht: der deutsche Kommissar. Seine Stärke besteht darin, alle Elemente von Spannung, Handlung oder gar Komplexität, jegliche Aufregung, Sex und Gewalt konsequent auszusparen. Selbstverständlich gibt es auch bei amerikanischen Verbrecherjagden Kommissare, doch wichtiger sind dort abgebrühte Privatdetektive – und wenn doch einmal ein staatlicher Verbrechensjäger auftaucht, gibt es um ihn herum noch genügend Action, damit er nicht zu sehr ins Gewicht fällt. Im deutschen Serienkampf für Recht und Gesetz hingegen sind Handlungselemente auf ein Minimum reduziert. Die Geschichten könnten genausogut in Standbildern abgedreht werden und lassen dem Kernstück des Ganzen, dem Kommissar, genügend Raum, sich wahlweise sinnend und im Mantel am Tatort oder grübelnd und mit Kaffeetasse am Schreibtisch zu ergehen. Computer oder andere moderne Fahndungsinstrumente sind im klassischen Kommissarskrimi unbekannt. In den letzten Jahren hat sich zunehmend der Laborbericht in die saubere Fahndungshandarbeit eingeschlichen, der mirakulöse Daten mitteilt und den Kommissar auf irgendeine Spur bringt. Aber ansonsten beschränkt sich der Ermittlungsapparat auf ein schäbiges, dachstubenartiges Zimmerchen, nur mit Telefon, Aktenordner und Schreibtisch ausgerüstet, in dem der Kommissar und sein – zumeist jugendlich-unerfahrener – Kollege ihre aufreibende und ehrenvolle Arbeit für die ›Innere Sicherheit‹ verrichten. Der Verlauf des Geschehens ist immer gleich: Erstens. Hinterbliebene

werden mit der Nachricht von der Ermordung des Angehöri-
gen konfrontiert. Zweitens. Hinterbliebene bleiben entweder
zu unterkühlt oder regen sich zu sehr auf, beides ein Indiz für
ihre (Mit-)Schuld. Drittens. Die Alibis werden überprüft. Vier-
tens. Einige langatmige Handlungsstränge führen diverse
Nebenpersonen ein, deren Verhalten ebenfalls mehr oder
weniger dubios erscheint. Fünftens. Eine schöne Hauptdarstellerin (falls vorhanden) fängt an zu weinen und wird vom
Kommissar – manchmal sogar mit einer väterlichen Um-
armung, dem Extremsten, was an Erotik geboten wird – ge-
tröstet. Sechstens. Der Kommissar denkt nach. Siebtens und
letztens. Der Kommissar überführt den/die Schuldige(n), nach
Möglichkeit im Kreise der Familie.

Die hölzerne Handlung, die nur selten einmal von Variationen wie dem Einsatz des Kommissars gegen drohende
Selbstjustiz gestört wird, übt auf Fernsehzuschauer eine sedierende Wirkung aus. Alle wissen, daß das Ganze nichts mit
der Realität zu tun hat, aber genießen es, daß die Welt einfach, der Kommissar gut und die Psychologie des Menschen
so durchschaubar ist, daß sie es zumeist sogar schaffen, den
Fall selbst vor dem Fernseher zu lösen. Zudem ist der Kommissar so rechtschaffen wie emotionslos, was die Vorherseh-
barkeit des Ablaufs noch erhöht.

In diesem Genre der steifen Charaktermasken muß »Tatort«-Schimanski leider passen; zu bemüht sind seine sport-
lichen Einlagen und sein rabaukenhaft-unkontrolliertes Mak-
kergetue, zu aufgesetzt sein Bemühen, der Erotik eines Sonny
Crocket nahezukommen. Siegfried Lowitz alias der Alte hingegen ist einer der Größten seines Fachs, allerdings hat sein
mißgelauntes altes Runzelgesicht schon wieder fast zuviel
Charakter, um dem Kommissarskrimi gerecht zu werden. Unübertroffen ist hingegen Derrick, der Mann mit den teigigen
Tränensäcken, obwohl er es trotz heftiger Proteste seitens der
Gewerkschaft der Polizei nur bis zum Oberinspektor gebracht
hat. Er kennt genau drei Variationen der Mimik: nachdenk-
liches Interesse, interessierte Nachdenklichkeit und eine Mischung aus beidem. Auch sein Assistent Harry hat unter Der-
ricks Einfluß mit der Zeit zwar an Körpergewicht gewonnen,

aber dafür jeglichen Ausdruck verloren – doch das macht nichts, denn in einem echten Kommissarskrimi steht sowas sowieso nur den Verdächtigen zu. Und schließlich ist es gerade die schablonenhafte Korrektheit, mit der die Herren ihre Pflicht tun, die den Reiz des Ganzen ausmacht und Derrick weltweit zum Star werden ließ.

Aber wenn Sie zufällig mal im echten Leben mit der Polizei zu tun bekommen, und dort erzählt Ihnen einer, das weitere Vorgehen müsse er nicht erklären, das sei Ihnen ja aus dem Krimi bekannt – glauben Sie ihm kein Wort.

*D*evotionalien

Pilgerstätten sind erhebende Orte. Sie erfüllen Touristen mit Verlegenheit und dem Gefühl der Ungleichzeitigkeit, vor allem wenn diese ihren schlendernden Spaziergang zur Kultstätte in einem Moment unternehmen, in dem eine Gruppe von Gläubigen mit Krücken, Verbänden, in Rollstühlen oder gar Krankenbetten die Sehenswürdigkeit in ein mittelalterlich anmutendes Bühnenbild verwandelt.

Dieses Gefühl kommt auch beim Anblick der Devotionalien auf, die zu Aberhunderten zum Verkauf angeboten werden. Billigste Massenproduktion reiht sich in immer gleicher Glanz- und Glitzeroptik in den Verkaufsständen aneinander: Barocke Voluten in Minimalformat, Plastikblumen und elektrische Kerzchen verbünden sich zu einer hybriden Mischung. Gekrönt wird das Ganze dann von dem Bildchen in der Mitte, auf dem die Jungfrau Maria, ein Herz-Jesu-Motiv oder ein Heiliger als greller Nachdruck von Gemälden prangen, die schon im 19. Jahrhundert eindeutig Kitsch waren.

Während der berühmte Schnitzaltar in der Kirche von Soundso nur ein doch recht eindimensionales Gefühl der Erhabenheit auszulösen vermag, erwecken die Souvenirs ein ganzes Feuerwerk gemischter Empfindungen, die um vieles aufregender sind. Kunsthistorisch Gebildete delektieren sich am Schauder des Stilwirrwarrs, andere genießen die Vorstellung, daß es viel-

SANTA CATERINA V. M.

St. Dymphna

leicht Leute gibt, die wirklich zu Hause vor den kleinen Altären knien und beten, und wieder andere sind der Meinung, daß Plastik einfach als das großartigste, bunteste und vielfältigste Material des 20. Jahrhunderts gefeiert werden muß.

Auch wenn die protestantische Religiosität arm an berükkenden Darstellungen ist, hat doch zumindest der Pietismus ein großes Kunstwerk hervorgebracht. »Der breite und der schmale Weg« ist ein Lehrstück gottgefälligen Lebens, das die

Lebensbahn des aufrechten Christen wie des Sünders bildhaft darstellt. Kürzel aus der Bibel müssen ausreichen, um die Botschaft zu vermitteln – aber der gute Pietist kann sowieso das gesamte Neue Testament auswendig. Welcher Ort eignet sich besser für ein solches Bild als die Toilette? Schockierend ist für Gläubige der Ort, für Ungläubige das Sujet. Und doch ist kein Platz der Welt geeigneter für die andächtige Versenkung in eine Welt, in der Richtig und Falsch noch einen Inhalt haben – auch und gerade wenn dieser normalerweise ganz sicher keinen Spaß macht.

ie Doofen

> »Ich würd' so gern noch ein richtig gutes
> Lied über Mähdrescher machen.«
> (Wigald Boning)

Mit »Mief« landeten die Doofen ihren ersten großen Plattenhit. Das Sujet ist sensibel gewählt, denn es vereint die wesentlichen Assoziationen in sich, die Jungmänner in Polyesteranzügen hervorrufen. »Mief« ist so platt und unappetitlich, daß sich einige Radiomoderatoren vor dem Abspielen des Stücks vehement davon distanzierten. Dies ist ein eindeutiges Qualitätsmerkmal für gelungen schlechten Geschmack, und tatsächlich glänzen die Doofen Wigald Boning und Olli Dittrich durch musikalische Schlichtheit, durchgängige Reim-dich-oder-ich-freß'-dich-Poesie und dadurch, daß sie auch in ihren Texten keine Platitüde auslassen: »Nimm mich jetzt, auch wenn ich stinke, denn sonst sag' ich Winkewinke und Goodbye. Denn da drüben an der Lampe ist auch schon die nächste Schlampe für mich frei.« Zudem haben sie mit diesem Stück eine Kernaussage über die Mode der Siebziger gemacht, wie sie stimmiger nicht sein könnte: Sie ließen sich durch die körperlichen Folgen inspirieren, die das Tragen ihrer geliebten Polyesteranzüge nach sich zieht.

Die Biographie der Doofen ist nicht so leicht nachvollziehbar, mal ist einer Schreiner, ein anderes Mal haben sie sich aus ihrer erfolglosen Karriere als Berufssportler (Diskuswerfen) zurückgezogen. Sicher ist jedoch, daß ihre Sangeskunst eine therapeutische Folge der Traumata ist, die sie durch ihre Sozialisation in den Siebzigern davongetragen haben. Das rechtfertigt auch ihre Krawatten, die nichts weniger als eine Beleidigung sind. Vor diesem Hintergrund wird auch ihre Verehrung für den Fernsehjournalisten Peter von Zahn nachvollziehbar, dessen würdiges Auftreten ihn damals zum Grandseigneur seiner Zunft machte.

Dem aufrichtigen Titel ihrer ersten LP »Lieder, die die Welt nicht braucht« schoben die Doofen sofort ein zweites Werk nach, das größere Vorhaben suggeriert: »Lieder für Melonen«. Dieses kurz darauf auch in der Werbung breit ausgetretene Wortspiel ist dem Selbstverständnis der Doofen durchaus angemessen; schließlich sind sie auch hartgesotten genug, um für das Video von »Prinzessin de Bahia Tropical« zwischen unzähligen nackten Tänzerinnenbeinen durchzukriechen.

Auch wenn die Doofen wissen, daß sie ohne Vorreiter wie Helge Schneider nie eine Chance gehabt hätten, über den Familienkreis hinaus berühmt zu werden, kann nicht bezweifelt werden: Ihre kongeniale und kompromißlose Doofheit verschaffte ihnen für eine Blödeleinlage in der RTL-Show »Samstag Nacht« zu Recht den Adolf-Grimme-Preis; schließlich muß man für soviel Blödheit ganz schön schlau sein.

*E*asy Listening I – Die Musik

Der Begriff »Easy Listening« bezeichnete ursprünglich nichts weiter als das Format eines US-amerikanischen Radiosenders der frühen sechziger Jahre. Es ging um ein sorgsam ausbalanciertes Programmschema, das ohne Schwankungen und Brüche ebenmäßig dahinfließt. Der Ausdruck setzte sich schnell durch und umfaßt heute die ganze Bandbreite von Acid Jazz bis hin zu konventioneller Filmmusik. Zuweilen werden sogar die schrägen, kratzbürstigen Gags der »Incredibly Strange Music« mit eingeschlossen.

Über lange Jahre vegetierte diese Form der musikalischen Entspannung als Hintergrundmusik vor sich hin und wurde nur dort eingesetzt, wo man sie nicht bewußt wahrnehmen sollte. Erst die Lust am schlechten Geschmack konnte sie zu einem beachteten Genre aufsteigen lassen. Denn mit dem Blick auf Fernsehserien als Gesamtkunstwerke erhielt auch deren musikalische Untermalung Kultstatus: Zehn, neun, acht, sieben, sechs, der Countdown läuft, und alle zählen mit. Wenn der Soundtrack der Raumpatrouille Orion von Peter Thomas ertönt, gibt es kein Halten. Die Zukunftsmusik aus der Vergangenheit war, zusammen mit der Serie, schon länger ein Geheimtip; inzwischen gehört das Stück zu den absoluten Hits der Easy-Listening-Welle. Thomas' Kompositionen für »Derrick«, »Der Kommissar« wie auch für zahlreiche Softpornos finden ein aufmerksames Publikum, nicht zuletzt deshalb, weil er seinem Hang zu Effekten freien Lauf läßt und die Instrumentierungen mit peitschenden Schüssen, stöhnenden Frauen und anderen aussagekräftigen Geräuschen anreichert.

Martin Böttchers musikalische Untermalung der Karl-May-Filme löst bei vielen Hörern einen Erinnerungsschauer an Kinderzeiten aus und ist nun wieder auf CD zu haben; im Zuge dieser Neubewertung findet sogar »Forsthaus Falkenau« neue Anhänger. Denn während der sterbenslangweilige Förster mit dem Grübchen im Kinn höchstens durch seinen unerklärlichen Verschleiß an Frauen beeindruckt, ist Böttchers Filmmusik dazu leicht genug, um easy zu sein.

Die unablässige Suche nach Neuem oder bislang Übersehenem und explizit Schlechtem holte sogar selbst die rosa gezuckerten Geigenexzesse des Mantovani Orchestra und die seichtesten Arrangements von James Last aus der Mottenkiste. Auch wenn beide so gut wie keine eigenen Kompositionen aufzuweisen haben, kreierten sie immerhin einen neuen Stil, der im Falle von Last mit »Happy Sound« sogar einen eigenen Namen erhielt und sich durch die Kombination von jeder Menge Geigen, Bläsern und La-la-la-Sängerinnen auszeichnet. Zahlreiche andere Komponisten, die unter dem Label Easy Listening laufen, schufen Klassiker der Tanz- und Unterhaltungsmusik, sei es Henry Mancinis »Moon River« oder Bert Kaempferts »Strangers in the Night«.

Im Zuge der Rehabilitation dieser Funktionsmusik werden jedoch auch die künstlerischen Aspekte des Easy Listening erstmals wirklich gewürdigt. Nicht nur die Ebenmäßigkeit von Cocktailmusik ist gefragt, auch der unkonventionelle Umgang mit Geräuschen und exotischen Instrumenten, der nicht zuletzt aus Modeströmungen und aus der Suche nach passenden Tönen für Filmhandlungen erwächst, macht den besonderen Reiz aus. Hier ist allen voran der mexikanische Komponist Juan García Esquivel zu nennen. In seinen Jahren in den USA komponierte er Hunderte von »Moods«, die im Lauf der Zeit in unzähligen amerikanischen Serien, wie »Kojak«, »Columbo«, »Miami Vice« und »Magnum«, zum Einsatz kamen. Esquivel versteht sich selbst keinesfalls als Easy-Listening-Komponist. Er verwehrt sich energisch dagegen, in die Sparte »Tapeten-« oder »Fahrstuhlmusik« gesteckt zu werden, und hat für seinen Stil den Begriff »Sonorama« erfunden. Ihm ging es nicht nur darum, mit nachlässig zusammengestellten Orchestrierungen gutes Geld zu machen. Esquivel entwickelte schon früh einen eigenen Stil, experimentierte mit Instrumentierungen und Rhythmen und schafft es, in seinen Stücken unglaubliche Mengen an komischen Effekten und seltsamen Geräuschen unterzubringen. Ein anderer Klassiker des Easy Listening ist Burt Bacharach, der vor allem für eingängige Melodien und außergewöhnliche Tonartwechsel bekannt wurde. Er stieg vom Arrangeur deutscher Tanzbands zum »Musical Director« für Marlene Dietrich auf und schrieb in den sechziger Jahren eine Reihe von großen Hits für die verschiedensten Interpreten. Trotz seines Erfolgs mit Stücken wie »Raindrops keep falling on my head« geriet er in den Siebzigern in Vergessenheit, doch inzwischen ist er wieder ausgesprochen gefragt.

Der Sound wie auch die Instrumente des Easy Listening wurden in den Neunzigern Orientierungspunkt und Inspirationsquelle für eine Reihe von Bands. Bezeichnenderweise ist hier Japan führend: Tokyo's Coolest Combo produziert mit den herkömmlichen Instrumenten der Pop-Musik und einem Vibrafon täuschend echten Easy-Sound, Pizzicato Five kreiert Popversionen der alten Stücke. Jimi Tenor und Curd Duca reichern die alten Titel durch elektronische Synthesizer aus den Sechzigern an, The Moog Cookbook haben sich, wie der Name sagt, einem der wichtigsten Instrumente des Stils verschrieben und bereiten aus Stücken der achtziger und neunziger Jahre (z. B. »Black Hole Sun«, »Smells like Teen Spirit« u. a.) einen leichtverdaulichen Ohrenschmaus, während der Keyboarder der Beasty Boys unter dem Namen Money Mark eigene Kompositionen mit Moog und minimalistischem Drum-Computer umsetzt. Combustible Edison liefern zur Musik auch optisch den gepflegten Cocktail-Look; sie stehen, wie auch zahlreiche andere Neo-Easy-Listeners, in innigem Kontakt zu den Altmeistern und lassen sich von ihnen beraten. Elvis Costello komponiert gemeinsam mit Bacharach und bedient sich, ebenso wie Oasis, R.E.M. oder Stereolab aus dem reichen Fundus des Keep-smiling-Sounds.

Auch wenn die Easy-Listening-Welle möglicherweise viel kleiner ist, als die Medien glauben machen wollen, bleibt diese Musik nicht zuletzt deshalb faszinierend, weil ihre Vertreter zumeist den kommerziellen Möglichkeiten der Musikindustrie verfielen, obwohl sie von der großen Kunst der Jazzmusik träumten. Sie setzten ihre ungewöhnlichen musikalischen Vorstellungen in glatte Arrangements um, die sich verkaufen ließen, und produzierten sozusagen avantgardistischen Trash aus Systemzwang. Wenn nun in der Intellektuellen-Musikzeitschrift »Spex« die Werbung für Gert Wildens Schulmädchen-Report-Soundtrack erscheint und VIVA-Moderator Stefan Raab eine Combo hochkarätiger Studiomusiker leichte Arrangements für aktuelle Titel spielen läßt, findet ausnahmsweise keine Vermarktung einer Subkultur statt, sondern Easy Listening bleibt seiner Zielsetzung treu: Es muß sich lohnen.

*E*asy Listening II – wer hört es?

Die alten Recken der Rockszene toben, und auch aus intellektuellen Musikkritikerkreisen verlautet, daß »Easy Listening« nur noch in Verbindung mit »Pest« ausgesprochen werden darf. Von Tapetensound über Kaufhausmuzik bis hin zu Aufzug-Hintergrundgedudel ergießt sich ein Wortschwall von Beschimpfungen – kein Revival führte bislang zu solchen Aufschreien der Empörung wie die neue Liebe zu plätschernder Cocktailmusik. Andere wiederum bezeichnen den Trend zum leichten Hören als völligen Hype, und tatsächlich erweisen sich die neuen Sampler nicht unbedingt als Kassenschlager.

Bei der Suche nach bekennenden Liebhabern des Easy Listening wird man jedoch schnell fündig und stößt auf gleich drei unversöhnliche Fraktionen. Die erste scheint der Kritik recht zu geben, wenn sie sich dafür begeistert, endlich ohne schlechtes Gewissen Schrott anhören zu dürfen. Bei näherem Hinsehen entpuppen sich die meisten von ihnen als absolute Zyniker, die die schrägen Orgeln einfach nur irre witzig finden, weil sie sowieso kein besonders intimes Verhältnis zu Musik oder zu irgend etwas anderem auf der Welt hegen. Easy Listening dient ihnen als Demonstration ihrer Scheißegal-Mentalität.

Ein Streifzug durch die Plattenkisten von Dancefloor-DJs legt nahe, daß eine zweite Easy-Listening-Fraktion sich unaufgeregt, aber regelmäßig aus dem Repertoire der 60er bedient. Sie finden es einfach auch mal originell, mit Theremins, Ondolinen und Moogs instrumentierte Stücke zu spielen, die dazu noch tanzbar sind.

Und schließlich gibt es noch die wahren Liebhaber der leichten Muse. Sie stöbern schon seit Jahrzehnten auf Flohmärkten und in Second-hand-Plattenläden nach längst vergessen geglaubten Schätzen. Auf die Vorwürfe, Film- und Tanzmusik seien ja nun wirklich das Allerseichteste, reagieren sie mit ärgerlichem Unverständnis: Sie berauschen sich vielmehr an einfallsreichen Arrangements, außergewöhnlichen Rhythmen und apart kombinierten Instrumentierungen. Echte Fans sinnieren über die Exoticaploitation, die die Tanzböden vergangener Zeiten mit Südseeflair durchwehte, und die Sitarklänge, die nahtlos ins Rauschen der okzidentalen Orchestrierung eingepaßt sind. Sie delektieren sich an der Tragik, daß das Business Genies in die Arme skrupelloser Produzenten treibt und sie dadurch zwingt, ihre Begabung für oberflächenbehandelte Gebrauchsmusik zu verschwenden.

Und tatsächlich, wer einmal anfängt, sich auf das Zeug einzulassen, sieht sich einer Reihe von widersprüchlichen und faszinierenden Gefühlen ausgesetzt. Erste Wahrnehmung: Die Rhythmen sind so perfekt, daß die Füße mitwippen, auch wenn der Kopf dagegen ist. Zweite Wahrnehmung: Diese Musik löst ihren Anspruch, gute Gebrauchsmusik zu sein, hundertprozentig ein. Selbst in einer verrauchten Szenekneipe verströmt sie die Atmosphäre von Kaminfeuer und Cocktails, gerade so, wie man sich die durch und durch maßvollen Parties der gehobenen Mittelschicht in den 60ern vorstellt, wenn gegen drei Uhr morgens die letzten Gäste keine rechte Lust haben, nach Hause zu gehen.

Dritte Wahrnehmung: Tanzstundenzeit. Erinnerung an das James-Last-Orchester, an schweißnasse Hände und unbeholfene Schritte, die zumeist auf den Füßen des Partners enden. Vierte Wahrnehmung: Im Alter von zwölf Jahren heimlich am Plattenspieler sitzen und den Soundtrack von »Winnetou« anhören. Wenn der Vater mitbekommt, daß sein Kind einen solchen Müll hört, gibt es Ärger. Dabei hat er außer Brahms noch andere Platten im Schrank, die zu seinem Entsetzen heute ebenfalls unter Easy Listening laufen: Play Bach und die Swingle Singers.

Doch nicht nur die Endzwanziger und Anfangsdreißiger, die sich nun erlauben zu lieben, was sie früher haßten, geben sich dem Geigenrauschen hin; auch einige Teenies können sich für diese Musik erwärmen, zumindest solange sie sich noch ihres anhaltend schlechten Rufs erfreut. Dazu kommt noch der Reiz einer bislang ungekannten Erfahrung: das ein-

vernehmliche Anhören von Lieblingsschallplatten mit den Eltern. Und ehrlicherweise muß zum Schluß noch gesagt sein:
Easy Listening ist deshalb so gut, weil es lange Zeit, vielleicht
schon immer, völlig out war. Und das allein reicht schon.

*D*ie Fabulösen Thekenschlampen

Die Fabulösen Thekenschlampen sind eine Frauenband, die
dem Ideal vom ordentlichen Mädchen etwas entgegenzusetzen hat: die Schlampe. Auf dem CD-Cover von »Titten The-
ken Temperamente« finden sich unter dem Titel »Die Ge-
schichte der Schlampe ist eine Geschichte voller Mißverständ-
nisse« einige programmatische Äußerungen: »Was liebt eine
Schlampe? Den Abend davor. Was haßt eine Schlampe? Den
Morgen danach. Wo fühlt sich eine Schlampe am wohlsten?
An der Theke. Welche Musik mag eine Schlampe? Unsere.
Was bezweckt die Schlampenbewegung? Spaß für alle und
Bier für umsonst. Wie wird man eine Schlampe? Üben, Üben,
Üben.«
   Die Lieder der Fabulösen Thekenschlampen bestehen aus
wörtlichen Übersetzungen englischer Hits aus den 70er und
80er Jahren: »Ich mag Rock'n'Roll« (I love Rock'n'Roll). »Papa
kalt« (Daddy Cool), »Süßes für mein' Süßen« (Sweets for my
Sweet). Mit den Originalen liebevoll nachempfundenen Arrangements singt sich die Schlampencombo durch die Geschichte des englischsprachigen Schlagers. Dabei ist die
Frage, ob das Vergnügen an Übersetzungen wie »Ja, Herr, ich
kann Boogie« eher als differenzierte Interpretation der inhaltlichen Tiefe von Baccara-Songs zu verstehen ist oder sich aus
der Siebtkläßler-Begeisterung für die Komik von wörtlichen
Übersetzungen aus einer Fremdsprache speist. Jedenfalls
eignet sich das Potential von dümmlichen Schlager-Liedtexten
hervorragend für die musikalische Untermalung von Prollparties. Denn dieser bevorzugte Auftrittsort der Thekenschlampen zelebriert alles, was schlecht, niveaulos und deshalb normalerweise tabu ist.

Fahndungsfotos

Das kriminalistische Fahndungsfoto ist ein ästhetisches Genre für sich. Gegen Ende des 19. Jahrhunderts wurde diese spezielle Methode entwickelt, um das Konterfei von (mutmaßlichen) Verbrechern in genormter Form festzuhalten. Während die ersten von Kriminologen gefertigten Verbrecherfotos noch deutlich an Bilder aus dem bürgerlichen Familienalbum erinnerten, setzte sich im Lauf der Zeit das Frontal- und Profilbild mit Nummer durch. Diese Vorgehensweise sollte einen maximalen Wiedererkennungswert garantieren, zugleich entstand auf diese Weise auch ein Bildgenre, das die Vorstellung von »typischen Verbrechergesichtern« allgemeinverbindlich festlegte.

Für das ID-Foto im Ausweis des Normalbürgers wurde in Abgrenzung dazu lange Zeit das Halbprofil mit freigelegtem linken Ohr vorgeschrieben, und wer sich für diesen Zweck beim Fotografen ablichten läßt, wird auch heute noch unerbittlich zu dieser Haltung überredet.

Mit dem Aufkommen der Fotoautomaten, die an fast allen Bahnhöfen und Flughäfen zu finden sind, entwickelte sich das fotografische Selbstporträt zu einem Teenagersport. Unzählige Jugendliche posieren zu zweit oder alleine mit lustigen Fratzen oder in komischen Verkleidungen und legen regelrechte Sammlungen von Fotostreifen an; dabei verwenden sie nicht nur ihre eigenen Bilder, sondern mit Vorliebe auch solche von anderen, die im Ausgabefach des Automaten zurückgelassen wurden. Mit der neuen Computertechnik, bei der das Paßfoto vorher angeschaut, ausgewählt oder verworfen werden kann, eröffnen sich inzwischen noch ungleich größere Möglichkeiten für Fotofans und -künstler.

Es stellte sich jedoch bald heraus, daß das ausdrucksstärkste Bild immer noch das Fahndungsfoto ist. Die großen roten Plakate mit Dutzenden von angeblichen Terroristenköpfen beeindruckten die meisten Fotofreaks bereits in ihrer Kindheit. Nichts ist so heroisch wie das grimmige, frontale Foto eines zu allem entschlossenen Überzeugungstäters. Die Folge davon ist, daß eine immer größere Zahl von Antragstellern für Reisepaß oder Personalausweis diese Form der Selbstdarstellung wählt. So läßt sich die Peinlichkeit eines mißglückten Grinsebildchens vermeiden, und gleichzeitig ruft die Vorstellung, mit einem solchen Ausweis kontrolliert und schon durch das Konterfei in die Nähe der berühmtesten Verbrecher gerückt zu werden, einen wohligen Schauer hervor.

Feinripp-Unterwäsche, weiß

Der deutsche Durchschnittsmann besitzt 2,3 Unterhosen. Und wenn Mütter, Gattinen und Freundinnen nicht mit selbstlosen Abstechern in die Herrenabteilung nachhelfen würden, wären es sicher noch weniger. Diese traurige Bilanz läßt Rückschlüsse auf das Aussehen der Herrenunterwäsche zu, die alles andere als erotisierend sind. Über lange Jahrzehnte schlug die Bettgefährtin schamvoll bis angewidert die Augen nieder, wenn der schlabbrige Feinripplappen mit Eingriff (einfach oder doppelt) in ihr Blickfeld geriet.

Die Textilindustrie ließ sich in der Hoffnung, den Herrn doch noch als kauffreudigen Kunden zu gewinnen, einiges einfallen: Tangas mit breitem Gummibund, satinierte Baumwolle, Streifen oder bunt Bedrucktes sollten der Ödnis ein Ende bereiten, die den männlichen Intimbereich umgab. Doch dadurch wurde alles nur schlimmer, denn im Vergleich zum Klassiker wirkt ein ehemals lustig gemustertes, durch den Gebrauch aber verblaßtes und angegrautes Wäschestück noch weitaus unappetitlicher. So wurde der Versuch, auch eine neue Mode des Herrenunterhemds zu kreieren, dann auch von vornherein ohne große Überzeugung unternommen.

In dieser verfahrenen Situation trat der Levi's-Mann auf den Plan. Als erstes wirklich erotisches männliches Sexualobjekt der Reklamegeschichte beeindruckte er durch die Schlichtheit der Kleidungsstücke, die die Muskeln unter der braungebrannten Haut umspannten. Noch dazu, wenn der Stoff dank des Einsatzes einer rustikalen Wasserpumpe völlig durchnäßt am Körper klebt. Und was verkörpert den wilden, unbekümmerten Mann, der nicht durch völlig überflüssigen Bildungsballast beschwert ist, besser als eine 501-Jeans und ein Feinripp-Unterhemd? Beide sind Klassiker und in dieser Kombination unschlagbar. Dank Calvin Klein griff die Begeisterung für die traditionelle Herrenunterwäsche sogar wieder auf die Unterhose über: Mit Plakaten, auf denen ein lasziv hingegossener Adonis im Schlaf seine Feinrippunterwäsche gerade so weit hoch- und zur Seite rutschen läßt, daß nichts gesehen und alles erahnt werden kann, erfuhr das ehemalige Symbol männlicher Nachlässigkeit ein glänzendes Comeback.

Was dieses Plakat nicht zeigt, ist, daß ein untrainierter, übergewichtiger Männerkörper auch in Calvin-Klein-Feinripp nicht erotischer wirkt, sondern sein Besitzer immer noch wie ein schlechtgekleideter Durchschnittskerl aussieht. Vielleicht wendet sich zumindest die Schwulenszene auch deshalb wieder den edlen Creationen von Nikos, Manstore oder Luciano Soprani zu. Der Feinripp-Hype aber bleibt.

*F*ototapeten

Ausstrahlung und Atmosphäre eines Raumes stehen und fallen mit der Tapete. In den letzten Jahren hat sich in den meisten Wohnungen die Allerwelts-Rauhfasertapete durchgesetzt, deren penetrant sachliches Weiß nur von Mutigen durch zarte Pastelltöne gemildert wird. Seit kurzem ist jedoch wieder ein brandaktueller Trend zu beobachten: Angeregt durch die stilvolle Gestaltung in den Hinterzimmern abgetakelter Kneipen oder auch in veralteten Friseursalons tritt die Fototapete einen neuen Siegeszug an. Angeödet von Designermöbeln und japanischer Futon-Ästhetik finden Schickimickis und Szene-Trendsetter nun endlich den Zugang zur leuchtenden Farbigkeit unverbrauchter Natur. Zwei Meter fünfzig auf vier Meter nur giftgrüne Palmen, schlohweißer Sand und freibadblaues Meer, ein Gebirge mit Enzian und Edelweiß im Vordergrund oder ein glutroter Sonnenuntergang verwandeln das asketische Wohnambiente in eine buntschillernde Landschaft, deren Wirkung höchstens noch von den selbstklebenden Aquariumshintergründen für Meerwasserfische übertroffen wird. Wer kann in dieser Umgebung noch über Waldsterben und Luftverschmutzung jammern? Wer kann sich der Ausstrahlung von Optimismus und Unbekümmertheit entziehen? Über die wenigen, die die Tapete als Kontrast zu ihren zynischen Was-soll's-Gesichtern einsetzen, kann an dieser Stelle getrost hinweggesehen werden. Die meisten der frischgebackenen Tapetenbesitzer raven nur am Wochenende und legen sich am Montagmorgen eine Gel-Feuchtigkeitsmaske auf, bevor sie frisch gebügelt zur Arbeit fahren.

Auch für die weitere Raumgestaltung sind zahlreiche Probleme gelöst; die lästige Auswahl von Bildern zeitgenössischer Künstler fällt weg, wichtig ist nur noch, daß das Muster des neuen Sofastoffs ordentlich in den Augen brennt. Der einzige Nachteil an der Sache besteht darin, daß Tante Erna jetzt wieder so richtig gerne zu Besuch kommt.

*F*riseursalons

Jahrzehntelang kämpften Friseursalons gegen das Image von Bewahranstalten an, in denen sich lockengewickelte Seniorinnen von blonden Friseusen (Assoziationen mit Manta- und Blondinenwitzen müssen hier nicht eigens ausgeführt werden) bearbeiten lassen. Die Inhaber versuchten mit allen Mitteln, die Erinnerungen ihrer Kunden an pieksende Haarschnipsel, den durchdringenden Geruch von stark parfümiertem Haarspray und die Ekligkeit von Plastikumhängen loszuwerden.

Ein modernes, zeitgemäßes Image mußte her. Der Atmosphäre eines Landarzt-Wartezimmers setzten die Saloninhaber deshalb dezente Schlichtheit mit Hilfe von etwas Chrom oder Messing, Leder und ausladenden Spiegelwänden entgegen. Sie hängten überall Halogen-Strahler auf, ließen ihre Schaufenster von Profis designen und kauften unbequeme Friseurstühle im Avantgarde-Look. Der Friseur geriet zum Statussymbol, das nicht mehr nur unter den oberen Zehntausend als Garant für Geschmack galt. »Gabi's Frisierstube« wurde in »Concav«, »Charisma«, »Impulse« oder »Hairport« umbenannt, und die Friseusen hießen auf einmal Topstylisten.

Allerdings ging auch diese Phase vorbei, bevor sie richtig angefangen hatte. Heute sehen nur noch die Haarschneideläden in der Provinz so aus. Szenefriseure in Großstädten wie Berlin oder Hamburg sind inzwischen dazu übergegangen, ihre Studios wieder in Salons umzuwandeln und mit allem vollzustopfen, was Kitsch ist: Gartenzwerge, selbstgebastelte Collagen, Alpen- und Heiligenbilder bestimmen die Atmosphäre in den Modesalons, die Friseure tragen Tatoos, die Färbung ihrer Haare ist ein Stück herausgewachsen, der Schnitt strähnig.

Daß der alte Friseur als Image für guten schlechten Geschmack wie geschaffen ist, zeigt auch ein Berliner Bohemetreff, der in einem ehemaligen Haarschneidesalon aufgemacht hat und stilbewußt unter dem Namen »Frisör« firmiert. Letztlich liegt es wohl am Mythos vom schwulen Friseur, für den Kitsch und Kunst nun einmal eng beieinanderliegen, daß dieser Berufszweig wie kein anderer als Gradmesser für zeitgemäße Geschmacksbildung gilt.

$\mathcal{D}$ie fünfziger Jahre

Die Umbewertung von Geschmackspräferenzen aus vergangenen Zeiten begann Ende der achtziger Jahre, als der Mythos der fünfziger Jahre (der übrigens bereits auf einem »Spiegel«-Titelblatt von 1978 beschworen wurde) sich auch in einer neuen Begeisterung für die Ästhetik dieser Zeit ausdrückte. Unterzieht man die damalige Alltagskultur einer genaueren Betrachtung, lassen sich letztlich weder reaktionärer Mief noch modernes Wirtschaftswundergefühl ganz bestätigen. Werte wie Sicher-

Das moderne Haushaltgerät erlaubt der Frau, auch ohne Schürze zu arbeiten.

heit, Ordnung und Wohlverhalten scheinen untrennbar mit diesem Jahrzehnt verknüpft. Doch die Tatsache, daß Familiensinn und Anstand in dieser Zeit unablässig gepredigt wurden, weist eben auch darauf hin, daß solche Haltungen keine Selbstverständlichkeit mehr waren, sondern im Gegenteil von Pädagogen wie Politikern als gefährdete Ideale betrachtet wurden. Zukunftsbegeisterung und Arbeitswut begründen ebenso wie halbstarke Mods und Rock'n'Roller den Mythos der Fünfziger, und beide scheinen auch in den Objekten, Kleidern, den Filmen und der Musik dieser Zeit auf.

Die fünfziger Jahre gelten auch als das erste Jahrzehnt, in dem Design nicht nur etwas für Eliten war, sondern auf alle Alltagsgegenstände ausgeweitet wurde. Nierenformen, unregelmäßige Rechteckmuster in Schwarz, Weiß und Pastelltönen waren damals Ausdruck eines Lebensgefühls, das auf Modernität und Zukunft ausgerichtet war. Rückblickend erscheinen solche Formen gerade deswegen altmodisch, ein bißchen lächerlich und gezwungen. Aus dieser Mischung speist sich das Vergnügen an extra für die Anforderungen der neuen Zeit erfundenen Accessoires wie Brezelhaltern, Salzletten- und Serviettenständern oder Flaschenwiegen aus Messingdraht mit Korbgeflecht. Auch das Getränk der Zeit, die Bowle, erfreut sich vor allem in kleinen Clubs besonderer Beliebtheit, die den Look einer Fabrikhalle mit allerlei fein ausgewähltem Kitsch kombinieren.

Eine der größten Leistungen des Jahrzehnts im Designbereich ist neben dem Nierentisch das Gelsenkirchener Barock: Kommoden und Musiktruhen, die mit edel wirkendem Furnier versehen sind und allerliebst geschwungene Formen aufweisen, gelten schon lange nicht mehr als Omas lästiger Sperrmüll, sondern entwickelten sich zu begehrten Prestigeobjekten und Museumsstücken.

Wenn sich aber selbst der Bundeskanzler in ein Goggomobil gezwängt fotografieren läßt, erweist sich die neue Liebe zu den Fünfzigern nicht nur als Spaß an einer vergangenen Ästhetik. Vielmehr steht zu befürchten, daß nun wieder an den Durchhaltegeist der Wirtschaftswunderzeiten appelliert werden soll. Möglicherweise ist die adrette Hausfrau mit ihren exakt gelegten Locken und der exaltierten Pose am Staubsauger eben nicht nur ein Relikt aus vergangenen Zeiten, sondern ein Leitbild, das berufstätigen Frauen auch heute wieder nahegelegt wird, damit die spärlicher werdenden Arbeitsplätze wieder allein den Männern vorbehalten bleiben.

*F*ußball

Über Jahre hinweg war Fußball gleichbedeutend mit Hooligans, Prügeleien und Bier. Schals und Mützen mit eingestrickten Vereinswappen stempelten ihre Träger unerbittlich zu Underdogs ab, und abgesehen vielleicht von Freiburg und St. Pauli gab es in Trendsetter-Kreisen keinen Verein, zu dem man sich offen bekennen durfte, ohne belächelt zu werden. Vor allem Intellektuelle bevorzugten zumindest nach außen hin Sportarten wie Leichtathletik oder Radfahren und versuchten, ihre Liebe zum Fußball zu unterdrücken oder wenigstens geheimzuhalten. Kicken auf dem Bolzplatz war zwar gang und gäbe, doch im Verein spielten zumeist nur die Unterschichten, wogegen der Gymnasiast sich eher beim Handball am richtigen Platz fühlte. Während andere zur Weltmeisterschaft ganz selbstverständlich und öffentlich vom Fußballfieber befallen wurden, trafen sich Intellektuelle verschämt im Wohnzimmer eines Freundes, nachdem dessen Lebensgefährtin voller Verachtung das Feld geräumt hatte, und träumten von Kumpanei und markiger Männerliebe. Ganz Unverfrorene kauften zu diesem Anlaß Dosenbier und warfen mit Kennersprüchen um sich, die halbironisch und doch sehnsuchtsvoll den Kneipenabend am Stammtisch simulierten.

Ganz wohl fühlten sie sich nicht in der geliehenen Proletarierhaut. Einige verschafften sich die Legitimation, indem sie die Zuschauerränge zum politischen Betätigungsfeld erklärten und dadurch sogar zu den Spielen ins Stadion gehen konnten, ohne dem Spott der Genossen ausgesetzt zu sein. Andere widmeten sich der wissenschaftlichen Aufarbeitung von Fußballhistorie und beriefen Fußball-Intellektuellentreffen ein, um der Sache einen seriösen Anstrich zu geben. Wieder andere blieben vor dem Fernseher sitzen und verspotteten zur Kompensation den Moderator, der doch mit seinen wunderbaren Wortschöpfungen das Spiel erst richtig schön macht. Und hier setzt auch der Boom der Fußball-Literatur ein, die nun endlich aus berufenem Munde das offensive Spiel nach vorn betreibt; um so peinlicher, daß hier weniger stilbildende Sportjournalisten gerade über die Kollegen lästern, ohne die der Fußball nicht das wäre, was er ist. Doch das Buch »So werde ich Heribert Faßbender« hat den Trend der Zeit erkannt, der Fußballjournalisten zum Buchautoren-Ruhm verhilft: nachdem Helmut Böttiger (»Frankfurter Rundschau«) mit »Kein Mann, kein Schuß, kein Tor« vorgelegt hatte, kam mit Gerhard Henschels und Günther Willens »Supersache!« 1994 ein gezielter Schuß aus der Satire-Ecke. Bald darauf konterte der FAZ-Redakteur Dirk Schümer aus der konservativen Ecke mit dem Buch »Gott ist rund. Die Kultur des Fußballs«, und auch Beckmann/Böttcher (»LiebesLeder«) und Bittermann/Roth (»Wieder keine Anspielstation«) blieben mit weiteren so richtig lustigen Fußballbüchern am Ball. Selbst die Musikzeitschrift »Spex« widmet der Fußball-EM 1995 zwölf Seiten und beweist ihren intellektuellen Fußballhumor unter anderem mit einem Bewerbungsschreiben des Redakteurs Christoph Gurk an Egidius Braun für den Posten des Bundestrainers. Sie liefert politische Hintergründe, rezensiert Fußball-Computerspiele und verspricht: »Zusätzlich: alle Spiele, alle Termine, alle Kommentatoren und – natürlich – eine Verlosung«.

All diese Versuche, ein paar Punkte zu sammeln (Heribert würde sagen: »Das wäre ein Tor gewesen, liebe Fußballfreunde«), werden von Nanni Balestrini lässig übertroffen. Mit dem glorreichen Steilpaß »I Furiosi. Die Wütenden« beweist er, wieviel aufregender und letztlich politischer der italienische Fußball ist, und muß sich dafür noch nicht einmal über etwas lustig machen.

All dies hat dazu beigetragen, daß das Gespräch über Fußball inzwischen zum guten Ton gehört. In Szenekneipen wird zum Spiel der Videobeamer aufgebaut, Philosophen vergessen Heidegger (der Beckenbauer bewunderte), wenn

sie über ihren Kick am letzten Samstag fachsimpeln, die Sport-
seite mit allen Ergebnissen wird Montag morgens nicht mehr
nur von Männern auswendiggelernt, die hupenden Autoka-
rawanen nach dem errungenen Sieg sind klassenübergrei-
fend. Doch wer über diese Fußballrevolution jubelt, freut sich
zu früh: Wenn Kohl zum EM-Spiel medienwirksam nach England reist und die Kabine betritt, um seinen Mannen beizu-
stehen, wenn Josef Fischer auf einer Pressekonferenz die
Schuhe auszieht und sagt: »Stellt mir doch mal Fragen zur Eu-
ropameisterschaft«, wenn Verheugen, Wieczoreck-Zeul und
Lafontaine bei Politikergesprächen in England »Klinsi« jubeln,
ist Vorsicht geboten. Der Ball ist rund, und wie man ihn den
Vorzeigedeutschen abjagen kann, bleibt offen. Doch nicht
verzagen, denn wie schon Sepp Herberger sagte: »Das nächste Spiel ist immer das schwerste«.

Gartenzwerge

Gartenzwerge sind so durch und durch kleinbürgerlich, daß
es wirklich keine große Tat ist, sie als unerträglichen Kitsch zu
brandmarken. Gillo Dorfles, ein erklärter Feind des Kitsches,
der seiner Haßliebe in einem Buch zu diesem Thema Ausdruck verlieh, hoffte schon 1968: »Auch wenn man noch einige
weitere Jahre oder Jahrzehnte ›Gartenzwerge‹, aber auch
farbige Terrakottafiguren in Form von Elfen und Walt-Disney-
Gestalten verkaufen (und kaufen) wird, werden zweifellos
binnen kurzem auch Leute, die diese Figuren heute noch kaufen, erkennen, daß sie ›out‹ sind, und werden vermeiden,
ihren Garten mit Zwergen (…) zu schmücken. Leider werden
andere Kitschformen an die Stelle des traditionellen Kitsches treten – und tun dies bereits, wie wir bisher gesehen
haben.«
    Er hatte unrecht. Der Gartenzwerg lebt. Und das ist gut so.
Denn die kleinen Kerlchen aus glasiertem Ton oder gar aus
Plastik, dem Lieblingsmaterial für Geschmacklosigkeit, müß-
ten eigentlich vor dem allgemeinen Spott in Schutz genom-

men werden. Schließlich gibt es keine andere Figur, die Eng-stirnigkeit, Territorialdenken und den Wunsch nach einer klei-nen, ganz persönlichen Märchenwelt auf so überzeugende Weise in sich vereint.

Gartenzwerge sind ausgesprochen ausdrucksstarke Fi-guren. Selbst ein TV-Nachrichtenmagazin ließ sich zu einem Beitrag über Gartenzwerge hinreißen: Es handelte sich um den Prozeß gegen einen Nachbarn, der unfreundliche und obszöne Gartenzwerge aufstellte, um damit die Bewohner des Nebenhauses zu terrorisieren.

So etwas ist ein ebenso verdammungswürdiger Affront wie das auf dem Bauch liegende Zipfelmännchen mit Messer im Rücken oder die Verunglimpfung von Zwergengestalten durch die Applikation von Politikergesichtern, denn nur ein fröhlicher Gartenzwerg ist ein guter Gartenzwerg. Nichtsdestoweniger haben solche Motive dazu beigetragen, daß auch die ganz normalen Gartenzwerge in den Genuß kamen, als wirklich guter schlechter Geschmack in den Kanon der schicken Sta-tussymbole aufgenommen zu werden. Gleichzeitig bleibt der Heinzelmann mit Schaufel und Schubkarre aber das liebste Stück des Freizeitgärtners und Gartenhausbesitzers; er hat es inzwischen sogar zu einem eigenen Museum gebracht.

$\mathcal{G}$ildo, Rex

Für die »Goldene Stimmgabel« aus den Händen von Dieter Thomas Heck mag es nicht mehr reichen, doch Rex Gildo kann auf eine lange Schlagerkarriere zurückblicken. Vor allem ein Verdienst gebührt ihm allein: die Kultivierung des »Hossa-Hossa«-Rufs aus seinem Hit »Fiesta Mexicana«. Feierwütige Teutonen geben sich damit den Anstrich lateinamerikanischer Ausgelassenheit, und inzwischen soll er sogar zum Schlacht-ruf harter, wenn auch nicht mehr ganz nüchterner Rocker mu-tiert sein.

Rex Gildo gehörte lange Zeit zu den von Schlagerfeinden meistgehaßten Personen, denn er vereint in einer Person alle

Attribute, die die Schlagerwelt liebt: exotisches Äußeres mit schwarzen Haaren, dauergebräunter Haut und unglaublich weißen Zähnen, dazu dieser Künstlervorname, der heimführt zum deutschen Schäferhund. (Hätte er ahnen können, welch derbe Späße man sich später mit seinem Künstlernachnamen erlauben sollte?)

Anfang der Sechziger bildete er zusammen mit Gitte das asexuelle Paradepaar schlechthin. Später gaben die mit samtenem Timbre gesäuselten Solohits, die fast immer Fernweh evozierten, den perfekt abgestimmten Soundtrack zu seiner Erscheinung ab. Im Lauf der Zeit mehrten sich jedoch in der Regenbogenpresse die besorgten Stimmen; man munkelte, er sei zu einem sichtlich alternden, immer häufiger von der Bühne torkelnden Wrack geworden, das dem Ende seiner Laufbahn entgegensieht.

Um derlei Gerüchte zu entkräften, sprang er auf die Techno-Schlagerwelle auf und schlug sich bis auf kleine Ausrutscher auch in Stefan Raabs »Vivasion« wacker (»Ich hau dir gleich eine runter, Stefan«). Genutzt hat ihm diese Flucht nach vorne allerdings wenig. In Schwulenkreisen wird er regelmäßig in der Szene-Postille »Du & ich« als Tunte geoutet und zählt zusammen mit Marianne Rosenberg zu den Göttinnen schlechthin. Rex Gildo – die singende Retortenkönigin, die Rocker, Schwule und Gäste orgiastischer Betriebsfeste gleichermaßen beglückt. Was kann man als Schlagerstar mehr verlangen?

*G*olden Girls

Was ist langweiliger und trauriger als alternde Frauen ohne Geld und (meistens) ohne Männer? Alles! Die Golden Girls sind die komischsten, lebensklügsten und gemeinsten Freundinnen, die es je gab. In diesen Figuren hat ein Soap-Opera-Team alle Aspekte von Frauenfreundschaften eingefangen, die sich Männer normalerweise nicht mal versuchen vorzustellen. Blanche Elisabeth Devereaux aus Atlanta, Georgia, der das Haus der Golden Girls gehört, denkt immer nur an das Eine. Sie spricht immer nur über das Eine, und wenn sie es nicht gerade tut, bereitet sie sich darauf vor, zieht sich dafür an, schminkt sich dafür oder bahnt neue Bekanntschaften an; selbst ihre Initialen lauten »BED«. Dabei läßt sie keine Gelegenheit aus, ihren Freundinnen – vor allem Dorothy – deren vergleichsweise miserablen Chancen, einen abzukriegen, vor Augen zu führen. Während bekennend geile Frauen normalerweise nach wie vor tabu sind und eine offen gelebte Sexualität mit der Verachtung ihrer Umwelt zu bezahlen haben, während ihnen, wenn sie im sogenannten »alterslosen« Alter sind, sowieso alle libidinösen Regungen abgesprochen werden, ist Blanche geradezu revolutionär direkt und hemmungslos. Sie träumt nicht vom Prinzen, der sie eines Tages erobert, ein Daterape kann höchstens dem Kerl passieren, der unvorbereitet mit ihr ausgeht, und moralische Skrupel sind für sie ein völliges Fremdwort.

Die hervorstechendste Eigenschaft von Rose Nyland ist ihre Dummheit. Natürlich ist sie blond und glänzt durch die einfältigsten Fragen und abwegigsten Antworten, die je erfunden wurden. Leicht geduckt und mit ständig weit aufgerissenen Kaninchen-vor-der-Schlange-Augen trifft sie bei ihren Freundinnen immer dann auf abgrundtiefe Verachtung, wenn sie glaubt, etwas verstanden zu haben, und in überbordende Begeisterungsstürme ausbricht. Rose hat skandinavische Vorfahren; sie kommt aus einem kleinen Kaff namens St. Olaf und fügt alle ihre Erlebnisse in die hinterwäldlerische Welt ihrer Kindheit ein. Paradoxerweise erwachsen gerade aus dieser Naivität ihr Mut und ihre Lebensklugheit. Sie ist diejenige, die sich nie durch verfrühte Einsicht von einem Vorhaben abbringen läßt und dadurch vielen verfahrenen Situationen eine völlig neue Wendung geben kann.

Dorothy Zbornak (geb. Petrillo) wird bis ans Ende ihrer Tage nicht von ihrer Mutter loskommen; seit ihrer Scheidung (erst seitdem?) verbringen die beiden ihr Leben in gehässiger Symbiose. Dorothy ist die Vernünftigste der vier Girls, und wenn sie dann im Dauerpingpong der kleinen Gemeinheiten in regelmäßigen Abständen zum Gegenschlag ausholt, trifft es um so härter. Obwohl sie eigentlich eine attraktive Frau von klassischer Eleganz ist, teilt sie bis zum Schluß (ihrer zweiten Hochzeit) die Meinung ihrer Mitbewohnerinnen, daß sie eine alte Schachtel ist und nicht mehr viel Gutes vom Leben zu erhoffen hat. Sie ist treusorgende Tochter und gleichzeitig strahlt sie ständig das Gefühl aus, daß ihre Tochterliebe nicht genügend geschätzt wird. Dorothy verkörpert die klassische Rolle der gescheiterten Intellektuellen (Blanche: »Das einzige, was dir an Männern auffällt, sind ihre Rechtschreibfehler«), die Harte mit dem weichen Kern.

Sophia Petrillo, die kleine agile Alte mit der dicken Brille, ist vielleicht die gemeinste von allen. Sie hat meistens das letzte Wort, und das ist ein Kommentar, so trocken wie die sizilianische Mittagshitze. Nach einem sehr dubiosen Brand in ihrem Altersheim zog sie bei ihrer Tochter ein. Unerbittlich hat sie die anderen Girls im Griff, weil sie alle mit analytischer Schärfe völlig durchschaut. Wenn sie sich nicht genug geliebt fühlt, inszeniert sie einen Herzanfall oder stellt sich gleich ganz tot.

Ganz in der Tradition ihrer Mafioso-Familie wackelt sie durch die Wohnung und läßt im Vorbeigehen eine (verbale) Bombe fallen. Wenn sie jedoch das Haus verläßt, ist erst richtig Katastrophenstimmung angesagt. Im harmlosesten Fall wird sie als Ladendiebin erwischt, härter wird es, wenn sie beispielsweise als gute Katholikin zur Papstaudienz geht und den Ring des Heiligen Vaters nicht nur küßt, sondern gleich ganz mit nach Hause nimmt; im schlimmsten Fall wandern alle geschlossen in den Knast (außer Sophia, die klaut dem Wärter den Schlüssel, läßt alle im Stich und macht sich einen schönen Lenz).

Frauen gehören ins Haus, und das Zentrum der Golden-Girls-Welt ist tatsächlich das Eigenheim. Allerdings spielt sich dort dann auch tatsächlich alles ab, was das Leben interessant macht; gelegentlich auftauchende Männer sind zumeist zu lächerlichen Statisten degradiert. Ob die Girls sich nachts in grellen Nylonbademänteln ganz zufällig alle in der Küche treffen und Käsekuchen futtern oder Rose Blanches immerwährenden Liebeskummer mit einer Geschichte über kopulierende Rindviecher auf der Weide in St. Olaf zu dämpfen versucht, ob Sophia ihre Tochter (»mein Kätzchen«) verhöhnt oder Dorothy von ihrem geschiedenen Mann heimgesucht wird, alles endet im Chaos, wobei keine Fiesheit und kein Witz auf Kosten anderer ausgespart wird.

Golden Girls sind nicht nur für Schwule, sondern auch für (Post-)Feministinnen die Kultmädels schlechthin. Anstatt ihrem miserablen gesellschaftlichen Status entsprechend devot und mitleiderheischend vor sich hinzuvegetieren, sind sie fordernd, offensiv und gnadenlos sexistisch. Sie drehen den Spieß einfach um und wenden die ganzen Sprüche auf Männer an, die diese immer schon gerne gesagt hätten, aber sich nicht einmal zu denken trauten. Im Gewand einer Low-Budget-Seifenoper, dem Genre, das normalerweise für die letztliche Bestätigung der amerikanischen Familie und des guten, moralischen American Way of Life bestimmt ist, toben sexbesessene Seniorinnen und unwürdige Greisinnen über den Bildschirm. Sie werfen alle Stereotypen des weiblichen Wohlverhaltens über den Haufen, lernen nichts dazu und führen in ihrer anarchischen Art und Weise ein durchweg beneidenswertes Leben.

Grand Prix d'Eurovision de la Chanson

Der Grand Prix war von Anfang an Trash. Schon 1956, als er ins Leben gerufen wurde, um die Jugend vor dem Sturz in die Kulturlosigkeit des Rock'n'Roll zu bewahren, interessierte sich zumindest in Deutschland eigentlich niemand für diese europaweite Ansammlung billig produzierter Schnulzen. Für die Jungen ist die Angelegenheit hoffnungslos langweilig, für die Älteren zu jugendlich, und die zwischendrin hatten sowieso Besseres zu tun.

Einzig in der Schwulenszene erfreut sich der Grand Prix d'Eurovision größter Beliebtheit. Von den ca. 2000 Leuten, die alljährlich zum jeweiligen Austragungsort des Sangeswettbewerbes reisen, sind 90% schwul. Das von allen anderen aufgegebene Terrain bietet sich geradezu dafür an, ungestört von der Trivialität der Massen in der Ausdruckskraft mädchenhafter Mägdlein und fraulicher Frauen zu schwelgen, die als Karikaturen ihres Geschlechts durch und durch »camp« sind. Sowohl vor Ort als auch auf Sammlerbörsen tobt der Kampf um Schallplatten und andere Übrigbleibsel voll erbitterter Leidenschaft; die »taz« zitiert gar einen Bürokaufmann aus Ingolstadt, der vor Ort nach Trophäen giert, mit der Bemerkung, er würde »sogar mit jedem schlafen, wenn ich an eine bestimmte Single heranwill«.

Die Zuhausegebliebenen inspiriert der Grand Prix als Ansammlung von konkurrenzlos schlechten Liedern zu einem netten Beisammensein: Alle werfen sich in ihren schönsten Fummel, Länderschnittchen werden zubereitet, mit kleinen Flaggen besteckt und herzallerliebst auf Partyplatten dekoriert. Während die Sendung läuft, gibt es gleichzeitig eine interne Jury, die die Lieblingsinterpreten der trauten Runde ermittelt. Allerdings beschränken sich die Wertungen hier nicht auf die gesangliche Qualität: viel wichtiger sind Frisuren, Schuhe, Kleider und Sakkos.

Ein historischer Moment für den Aufstieg des Schlagers in die In-Szene war die erste Ausrichtung des Wahren Grand Prix im Jahr 1993 in München. Erfinderin Conny Sü Prem versteht die Veranstaltung keinesfalls als Parodie; vielmehr hat sie sich zum Ziel gesteckt, würdige Vertreter der Nation für den Grand Prix d'Eurovision zu küren. Denn das Prinzip des guten schlechten Geschmacks lautet: Du mußt deine Liebe zum Schlechten ernster nehmen, als die ursprünglichen Vertreter des Genres es selbst tun.

Groschenromane I – für Männer

Im Wohnzimmer von Pfarrern, Lehrern und anderen Gralshütern deutscher Kultur sind Bücherregale ein Statussymbol. Goethe, Schiller und Kant langweilen in langen Reihen den Blick der (zumeist heimlich dennoch beeindruckten) Gäste. Zumindest in den sechziger und siebziger Jahren enthüllte erst das

Nachtschränkchen, der Dachboden oder Hobbyraum die wahren Leidenschaften: Hier fanden sich Stapel von kleinen Bastel-Heftchen, die den Geruch von billigem Papier verströmten. Während auf Kanzel und Katheder die hohe Kultur gepredigt wurde, vertieften sich ihre Verfechter heimlich zu Hause in die

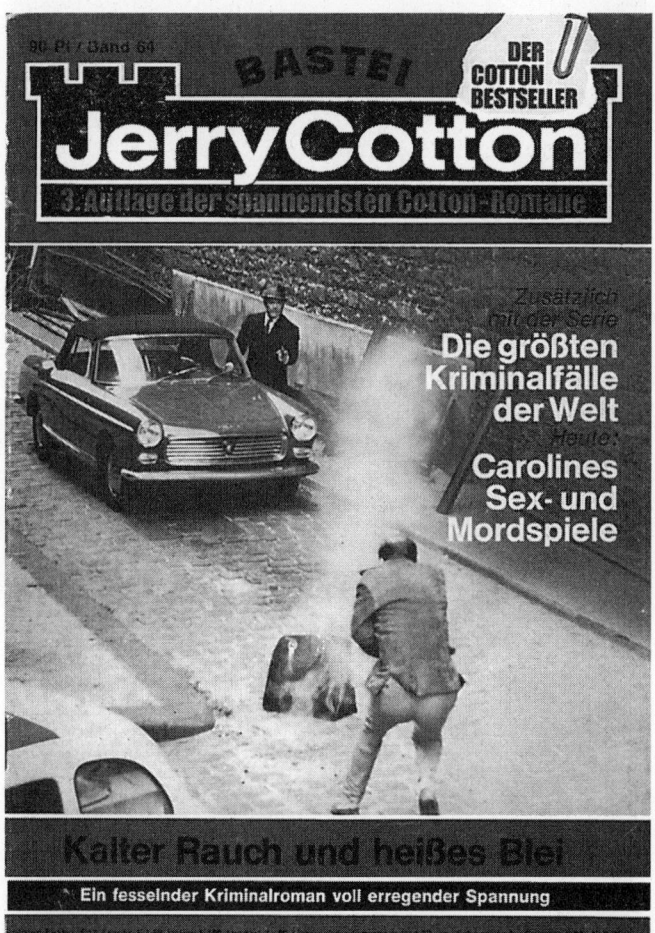

kriminalistischen Abenteuer von Jerry Cotton. Titel wie »Kalter Rauch und heißes Blei« versprachen ein Lesevergnügen »voll erregender Spannung«. Ganz im Stil der Frauenzeitschriften gab es als Dreingabe noch ein bißchen Vermischtes; Berichte von grausamen Massenmördern oder auch aktenkundig gewordenen Sex- und Mordspielen im ganz normalen Eigenheim schufen die Verbindung von Fiktion und Realität.

Im Groschenroman für Männer ist die Welt in Ordnung. Die Männer sind Feinde oder echte Kumpel, die Frauen schön aber unberechenbar, und das Gute siegt auch im Anblick des Mündungsfeuers letztlich immer.

Heutzutage sind diese heimlichen Männerfreuden hierzulande (bis auf die von Perry Rhodan, den Erben des Universums), so gut wie ausgestorben; der Fernsehkrimi reicht den meisten völlig aus. So wurde der Krimi-Groschenroman langsam aber sicher historisch, und mit seinem Aussterben geht eine neue Renaissance als Kult einher: Schon die Ästhetik des Schriftzugs erscheint inzwischen so exotisch, funktionslos und dennoch mit so vielen Gefühlen behaftet, daß sie auf Plakaten für Szenefilme (»Pulp Fiction«) prangt und als Understatement-Titelei manchen Zeitschriften der linken Kunst- und Intellektuellenszene (»Die Beute. Zeitschrift für Politik und Verbrechen«) den nötigen Hipness-Faktor garantiert.

Und wer sichergehen will, daß er auf einer Geburtstagsparty das lässigste Geschenk mitbringt, tut gut daran, auf Dachböden und in Antiquitätenläden die Augen nach billig gedruckten Heftchen offenzuhalten.

*G*roschenromane II – für Frauen

Vielleicht ist es so, daß Männer fernsehen und Frauen lesen. Denn während die meisten Science-Fiction-Heftchen so schnell wieder eingingen, wie sie auf den Markt geworfen wurden, und auch Western- und Krimiheftchen vergleichsweise wenige Käufer finden, sind die Ständer an der Supermarktkasse nach wie vor voll von Cora-Romanen und Julia-

Heftchen. Wie in den Groschenromanen für Männer ist auch hier die Welt in Ordnung, denn die Guten sind immer auch schön, und die bösen Schwiegermütter ereilt mit derselben Unausweichlichkeit ihr verdientes Schicksal, mit der die Heldin am Ende glücklich wird.

Die wichtigsten Genres des Groschenheftchens für Frauen sind der klassische Liebes- und der Arztroman. Das zumeist unausgesprochene, immer präsente Thema der Geschichtchen ist die gute Partie und die Verwicklungen und Hindernisse, die sich bis zum Jawort in den Weg stellen. Dabei wird kein Klischee ausgelassen. Die Männer haben zumeist ein kantiges Kinn und ein entschiedenes Auftreten, und Rivalinnen zeichnen sich entweder durch Nuttigkeit oder aber übertriebenes Karrierestreben aus. Die Langeweile der immergleichen Plots, die in ebenso vorhersehbaren Worten und Floskeln aufgerollt werden, hat eine angenehm sedierende Wirkung; zusätzlich begünstigt durch die geringe Länge der Texte können Groschenromane zum Suchtmittel werden.

Speziell für die Älteren wurden darüber hinaus noch der Alpenroman und der Mutterroman kreiert. Während der Mutterroman darum bemüht ist, die Langeweile der Haus- und Kinderfrau zum erfüllenden Lebensglück zu stilisieren, beruft sich der Alpenroman ganz ungeniert auf das Klischee der heilen Bergwelt. Hier gelten Tradition und Familiensinn noch als Werte, die immer wieder über den Geschlechtstrieb der ungehobelten Bergbewohner siegen. Die Männer heißen Hintermoser, Alfinger oder einfach Joseph, und den Frauen sieht man schon am Namen das Dirndl an: Resi, Rosi, Zenzi.

Wahrscheinlich liegt es an der ungebrochenen Begeisterung vieler Frauen für diese Sorte Literatur und an der »Schwarzwaldklinik«, daß die Groschenheftchen für Frauen bisher weitgehend davon verschont blieben, für den Trend zum Schlechten recycelt zu werden. Einzig in der trauten Runde einiger Wohngemeinschaften werden zuweilen die schönsten Stellen aus einem Arztroman laut vorgetragen; hier beglückt vor allem die Professionalität der Berufsfummler, wenn sie an ihrer Auserwählten eingehende Untersuchungen vornehmen.

*G*roschenromane III – für Teenager

Groschenromane für Teenager sind so gut wie immer Foto-Love-Stories. Während sie hierzulande zumeist als Fortsetzungsromane in Zeitschriften erscheinen, sind beispielsweise in Italien unzählige ausschließlich mit fotografierten Bilderreihen gefüllte Heftchen auf dem Markt. Die Geschichten sind ebenso berechenbar wie in den Liebesromanen, aber zumeist weniger tragisch, dafür geht es mehr um Sex. Der besondere Reiz der Fotostories liegt in den pädagogischen Anstrengungen ihrer Macher, sich mit den brennenden Fragen der Zeit auseinanderzusetzen – seien es die Girlies, von denen alle sprechen, die aber noch nie jemand tatsächlich getroffen hat, unbeholfen wirkende Inszenierungen von Greenpeace-Aktionen als Hintergrundkulisse oder die neue amerikanische Mode, vor der Ehe jeglichem Sex abzuschwören. In den Fotoromanen der Jugendzeitschrift »Bravo« wird die Moral zumeist mit dem Holzhammer beigebracht: Wenn das Mädchen im Urlaub alleine in den Laden eines fremden Griechen geht, zwingt der sie sicher zu unanständigen Aktaufnahmen, bis sie von ihrem Schwarm gerettet wird. Versucht sie sich als Gelegenheitsprostituierte, ist ihr Leben (fast) versaut, und miese Tricks und Betrügereien zahlen sich nie aus.

Aber auch die Fotografien selbst sind ein besonderer Genuß. Häufig passen die Gesichter auf den Bildchen überhaupt nicht zum Text, oder aber die Mimik ist so gestellt und holzschnitthaft, daß ein mittelalterlicher Moritaten-Bilderbogen daneben spontan und locker wirkt.

Lange Zeit war die Lektüre von Foto-Love-Stories ein heimliches Vergnügen, das diejenigen, die die Pubertät schon lange hinter sich zu haben glaubten, weder sich selbst noch anderen freiwillig eingestanden, inzwischen können sie zum zentralen Event einer Party werden. Besonders beliebt ist es, die Geschichten gemeinsam zu lesen, sich lustig zu machen und gleichzeitig darauf erpicht zu sein, ja kein Bild zu verpassen.

Grün

Es gibt einige Grüntöne, die lassen einfach jedes Gesicht matt und farblos aussehen. Ein Vierteljahrhundert waren sie aus der modischen Farbpalette völlig verbannt, und nur wärmere oder dunkle Schattierungen umspielten den Teint gutangezogener Frauen. Das ist vorbei. Das Siebziger-Jahre-Grün hat derzeit (bis auf Orange natürlich) fast alle anderen Farben verdrängt. Matschig-grüne Pullover, Westen, Pullunder, Jacken, Hosen überschwemmen die Läden, in dieser Farbe werden Ohr- und Fingerringe, Geschenkartikel, Geschirr, Blumentöpfe, Vorhangstoffe produziert und massenweise verkauft. Hier geht es nicht nur um einen Gag für eine Saison, sondern in jeder neuen Kollektion taucht mit bestechender Einfallslosigkeit dasselbe Grün wieder auf.

Die Faszination, die diese Farbe offensichtlich ausstrahlt, ist Ausdruck der Siebziger-Nostalgiewelle. Rückblickend hat sich diese Zeit mit einer Unbekümmertheit über Normen des guten Geschmacks hinweggesetzt, die vorher undenkbar gewesen wäre. Auch wenn die Farbkombinationen der Fünfziger heute vielen häßlich erscheinen, waren sie doch bemüht, durch die sorgsam aufeinander abgestimmten Pastelltönen ein harmonisches Gesamtbild zu schaffen; ebenso war die Vorliebe für leuchtendere Farben in den Sechzigern konsequent. In der darauffolgenden Zeit wurden einfach alle Farbtöne in allen Mischungen und Konstellationen in die Palette des Möglichen aufgenommen, und so konnte auch das matschige Mittelgrün seinen Siegeszug durch die Konfektionslandschaft antreten.

Wie für alle anderen Modehypes kam dann für das neuentdeckte Grün eine Phase des Niedergangs. Nun erweckte das Tragen dieser Farbe den Eindruck, der oder die Trägerin habe den Altkleidersack gefleddert, um überhaupt etwas anzuziehen zu haben. Und genau dieses Flair verhalf der Farbe zu neuer Aktualität, vor allem, da es Kleider in dieser Farbe nun kaum noch zu kaufen gab. Kombiniert mit ausgefranster Frisur und knalligem Lippenstift mauserte Grün sich wieder zum Beleg für erstklassigen schlechten Geschmack und verlieh seinen Trägerinnen das Aussehen von Leuten, die genau wissen, wo es Dinge zu kaufen gibt, die sonst niemand besitzt.

Dies hat sich, wie gesagt, inzwischen abermals geändert; die Modeindustrie hat die neue Tendenz aufgegriffen und das Grün fast wieder zur Farbe für das dröge Mittelmaß werden lassen. Doch die Modegeschichte der letzten Jahrzehnte, die dieses Grün untrennbar mit Assoziationen von Häßlichkeit und veraltetem Ramsch verbindet, existiert daneben nach wie vor, und echte Kleiderantiquitäten aus der Blütezeit des Wiesen-, Glibber- und Neongrüns sind immer noch gefragte Raritäten.

Haare

Wenn einer Frisur der erste Preis für schlechten Geschmack verliehen werden sollte, müßte es die Hochfrisur sein, die amerikanische Kleinstadt-Hausfrauen in den Sechzigern auf ihren Köpfen auftürmten. Sie faszinierte bereits John Waters in seiner Heimatstadt Baltimore, und das ist nur zu verständlich. Schließlich gibt es keinen krasseren Kontrast zu einem Leben in Mittelmäßigkeit als den überladenen Pomp dieses Haargebildes, das zudem als Behausung für Vögel und Getier aller Art wie geschaffen erscheint.

Doch es kam anders, denn die Protagonisten des guten schlechten Geschmacks müssen ja immer auch darauf aus sein, in ihrem Outfit lässig und zufällig zu wirken. Und das ist mit einer Haartracht, die ganz offensichtlich stundenlange Bearbeitung erfordert, gewiß unmöglich. Folglich setzte sich eine Variante der strähnigen Siebziger-Jahre-Frisuren durch, die vor allem durch Winona Ryder in »Reality Bites« Verbreitung fand. Wichtig ist, daß das Haar keinerlei Anzeichen von Schnitt oder Form aufweist; alle Haare müssen ungefähr ähnlich lang und gleichzeitig völlig ausgefranst erscheinen und sich irgendwie strähnig hinters Ohr stecken lassen. Duftig aufgekämmter Look ist out, Pomaden und Wachse sind die richtigen Klebemittel, um den Charme wohldosierter Nachlässigkeit ausstrahlen zu können.

In diesem Zusammenhang wurde auch die lange Jahre als Notlösung für widerspenstige Strähnen verachtete Haarspange wiederentdeckt, und zwar weniger die dezente schmale Form im Farbton des eigenen Haars, sondern vielmehr die Kleinmädchenspange mit Blumen, Früchten und Herzchen.

Zum perfekten Haar gehört die richtige Färbung. Bislang war nichts beschämender als eine herausgewachsene Colorierung: Sofort geriet ihre Trägerin von der chicen Frau zur Schlampe. Dagegen machen nun Männer wie Frauen, die ihre Haare färben, eine harte Zeit durch, bis endlich der Haaransatz wieder zum Vorschein kommt. Sei es Moderator Ralf Bokelberg von VIVA, sei es die langweilige Ramona in der Billigserie »Verbotene Liebe«, alle zeigen stolz den zentimeterbreiten Streifen zwischen Färbung und Original.

Auch die Männer waren bei ihrer Suche nach ehemals verachteten Formen der Haartracht erfolgreich. Nachdem der Trend zum wallenden, durch einen Pferdeschwanz gebändigten Lockenhaar vor allem die Kahleren unter ihnen jahrelang in Bedrängnis brachte, eröffneten sich mit dem Trend zum schlechten Geschmack ungeahnte Möglichkeiten. Zum einen stieg nun der ehemals für Skins, Sträflinge und von Lausbefall geschädigte kleine Jungs reservierte millimeterkurze Schnitt zur Modefrisur auf, vor allem in Kombination mit winzigen Kinnbärtchen. Zum anderen können aber auch die Träger von kinnlangem Haar etwas aus sich machen, wenn die Fransen richtig verfilzen und die Färbung grell genug gewählt wird. Auch Koteletten in jeder Länge, wie sie die Männer im Schulmädchenreport trugen, gingen wieder in den Kanon des Machbaren ein. Für Männer, die ihren sauberen Kurzhaarschnitt einfach nur waschen und trocknen lassen wollen, bleiben da nicht mehr viele Chancen.

Hawaiihemden

Hawaiihemden wurden wahrscheinlich speziell für weiße Mittelschichtsmänner erfunden. Sie sind bunt, großgemustert, und wer sie trägt, vermittelt den Eindruck eines Mannes, der stolz auf seinen Südseeurlaub ist und darauf, daß er sich das auch leisten kann. Ein Hawaiihemd ist also nicht besonders subtil, es fungiert eher als eine Art Aushängeschild für die Aussage: Dieser Mann ist locker und amüsiert sich. Ergänzende Accessoires sind das Goldkettchen sowie ein Brusttoupet (bzw. ein dichter Bewuchs aus Echthaar), das durch das Öffnen der obersten zwei, drei oder vier Hemdknöpfe freigelegt wird. Das Haupthaar, soweit vorhanden, lehnt sich in einer forschen Tolle weit über die Stirn hinaus. Hawaiihemdenträger lassen an deutsche Biertrinker auf Hawaii denken, oder aber an Plattencover reaktionärer amerikanischer Unterhaltungsmusiker der sechziger Jahre; in diesem Falle tauchen sie vorzugsweise in Kombination mit einem weißen Jackett auf, dessen Kragenenden locker bis an die Achselhöhlen reichen.

Die Intensität solch grauenerweckender Assoziationen machen das Hawaiihemd zum idealen Objekt für Orte, an denen der Hipness-Faktor mit jedem Einsatz scheußlicher Statussymbole ansteigt. Gerade DJs, die nicht dem langweiligen Baseballmützen-Look anheimfallen wollen, haben das Hawaiihemd für sich entdeckt. In Kombination mit superkurzen Haaren, schmalbrüstigen, unbehaarten Oberkörpern und den obligatorischen Bartfragmenten im Kinn- und Wangenbereich entfaltet es nun genau die Erotik, die seine ursprünglichen Träger immer vergeblich auszustrahlen versuchten.

Doch es wäre wohl übertrieben, die neue Aktualität des Hawaiihemdes alleine den Diskofuzzis zuzuschreiben, immerhin hat hierzulande Jürgen von der Lippe das großgemusterte Oberhemd als erster wieder salonfähig gemacht.

Letztlich ist die erste selbstironische Verwendung dieses Klei-
dungsstückes jedoch vor allem das Verdienst des männlich-
sten aller Privatdetektive: Tom Selleck alias Magnum im Hawaiihemd bleibt ungeschlagen.

Heimatfilme

Der deutsche Heimatfilm war in den fünfziger Jahren ein Kassenschlager und kann auch heute im Fernsehen – ebenso
wie die nach demselben Strickmuster zusammengebastelte
»Schwarzwaldklinik« – ungebrochen Erfolge verbuchen. Mit
»Grün ist die Heide« und »Schwarzwaldmädel« begann in den
fünfziger Jahren der Boom eines Genres, dessen Erfolg gerade durch seine Realitätsferne bedingt war: In einer Welt, in
der Traditionen noch heil und unversehrt sind, entspinnt sich
eine vorhersehbare Handlung mit sicherem Happy-End.
»Schwarzwaldmelodie«, »Der Förster vom Silberwald« oder
die platte Fünfziger-Jahre-Neuauflage des Nazifilms »Geierwally« zeigten immergleiche Stereotypen: Die Männer sind
mutig und ehrlich, die Frauen naiv und letztlich trotz aller
Widrigkeiten doch keusch und treu, und das Ganze wird von
Wäldern, Bächen, Bergen und heimeligen Dörfern umrahmt.
Bis auf wenige Ausnahmen sind die meisten Handlungen
stereotyp und einfallslos, die filmische Umsetzung ist aus der
Perspektive des gebildeten Filmkritikers als schlampig, lieblos und hoffnungslos kitschig zu bezeichnen (zugegebenermaßen wurden auch einige wenige Filme mit zeitkritischen
Themen angereichert).

Das Erfolgsrezept des Genres erfuhr in den sechziger und
siebziger Jahren dann auch gleich eine möglicherweise noch
trivialere Abwandlung für die Bahnhofskinos. Filme wie »Jagd-
revier der scharfen Gemsen« oder »Die liebestollen Lederho-
sen« bedienten sich des Heimatgenres, um eine Ansammlung von nackerten Dirndlmadeln und Scheinkopulationen in
Szene zu setzen. Die lächerlichen Bumsfilme wurden als kurz-
lebige Massenware produziert, und nur einige wenige fan-

Filmplakat 1951

den ein neues Fanpublikum, als das Mitwirken des Lieder-
machers Konstantin Wecker bekannt wurde.

In den Siebzigern wurde das Thema Heimatromantik noch
einmal im Musikfilm, jetzt wieder für die ganze Familie, neu
aufgelegt. Nun bedachten Schlagerstars wie Roy Black die
heile Bergwelt mit schnulzigen Gesangseinlagen. Diese besonderen Leckerbissen wurden seit der Entwicklung des Pri-
vatfernsehens immer wieder ausgestrahlt; zum einen versprachen sich die Sender davon höhere Einschaltquoten, zum
anderen waren sie billig zu haben.

Ernsthafte Versuche, dem kommerziellen Ausverkauf der
ländlichen Regionen ein realistischeres Bild entgegenzusetzen, ließen in den Achtzigern großartige und ausgesprochen
witzige Filme wie z.B. »Daheim sterben die Leut« entstehen.
Diese Neuinterpretation tat jedoch der Begeisterung für den
Heimat-Schmachtfetzen keinen Abbruch, sondern sie berei-
tete wohl eher den Boden für eine neue Sicht auf die alten
Filme. Auf die spießig-kitschige Alpenromantik wurde nicht
nur mit anspruchsvollen Filme reagiert. Seit Wolfgang Ambros'
»Watzmann« ist sie auch ein beliebtes Genre für Parodien geworden. Ein besonderer Leckerbissen ist Walter Bockmayers
Achtziger-Jahre-Neuverfilmung der »Geierwally« als Trans-
vestiten-Musical. Ein weiteres herausragendes Beispiel für
eine liebevolle Bearbeitung des Themas, die sich durch die
genau getroffenen sprachlichen Feinheiten von Alpenroman
und Heimatfilm ebenso auszeichnet wie durch die einfühl-
same Kombination von Berg- und Arztgeschichte, ist ein Co-
mic des »Spex«-Zeichners Felix Reidenbach, der das Genre
auf den Punkt bringt: »Heut ist Sankt schuld. Da legt sich der
schwarze Nebel um den Schmachberg und das Schandkraut
blüht und Mitternacht. Doch niemand darf, niemand darf.
Auch 's Liesl nicht!« rezitiert der »Knorrvater Josef«. Der junge
Arzt, der »den Geigenbauerfranz in Not mit Bass-Saiten ver-
näht hat«, rettet unter widrigsten Umständen das totge-
glaubte Liesl: »So weiß strahlt's! So hell und rein! So scheh!
Und ein Reh trägt's unter'm Arm!«

ℋeino

»Schwarzbraun ist die Haselnuß, schwarzbraun bin auch ich.«

In diesem Lied, das zu seinen berühmtesten zählt, bekennt sich Heino offen zu seiner Geisteshaltung. Die Mischung aus mitleiderweckenden Rotaugen, Fönfrisur, Mafioso-Sonnenbrille und schmelzender Baß-Stimme, so blond blond blond, ist so abstrus, daß es teutscher nicht geht. Der beliebteste Star des Volkslieds ist ein vor Manneskraft strotzender Held – Jello Biafra kolportiert, daß Hausfrauen ihn in Ekstase mit ihrer Unterwäsche bewarfen. Heinos Frau Hannelore spricht für alle seine weiblichen Fans, wenn sie der Zeitschrift »Funkuhr« gesteht: »Ich kann nicht behaupten, daß Heino ein schöner Mann ist. Wenn er abends die Brille abnimmt, seine dicken Augen und die vielen Falten zum Vorschein kommen, find' ich ihn trotzdem bezaubernd.«

Trotz seiner für viele nur schwer nachvollziehbaren Erotik bleibt er aber ein grundanständig-reaktionärer Albinohase. Auf Plattencovern präsentiert er sich gerne mit dem treuesten Freund des Menschen: zwei Hunde müssen es schon sein, entweder der deutsche Schäferhund, dessen Image einem Heino in Fahrkahrtenkontrolleurs-Lederjacke gut zu Gesicht steht, oder aber zwei Pudelchen, die die Herzen der weiblichen Fans höher schlagen lassen. Als Klassiker unter den deutschen Schlagersängern gelangte er zu Weltruhm und erfreut sich seit Jahrzehnten grenzenloser Beliebtheit. Das hat er nicht nur seiner Musik und seinem pigmentlosen Äußeren zu verdanken, sondern auch der Hemmungslosigkeit, mit der er alle Marketingmöglichkeiten ausschöpft. Die »Stimme der Heimat« veranstaltet große Konzerte, gibt sich aber auch für die miesesten Abzockerveranstaltungen her, ohne mit der Wimper zu zucken. Kaffeefahrten und Ausflüge per Schiff auf deutschen Gewässern, deutschtümelnde Bürgerfeste und Bierzelte können mit ihm das Publikum ködern. Er läßt keine

Talkshow-Einladung aus – Heino beim »Blauen Bock«, Heino bei »Stern TV«, Heino in der »Harald-Schmidt-Show«, Heino bei VIVA – und moderiert auch mal für Sat 1 eine Ansammlung krachender Lederhosenburschen und jodelnder Dirndlmadeln. Doch erst seit er seine Gattin Hannelore mit auf die Bühne nimmt, die durch dümmliches Geschwätz und Unmengen an Haarspray besticht (es wurde bereits vermutet, sie habe ein eigenes Loch in der Ozonschicht), ist die Horrorshow tumber Heimattümelei komplett.

Heino vereint einfach alle Klischees des Schlagers auf sich, und deshalb war er schon immer irgendwie schrill. Er inspirierte den Blödelfriesen Otto bereits in Zeiten, als Schlager noch ein Tabuthema waren, zu Gesängen über das Alpenglühn, ein Heino wirbt für McDonald's und der echte, der Wahre Heino macht Kommunalpolitik in Berlin-Kreuzberg und setzt sich u. a. für ein Rauchverbot in Einbahnstraßen ein. Beck Hansen, die Generation-X-Ikone wider Willen mit dem Heimrecorder, bekennt sich zu Heino als großem Vorbild: »Heino ist mein Gott, Heino ist mein Idol«, soll er seinem Opa Al Hansen in Köln schon als Kind gestanden haben, als der ihm eine Heino-LP geschenkt hatte. Und folgerichtig ziert das farblosglatte Antlitz des deutschen Barden auch seine Single »Steve threw up«. Heinos Kommentar: »Besser ich als der Peter Alexander.«

Es ist kein Wunder, daß Heino auch in Punk-Kreisen schon früh gewürdigt wurde, was dem Sänger selbst allerdings überhaupt nicht gefiel. Dagegen hat Heino gegen seine Techno-Fans überhaupt nichts einzuwenden, tritt auf ihren Parties auf und spielt mit ihnen zusammen auch mal den einen oder anderen Enzian-Rap ein. Dabei schafft er es, sich nicht zum lächerlichen Faktotum machen zu lassen, sondern immer ganz Heino zu bleiben und einfach jedes, auch das distanzierteste und abgebrühteste Publikum in seinen Bann zu ziehen. Es steht zu befürchten, daß er, egal was kommt, einfach immer, alles und mit jedem singen wird, der profitversprechende Projekte macht. Das ist immerhin konsequent.

$\mathcal{H}$irsch, röhrend

Manche sagen, Autos seien die Visitenkarten ihrer Besitzer, andere schwören darauf, daß Kleider Leute machen, wieder andere schauen vor allem auf Couchgarnitur und Wandschrank. Doch der Wandschmuck des Eigenheims wie auch der Mietwohnung ist der untrüglichste Gradmesser für Geschmackspräferenzen. Neben Kruzifixen (die nicht erst seit dem Schulzimmer-Prozeß als Indikator für Borniertheit und Provinzialität gelten) und herzerweichenden Christusbildchen ist im profanen Bereich der röhrende Hirsch das Symbol für den Spießer schlechthin. Die zahllosen Hirschdarstellungen über deutschen Sofaecken zeigen das brünftige Tier auf einer Lichtung, immer in derselben Pose: den Kopf zurückgeworfen, röhrend, umgeben von dichtem, kerngesundem Wald. Bemerkenswert ist auch die verbreitetste Ausführung des Motivs, die sich gemeinhin im Kaufhaus erstehen läßt: eine billige Ölbildimitation im Fließband-Schnitzrahmen, die durch den sichtlich erfolglos gebliebenen Versuch besticht, als wertvoller Kunstgegenstand durchzugehen. So konnte es nicht lange dauern, bis sich vor allem Szenekneipen dieses Motivs bedienten, um ihrem schicken Ambiente den Hauch der unbekümmerten Geschmacksignoranz zu geben, die es braucht, um hip zu sein.

$\mathcal{H}$ome, Stewart

> »Plagiarismus spart Zeit und Mühe, ver-
> bessert die Resultate und zeigt bemerkens-
> werte Anstrengungen des jeweiligen Pla-
> giaristen. Als revolutionäres Werkzeug paßt
> er ideal zu den Anforderungen des späten
> 20. Jahrhunderts.«

Stewart Home ist gegen Kunst. Alles, was er tut, richtet sich gegen die Künstler- und Literatenverehrung. Und so ist auch die Sprache seiner Romane pures Plagiat. Schundromane, politische Manifeste, mystische Schriften klittert er zu Geschichten zusammen. Mit derselben Bedingungslosigkeit bedient er sich auch der großen Themen der Trash- und aller anderen Literatur, um sie in kruder Mischung ineinanderzuschreiben: Sex, Gewalt, Politik, der Ursprung allen Lebens und die Auflösung des Individuums in der Unendlichkeit. In regelmäßigen Abständen ziehen sich unzählbare Variationen ein und desselben Motivs durch seine Romane. Gebetsmühlenhaft wiederholt er begnadet-schlechte Sätze wie: »Sie hörte das zufriedenstellende Geräusch splitternder Knochen. Irgend jemand spuckte Blut und angelegentlich Stücke ausgeschlagener Zähne.«

Ebenso spielen sich Sexszenen, gleichgültig welchen Geschlechts die Teilnehmenden auch sein mögen, nach dem immergleichen Schema ab, das die literarischen Vorlagen von Home geprägt haben und das er durch die Ergänzung um einige Details aus dem Biologieunterricht richtig in Szene zu setzen weiß:

»Er begann, den primitiven Rhythmus der Sümpfe zu stampfen, und sie stellten sich vor, daß sie draußen im Morast lagen, wo die Widersprüchlichkeit des Lebens beginnt. Als Case einen Schwall flüssiger DNS abspritzte, fühlten beide Männer den Orgasmus als eine Rückkehr in die primitive Einheit des Ursumpfs. Tracy konnte die flüssigen Gene spüren, die durch

Edwards Schwanz kochten.« Diese und einige andere ultimative Banalitäten aus miesen Pornoheftchen und billigen
Krimis dekliniert Home in Dutzenden von Variationen durch,
um daran wahllos existentielle Überlegungen zu psycholo-
gischen, philosophischen, astronomischen und spirituellen
Fragen anzuschließen.

Die Refrains des genetischen Codes umrahmen aber durchaus eine Geschichte, in der es außer um Sex und Gewalt immer auch um alle möglichen politischen Gruppierungen in
unterschiedlichsten Schattierungen und Zusammensetzun-
gen geht. Dabei bemüht sich Home, die Charakterzüge seiner
Figuren nicht mit übertriebenen Feinheiten und Differenzierun-
gen auszustaffieren. Der mehr oder weniger innige Glaube
an irgendeine Ideologie und ein gerüttelt Maß an Korruptheit
müssen ausreichen, um das Geschehen voranzutreiben, ob
es nun um Trotzkisten, Anti-Zionisten, Ökovegetarier, Nazis,
Yuppies, Skins, Veganer, Tierschützer, Situationisten, Marxisten,
Bordigisten, Anarchisten, Publizisten, Journalisten oder Polizisten geht. Sie unterbrechen die unendliche Reihe von Ge-
schlechtsakten in wechselnden Konstellationen nur, um völlig
blödsinnige politische Aktionen auszuführen oder Hundred-
Pipers-Whisky zu trinken, bis das Ganze in einem furiosen, lei-
chengespickten Finale aufgeht.

*H*orn, Guildo und die Orthopädischen Strümpfe

> »Die Illusionen, die im Schlager stecken, wir-
> ken heute nicht mehr verblödend, sondern
> tauen Herzen auf.«

Ob auf dem Musikkanal VIVA, ob in Szenediscos deutscher
Großstädte – die große Schlagerliebe heißt Guildo Horn.
Guildo tritt am liebsten mit weißer Sonnenbrille auf, seine
Halbglatze kombiniert er mit einem guten Dutzend langer
fisseliger Haare. Am liebsten zeigt er sich in schwarz-violet-
tem Paillettenanzug oder einem orangenen Rippenpulli mit
Rollkragen, der sich über dem stattlichen Schwabbelbauch-

Ansatz spannt, wobei die Kombination mit grellgefärbten Schlaghosen obligatorisch ist. Das Ganze nennt er dann postsexy. Seine Band, die Orthopädischen Strümpfe, haben mit Haartolle, blonder Lockenpracht, grünen Glanzlederjakketts, bunten Riesensonnenbrillen und Krägen bis zur Achselhöhle alle Klischees der sechziger und siebziger Jahre auf sich vereinigt. Guildo liebt es, den Mund verlegen-kokett zu schürzen und bei Auftritten ein paar Jungs aus dem Publikum zu küssen. Dabei ist er monogamer Ehemann und Vater, der sich offen zu seiner wertkonservativen Einstellung bekennt. Auf seinen Konzerten geraten die Fans in Ekstase, rufen nach dem Meister und singen alle Liedtexte von »Mendocino« bis »Schön ist es, auf der Welt zu sein« aus vollem Halse mit. Mag auch das reale Publikum jung und chic sein, in Videos wie »Ich find Schlager toll« jubeln ihm ältere Damen beim Kaffeekränzchen zu und werden so zu coolen Kultfiguren; ein Kunstgriff der Umbewertung, der sich auch im Bandnamen ausdrückt: »Meine Omi hat auch immer total umwickelte Beine gehabt. Und ein Pillendöschen, aus dem sie sich mittags immer zehn Dinger reingeschmissen hat. Was da wohl alles drin war? Aber die Oma war immer gut drauf«, zitiert ihn das ZEIT-Magazin. Und tatsächlich ist es schwer, sich dem Charme seines Songs (frei nach den Bee Gees) »Ich mag Steffi« zu entziehen. Guildos Euphorie für die Tennisheldin, die so weich bespannt sei, ist ansteckend; man denkt an die Rexona-Werbung, an Steffi, wie sie sich medienwirksam nach dem Ball hechtet – »schon allein wie sie die Vorhand schlägt, ob longline, ob cross, das ist schöner als Musik, ich hab' unsre Steffi lieb«. Beim Zuhören stellen sich unvermeidlich Visionen ein: Wie er seinen Bauchspeck an ihr reibt und ihr sein schütteres Haar ins Gesicht hängt. Das sind subtile Formen der Perversion, die den Song unvergeßlich machen. (Allerdings bleibt er damit im Rahmen des juristisch nicht Belangbaren, wogegen die »Angefahrenen Schulkinder« mit ihrem obszönen Steffi-Song zu Geldstrafen verdonnert wurden.)

Vielleicht wäre es die exakteste Beschreibung, ihn einen schrillen Kultstar zu nennen, denn, wie er selber sagt, haßt er das Wort Kult, und bei »schrill« reißt er sich die Fußnägel aus. Verdient hätte er das jedenfalls, denn er stilisiert sich zum wahren Retter des Schlagers. Wie kann man aber den Schlager überhaupt noch übertreffen? Indem man behauptet, das wirklich und wahrhaftig einzulösen, was die etablierten Schlagerfuzzis nur versprechen. Während andere für schnöden Mammon singen, »fließt« der Schlager »ganz natürlich« aus ihm heraus. Auf der Welle der jugendkulturellen Schlagerbegeisterung schwimmt Guildo souverän zwischen den Klippen von Übertreibung und Affirmation. Schöne Worte über Licht, Wärme und Harmonie der Schlagermelodien verknüpft er mit esoterischen Einsprengseln, indem er von deren meditativer, Ganzheit verheißender Wirkung spricht. Guildos Kurzfassung über die Welt lautet: »Wir sind kaputt, weil für uns der Kopf dominiert. Schlagermusik steht für ›Kopf ab‹«. Solche Sätze, kombiniert mit Aussprüchen über die fehlende Authentizität von Frauen mit Kopf, lassen gutwillige Menschen, die mit Vernunft und analytischer Schärfe hinter das Phänomen zu kommen versuchen, schlichtweg verzweifeln. Der diplomierte Pädagoge hat es wirklich drauf, Schlagerästhetik durch Persiflage der Lächerlichkeit preiszugeben und gleichzeitig so ausdauernd und ernsthaft deren dröges Weltbild zu vermitteln, daß wer mitsingt, niveaulos ist, und wer es nicht tut, auch.

Horoskope

Es ist eine allgemein bekannte Binsenweisheit, daß die Wochenhoroskope in Zeitungen und Zeitschriften nichts als dummer Aberglaube sind. Deshalb gilt der Abdruck von astrologischen Tips auch nach wie vor als untrüglicher Maßstab für das Niveau eines Blattes. Dennoch lesen sie heimlich fast alle, wenn nicht in ihrer Programmzeitschrift, dann doch wenigstens im Wartezimmer des Zahnarzts. Und zwar mit gemischten Gefühlen, denn einerseits ist es ja wirklich witzig, was für ein Schwachsinn unter dem jeweiligen Stichwort steht, sowieso scheint alles auf alle zu passen. Andererseits besteht jedoch immer die Gefahr, von anderen beim Lesen gesehen zu werden oder – schlimmer – sich selbst wider besseres Wissen dabei zu ertappen, die prophezeiten Probleme bei der Arbeit oder die vorhergesagte aufregende Begegnung auf das eigene Leben anzuwenden: Probleme mit Kollegen am Arbeitsplatz – das könnte der Herr Maier sein, der hat letzte Woche schon so komisch geschaut. Eine unverhoffte Begegnung – wird mich Fräulein Müller an der Käsetheke/Herrlein Schmidt am Gemüsestand morgen doch eines Blickes würdigen? Und schon ist man reingefallen.

Für die bekennenden Anhänger des guten schlechten Geschmacks sind diese schwierigen Zeiten längst vorbei. Ohne Hemmungen lesen sie sich gegenseitig das Horoskop vor, denken laut darüber nach, wer oder was gemeint sein könnte, und stellen philosophische Überlegungen über den tieferen Sinn des Weissagens schlechthin an.

Allerdings ist zu vermuten, daß ihre Einstellung zu den Vorhersagen für die Woche sich letztlich von der des verschämten Lesers in nichts unterscheidet, außer daß sie es nun offen zugeben dürfen und damit sogar noch an ihrem Status feilen können.

Horrorfilme

Der Horrorfilm kann als eines der wichtigsten Genres des schlechten Geschmacks gelten. Seine jugendgefährdende Wirkung ist bei den meisten Pädagogen unumstritten, und so bietet er ein geeignetes Terrain für Entgleisungen und verabscheuungswürdige Vorlieben aller Art. Stephen King als einer der Meister des Horrors verschaffte dem Genre eine analytische Unterteilung, die die ernsthafte, wissenschaftliche Beschäftigung mit dem Thema ermöglicht: »Terror« ist, wie er in seinem Buch »Danse Macabre« erklärt, die Angst der Zuschauer bei der Vorstellung dessen, was passieren könnte. »Horror« ist, wenn »something which is physically wrong« auf der Bildfläche erscheint und im besten Falle alle schrecklichen Erwartungen übertrifft, und »Revulsion« bezeichnet den Ekel angesichts von

Innereien, Würmern und Schleim. King ist auch der Autor und Regisseur von Klassikern des Horrorfilms; in einem seiner frühesten Werke,»Carrie«, schöpft er alle angsteinflößenden Aspekte der jugendlichen Adoleszenz aus und läßt es sich nicht nehmen, einen jugendlich-naiven John Travolta als besonderes Gruselschmankerl einzusetzen. Unvergeßliche Klassiker sind auch »Alien«, »Halloween«, »Nightmare on Elm Street« oder die Blutfilme von Herschel Gordon Lewis.

Die Ingredienzen eines überzeugenden Splatterfilms sind schnell beschrieben: Zombies, Frauen, Kannibalen, wüste Sexszenen, Metzeleien und Freßorgien. Die Requisite muß folglich vor allem Schleim, Innereien und einige Liter Blut zur Verfügung stellen. Dazu kommen dann noch die abstrusesten übersinnlichen Geschehnisse, die sich hervorragend dazu eignen, die Angst vor dem Undenkbaren zu schüren. Wem das noch nicht reicht, um ein wohliges Gefühl der Übelkeit auszulösen, verschaffen die Gerüchte um »Snuff-Filme« den besonderen Thrill: Hier werden angeblich echte Morde abgefilmt und dem Publikum zugänglich gemacht.

Während der US-amerikanische Horror bis auf wenige, dafür um so berühmtere Ausnahmen zwar durch perfekte Technik besticht, aber ansonsten häufig recht langweilig daherkommt, sind vor allem italienische Horrorregisseure ein echter Geheimtip. »Spex«-Autor Armin Trus findet dies nur logisch, denn mit antiken Werken wie Lukans »Pharsalia« kann dieses Land auf eine zweitausendjährige italienische Horror-Tradition zurückblicken. Kein Wunder, daß Regisseure wie Umberto Lenzi, Mario Bava, Lucio Fulci, Ruggero Deodato, Joe D'Amato oder Dario Argento die besten wie auch die schlechtesten Horrorfilme ablieferten, die je gedreht wurden.

Leider enthält die Bundesprüfstelle für jugendgefährdende Schriften dem hiesigen Publikum zahlreiche dieser großartigen Werke vor. Doch immerhin gibt sie unter dem schlüpfrigen Titel »BPS-Report« eine zweimonatlich erscheinende Liste der indizierten Filme heraus, die sich zu einem unverzichtbaren Fanzine für Splatter-Freaks entwickelt hat. Und auch die Medien tun das Ihre, um wirklich schlechten Filmen eine angemessene Presse zu verschaffen: Sie veröffentlichen in regelmäßigen

Abständen Horrorgeschichten von amoklaufenden Videokindern. Das ultimative und gruseligste Thema für einen Horrorfilm verharrt jedoch noch unerkannt zwischen den Seiten von »Bravo« und »Girl« und wartet bis heute auf seine Verwirklichung. Sein Titel könnte lauten: »Ein Tag mit der Kelly Family«.

*I*mbißbuden

Börek, Döner, Falafel, wenn die Gesellschaft sich am Angebot der Imbißstände messen ließe, wäre sie inzwischen wahrhaft multikulturell. Tofu mit Bambussprossen und Chicken Kebab mit Knoblauchsoße, Frühlingsrollen und Dhal mit Reis verströmen auf jedem Kleinstadt-Straßenfest den Duft der großen weiten Welt. Anfangs war die Begeisterung groß, und die guten alten Pommes gammelten auf einmal neben einer schrumpeligen Bockwurst und zwei Currywürsten unbeachtet vor sich hin. Lange Zeit vermißte die Klassiker des Junkfood kein Mensch, alle waren mit der Erkundung exotischerer Schnellgerichte beschäftigt. Doch im Lauf der Zeit fand der Schmuddelimbiß wieder eine neue Fangemeinde.

Zum einen ist das auf die Junkfood-Euphorie zurückzuführen, die die ehemalige DDR mit ganzen Kolonnen von Imbißwägen überzog. Wie das eigene Taxi wurde die »fahrende Friteuse« ebenso wie die »wandelnde Würstchenbude« zum Inbegriff des kapitalistischen Selfmademan, der oft genug trotz guten Willens jämmerlich scheiterte. Zum anderen verbindet sich mit der Imbißbude eine ganz eigene Romantik, die durch verfeinerte Eßkultur und Vielfalt der Speisen nur beeinträchtigt würde. Nach einer langen Tour durch Discotheken und Kneipen ist der Schnellimbiß ein aufregender und zugleich heimeliger Ort, an dem sich Nachtschwärmer aller Art zusammenfinden. Die Stimmung schwankt zwischen diffuser Aggressivität und Müdigkeit, man hat das Gefühl, in einem nach altem Fett stinkenden Raumschiff durch die dunkle Stadt zu schweben. Die meisten Gäste hängen leicht bis heftig alkoholisiert an der Theke, so daß der Genuß der fettigen Speisen

Kippen in Senf

entweder zur Hemmung des Suffs oder aber zum endgültigen Abwinken führt.

Und schließlich geht es auch um das ganz eigene, unübertreffliche Eßgefühl, das sich mit dem Hinunterschlingen von Gebratenem und Fritiertem verbindet. Vor allem angesichts der zunehmenden Verbreitung von Ökokost, deren Anhänger ihr Credo zumeist mit penetranter Selbstgerechtigkeit verkünden, wird der Einwegfraß zur Insel des unvernünftigen Eßvergnügens. Denn hier ist es sinnlos, auch nur einen Gedanken an Ballaststoffe und Vitamine zu verschwenden. Überlegungen dazu, ob der Magen mitspielt, sollten besser gar nicht erst angestellt werden, was bleibt, ist der unkontrollierte Freßtrieb. Die Fettflecken in den Papptellern und überall sonst gehören einfach dazu, und die winzigen Plastikgabeln verkünden: Iß mit den Händen.

Doch nicht einmal hier fallen alle Schranken, vielmehr sind Verhaltensnormen zu beobachten, die nur selten durchbrochen werden. Während nämlich Frauen eher zur Pommes rot-weiß oder der in Häppchen geschnippelten Currywurst tendieren, erweist sich die Bockwurst offensichtlich als eine männliche Domäne. Ein Hauptgrund dafür ist mit Sicherheit in deren Formgebung zu suchen. Sowohl für Männer als auch für die essenden Frauen ist es eine peinliche bis peinerweckende Vorstellung, das Ding ein Stückchen im Mund einer Frau verschwinden und es verstümmelt wieder verlassen zu sehen. Wie es sich jedoch erklären läßt, daß Männer sich selbst diesen Genuß des knackigen Abbeißens nicht verwehren, bleibt eine offene Frage, an der sich Hobbypsychologen die Zähne ausbeißen können.

Japan

Sicherlich ist alles, was hier über Japan gesagt wird, nichts als ein Klischee. Das ist aber kein großes Unglück, denn es geht in diesem Zusammenhang nicht darum, eine exakte Gesellschaftsanalyse vorzunehmen, vielmehr stellt Japan in kultureller Hinsicht ein leuchtendes Vorbild dar. Der japanische Umgang mit westlicher Kultur kann geradezu als Huldigung des schlechten Geschmacks bezeichnet werden. Hier trifft ein traditioneller, extrem minimalistischer Sinn für Schönheit auf einen euphorischen, bis zur Lächerlichkeit ernsthaften Umgang mit Modernität, Technik, Kunst und Kitsch.

Die traditionelle japanische Form der Wohnungseinrichtung ist in den letzten Jahren zu einem wichtigen Orientierungspunkt geworden. Wer etwas auf sich hält, hängt sich japanische Tuschezeichnungen an die Wand, kombiniert schwarzen Lack mit viel Weiß und einigen filigranen Akzenten und schläft auf einem asketisch aussehenden Futon. Gleichzeitig liefert diese Kultur aber auch zahlreiche begeisternde Überschreitungen der maßvollen Ästhetik. Den Japanern wird nachgesagt, daß sie alles, was sie sich aus anderen Kulturen aneignen, zur Perfektion bringen und dabei die Produkte des ursprünglichen Herkunftsgebiets an Qualität und Präzision bei weitem übertreffen; historisch wäre hier das ursprünglich in China erfundene Papier zu nennen oder der aus Indien importierte Buddhismus, der als Zen-Buddhismus kontrollierter und strenger ist als die meisten anderen Formen der Meditation. Im Bereich der Industrie sind Fotoapparate, Kameras und Kleinwagen ein gutes Beispiel für die Begabung, durch Qualität und Billigpreise das Original zu übertreffen, und in der klassischen Musik sind japanische Künstler wegen ihres Fleißes und der genauen Ausarbeitung von Musikstücken berühmt.

Diese Eigenschaften entbehren nicht einer gewissen Komik, denn aus westlicher Sicht bleibt bei der detailgetreuen Imitation die ursprüngliche Intention häufig auf der Strecke; so wirken japanische Umsetzungen europäischer Motive häufig als Kitsch oder Camp: Sehr amüsant sehen z. B. die Skilehrerprüfungen in Japan aus, zu denen alle Kandidaten in einem Skidress der fünfziger Jahre anzutreten haben: Anorak und Steghose. In der populären Musik überzeugte die Exotik eines japanischen Jodlers in Lederhose und mit Gamsbart am Hut auch die Liebhaber der deutschen Volksmusik und bescherte ihm Auftritte vor großem Publikum.

Auch im Bereich der Plastikimitationen lassen sich in Japan wunderbare Dinge finden. Vor Suppenküchen lockt eine riesige Plastiksuppenschüssel, aus der mittels eines kleinen Motors unablässig Dampf aufsteigt. Am Eingang der meisten Restaurants sind riesige Vitrinen aufgestellt, in denen die angebotenen Mahlzeiten in täuschend echtem Kunststoff vorgeführt werden: Plastiksushi, Plastiknudeln, die von zwei schwebenden Stäbchen gehalten werden, Plastikfisch und Plastikalgen. Diese Auslagen haben sich inzwischen zu einem absoluten Renner für Souvenirjäger entwickelt, und in der Tokioter Einkaufsstraße für Restaurantbedarf sind unter den Kauflustigen kaum noch japanische Gastronomen auszumachen.

Einen wichtigen Platz hat sich die japanische Filmindustrie erobert. Mit Streifen wie »Godzilla« lieferte sie ein Kunstwerk ab, das ausnahmslos alle für den Horror- und Monsterfilm notwendigen Klischees in sich vereinigt. Desgleichen sind japanische Comics dafür berühmt, Motive aus dem Actionfilm mit dem Fantasy-Genre zu verbinden.

Komplizierter ist die Sachlage beim Karaoke-Singen, dem Imitationsspiel schlechthin, das nicht von ungefähr in Japan erfunden wurde: In speziellen Karaoke-Etablissements oder auch in ganz normalen Gaststätten wird ein Monitor aufgestellt, auf dem die Liedtexte abzulesen sind, und zu Playback setzen sich mutige Sängerinnen und Sänger als Elvis, Madonna, Sting oder auch als japanischer Schlagerstar in Szene. Es dauerte nicht lange, bis diese von Japanern mit großer Leidenschaft praktizierte Freizeitbeschäftigung auch in Europa übernommen wurde. Tatsächlich gibt es nichts Peinlicheres, als wenn Karaoke-Sänger den Unterschied zum Original unter Beweis stellen. So spalten sich die Fans in zwei Lager: Die einen genießen es, auf der Bühne zu stehen und für einige Minuten ein Star zu sein. Die anderen – die sich zumeist grundsätzlich für guten schlechten Geschmack begeistern können – sind von der Lächerlichkeit der Szenerie wie auch von der Tragik der unerfüllten Wünsche fasziniert, die hinter der Bühnenpose fühlbar sind.

Die Gegensätze von Kontrolliertheit und Exzeß, von Nationalstolz und Imitationswut, von stilisierter Schlichtheit und Übertreibung haben auch dort eine Musik- und Filmszene entstehen lassen, in der Kenner von westlicher Incredibly Strange Musik und B-Movies auf Gruppen wie beispielsweise Pizzicato Five treffen. Ihre Easy-Listening-Musik stellt wiederum eine Imitation der Imitation dar; es muß offenbleiben, ob die Spirale von Zitaten, Distanzierungen und gleichzeitiger liebevoller Bewunderung noch weiter gedreht werden kann.

Kaffeefahrten

Das Schildchen »Bitte keine Werbung« am Briefkasten ist verblaßt, und so gelangt mit der Zeitung unverhofft auch die Werbebroschüre für eine Kaffeefahrt auf den Frühstückstisch: Eine »Verkaufsfahrt, märchenhaft schön« verspricht das Hochglanzblättchen, mit »grenzenlos günstigen« Angeboten, »wertvollen Präsents« und sogar einem Stargastauftritt von Heino und Gattin Hannelore. Die normale Reaktion von Geschmacksgebildeten besteht darin, das Ding mit den Fingerspitzen zu packen und sofort dem Altpapierbehälter zuzuführen (der sich selbstverständlich in einer langen Reihe unterschiedlichster Wertstoff-Recycling-Behälter befindet). Andere lassen sich den Genuß nicht nehmen und lesen das Blättchen von vorne bis hinten durch. Sie delektieren sich am wohligen Schauer, der sich bei der Lektüre einstellt. Die Allermutigsten unter ihnen – und das ist nur eine verschwindend geringe Zahl – lassen sich auf die Exotik des Angebots ein und buchen für den »absoluten Knüllerpreis« von dreißig Mark einen Ausflug in die Niederungen der Abzockerei.

Schon die Busfahrt ist ein Erlebnis für sich. Es hat eine gewisse Tragik, sich all diese Menschen anzuschauen, die sich auf den Nachbarsitzen über die versprochenen Superschnäppchen unterhalten. Sie wissen genau, daß ihnen im Leben nichts geschenkt wird, und hoffen trotzdem wider bessere Überzeugung darauf, beim Geldausgeben Geld zu sparen.

Dann beginnt die Show. Der Reisebegleiter, der sich anbiedernd mit seinem Vornamen vorstellt, preist die Großzügigkeit des Veranstalters, verspricht wunderbare Geschenke und geleitet die Kaufwilligen zu einer öden Fabrikhalle. Dort wird der Pulk mit einem billigen Vesper und einigen vakuumverpackten Salamischeibchen oder ähnlichem abgespeist, es werden Reststücke oder fehlerhafte Ausschußartikel verteilt, bis schließlich der Thermodeckenverkauf zum absoluten Knüllerpreis von 999,90 DM beginnt. Ein abgehalfterter Schlagerfuzzi oder auch mal Heino (der echte) sollen als Stimmungskanonen den Geldbeutel öffnen helfen. Wer kauft, fühlt sich irgendwie betrogen, wer nicht kauft, auch. Dann werden alle wieder nach Hause gekarrt und stehen fröstelnd auf dem nächtlichen Busbahnhof. Das nächste Taxi ist weit und kostet soviel wie die gesamte Kaffeefahrt. Es bleibt die Frage: Soll man wütend sein und dem Gefühl, ausgenommen worden zu sein, freien Lauf lassen oder sich damit trösten, am nächsten Tag bei allen Bekannten mit der neuartigen Anti-Rheumadecke angeben zu können?

Eine Kaffeefahrt ist Konsumtrash in Reinkultur. Sie ist aber auch ein Exempel dafür, wie man als Geschäftsmann den Wunsch nach einem schönen Tag und danach, auch einmal Glück zu haben und etwas geschenkt zu bekommen, zu Geld macht. Bereits in den achtziger Jahren kamen immer mehr Punks und andere Jugendliche auf den Geschmack. Sie gönnten sich die Fahrt zum Superpreis und machten sich einen Spaß daraus, nichts zu kaufen, sich schlecht aufzuführen und dabei zu beobachten, wie das Gesicht des Verkaufsleiters von Minute zu Minute länger wurde.

Kartenspiele

Das zünftige Kartenspiel hat wieder Einzug in die Haushalte derjenigen Intellektuellen gefunden, die noch wirklich standesbewußt sind. Bereits das Skatspielen – Entschuldigung, es muß natürlich Skat klopfen heißen – bringt einen nicht zu unterschätzenden Proll-Bonus mit sich. Nach der ermüdenden Althusser-, Foucault- oder Derrida-Lektüre gibt es nichts

Entspannenderes als mit »Hosen-runter«-Rufen einen Null-Ouvert-Spieler anzufeuern und dann die ganze Palette markiger Skatsprüche, durchsetzt mit postmodernen Theorieversatzstücken, vom Stapel zu lassen.

Noch angesehener als Skat sind Spiele wie Gaigel, Schafkopf oder Doppelkopf, die mit deutschen Karten gespielt werden. Schon allein Farbennamen wie Schellen und Eichel rufen eine Gänsehaut hervor – so viel heimattümelnder Exotismus läßt die Herzen höher schlagen. Einer hat immer die Sau, und bei der Hochzeit geht alles drunter und drüber.

Auch bei Frauen hat sich das Kartenspiel zunehmend durchgesetzt. Mit Vorliebe unter Ausschluß der männlichen Öffentlichkeit, aber zur Not auch mit Jungs lassen sie ihre zotige Seite raus, trinken Bier und Zocken, was das Zeug hält – natürlich um Geld, sonst macht es keinen Spaß.

Katastrophenfilme

Der Katastrophenfilm läßt sich als eines der amerikanischsten Filmgenres überhaupt beschreiben. Er vereint alle Eigenschaften auf sich, die die Nation der Superlative für sich beansprucht. Seien es Erdbeben, Flutwellen, Hurricanes oder, besonders beliebt, Flugzeugkatastrophen, alle werden nach einem immergleichen Strickmuster abgehandelt: Es gibt zwei Sorten von Helden, den Unerschrockenen, Mutigen im Zentrum des Geschehens, er ist der Mann fürs Grobe, sei es ein Pilot oder ein Einsatzleiter, und den Besonnenen in der Schaltzentrale, der das Gehirn für alle spielt. Dann sind da noch die schöne Frau, ein weinendes Kind und der Arzt, der sich selbstlos für die Menschheit einsetzt. Das Ganze wird umrahmt von malerischen Nervenzusammenbrüchen, tragischen Schicksalen, schweren Verwundungen und einigen sorgsam plazierten Leichen.

Auslöser der Katastrophe ist häufig die Natur, die im Land der Pioniere immer aufs neue besiegt werden muß. Es kommt aber auch der wahnsinnige, seltener der politische Einzeltäter vor, der stellvertretend für alle gesellschaftlichen Bedrohungen steht und zumeist von der Vorsehung mit dem Tod bestraft wird (im wirklichen Leben ereilt ihn die Strafe dagegen eher in Form von Todesspritze oder Elektrischem Stuhl). In den allerseltensten Fällen sind technische Fehler die Ursache des dramatischen Geschehens, und wenn doch, dann kann im technikgläubigen Amerika der Computer in der Hand eines wackeren Mannes alles wieder zum guten Ende bringen.

Vor allem der Flugzeugfilm von »Airport« bis »Passenger 57« ist hier beispielhaft und nicht umsonst ist dieses Sujet auch häufig von italienischen Filmemachern übernommen worden. Denn wer nicht Fellini heißt und trotzdem in Italien einen Film machen will, wird nicht gefragt, worum der Film geht, sondern was er imitiert. Und die Filme, die dann verwirklicht werden, zielen zumeist treffsicher auf das Herz amerikanischer Filmkultur. Auch in den USA selbst tauchten bereits in den siebziger und frühen achtziger Jahren Persiflagen auf den Katastrophenfilm auf. »Die unglaubliche Reise in einem verrückten Flugzeug« nimmt als kunterbunte Blödelei die Ernsthaftigkeit der filmischen Vorbilder aufs Korn. Doch für echte Trash-Fans sind die Originale immer noch unübertroffen.

Kindersendungen

Kindersendungen, die unter Erwachsenen als billiger Schrott abgekanzelt werden, erreichen selten Kultstatus. Interessanterweise sind es gerade sogenannte »pädagogisch wertvolle« Sendungen, die sich auch unter Erwachsenen einer großen, zunehmend offener eingestandenen Beliebtheit erfreuen. Denn hier wird der Kultstatus nicht dadurch erreicht, daß die Filme schlecht sind, es reicht schon, daß sie eigentlich für ein anderes Publikum, eben für Kinder konzipiert sind.

Allen voran ist die »Sendung mit der Maus« zu nennen, die zu ihrem 25jährigen Jubiläum sogar mit einer großen, massenhaft besuchten Gala geehrt wurde. Die meisten der erwachsenen Mäusefans haben die Sendung schon als Kind angeschaut und dann einige Jahre vergessen. Obwohl oder weil das Konzept durch und durch den Anforderungen sozialpäd-agogischer Erkenntnisse entspricht und die Lücken der Vorschulerziehung mit Leseübungen oder Filmen über Ver-kehrserziehung, die Tiere des Waldes und industrielle Pro-duktionsabläufe schließt, ist die orangene Maus ein echter Dauerbrenner. VIVA-Moderator Stefan Raab widmete ihr sogar ein eigenes, ausgesprochen erfolgreiches Lied (»Hier kommt die Maus«).

Ähnlich langlebig, niveauvoll und trendy ist die »Augsburger Puppenkiste«. Tatsächlich sind zahlreiche Twens und Anfangs-dreißiger dazu in der Lage, selbst längere Zitate aus den ver-schiedensten Marionettenserien aufzusagen, sei es das Lied von Bill Bo und seiner Bande, das der Blechbüchsensoldaten oder eine schwermütige Ballade von Urmels See-Elefant. Die passende Techno-Version war also so gut wie unausweichlich. Jim Knopfs »Insel mit zwei Bergen« hielt sich wochenlang in den Charts und war ein Ohrwurm, an dem kaum jemand vorbei-konnte.

Als weitere, vielleicht noch wichtigere Kinderserie ist die »Sesamstraße« zu nennen. Das Krümelmonster hat mehr Charakter und hält seine Rolle stringenter durch als die mei-sten deutschen Schauspieler. Für Macintosh-Computerbenut-zer wurde ein Programm geschrieben, bei dem ein singender Oskar aus der Mülltonne auf den Bildschirm kommt. Noch berühmter sind Ernie und Bert, deren innige Haßliebe vor al-lem für Schwule ein eindeutiges Zeichen war: Die beiden sind ein Paar. Die Sesamstraße stellt folglich eine große Er-rungenschaft der Fernsehpädagogik dar, weil sie die Jugend zu unkonventionellerem Beziehungsverhalten erzieht.

Die größten Fans der »Muppet-Show« waren von Anfang an Erwachsene, obwohl auch sie bei Minderjährigen ausge-sprochen beliebt ist und die bunten Plüschpuppen aus dem Repertoire des Kinderfernsehens stammen. Es soll Leute ge-ben, die sich bereits in den achtziger Jahren nur für die »Mup-pet-Show« einen Fernseher anschafften, um jede Woche »Schweine im Weltall«, den vom Unglück verfolgten Koch oder die mißgünstigen Alten in der Loge zu sehen.

Mit den »Simpsons« kam das Ende der pädagogischen Korrektheit. Die Erlebnisse der Comicfamilie übertreffen die schlimmsten Vorstellungen, seien es Barts Schulerlebnisse, kleinere Reaktorunfälle am Arbeitsplatz des Vaters oder die mütterlichen Emanzipationsversuche. Jede Folge spielt mit aktuellen Themen und setzt dem öden Spießeralltag die Lebensklugheit der Chaoten entgegen.

Kirchen

Es soll protestantische und sogar atheistische Menschen geben, die heimlich zur heiligen Messe gehen und sich vom nichtsahnenden Priester eine Oblate auf die Zunge legen lassen. Gotteslästerung? Zungenfixierte Libido? Nein! Es ist die alles überstrahlende Schönheit eines katholischen Gottesdienstes, welche die Ungläubigen zu ihrem gotteslästerlichen Tun treibt. Die glänzenden Stoffe in leuchtenden Farben, die Brokatbänder in schimmerndem Gold – diese Pracht im Kontrast mit dem gelangweilten Blick des Priesters und seinen nachlässigen Gesten beim Vollzug des Rituals übt auf Außenstehende eine psychedelische Wirkung aus. Besonders beliebt für heimliche Besuche in der Welt der Anbetung sind italienische Kirchen, in denen nicht nur sonntags, sondern auch unter der Woche die Messe für einige alte Frauchen gelesen wird. Bildungsversessene Touristen, die ihr Pensum an weihevollen Altarbildern und im Kunstführer als große Zeugnisse der Renaissance (oder so) ausgewiesenen Statuen abarbeiten, verlassen den heiligen Ort und machen Platz für die Zeremonie – alle bis auf den Messefetischisten, der nun in der hintersten Reihe des großen Auftritts harrt. Er hat zumindest in diesem Moment keinen Sinn für die Genialität von Bildhauern und Malern, ebensowenig will er seine Bekannten mit kunsthistorischem Wissen beeindrucken. Vielmehr genießt er den Pomp des Schauspiels aus vollen Zügen. Als profaner Zaungast kann er sich ganz in die Kombination von versteinerten Anbetungsritualen und Alltäglichkeit versenken, er versucht vielleicht gar, die Lieder mitzusingen, und verläßt den Ort mit dem kindlichen Gefühl, heimlich und unentdeckt etwas richtig Verbotenes getan zu haben.

Kontaktanzeigen

Die meisten Tageszeitungen und alle Stadtmagazine haben sie, entweder als kleine Schmuddelecke ganz hinten im Blatt oder aber als Top Act, der eine ganze Menge an Seiten füllt. Gespräche mit Personen, die selbst einmal eine Kontaktanzeige aufgaben, haben allerdings den Verdacht aufkommen lassen, daß ein solches Unterfangen nur in den seltensten Fällen zum Erfolg führt. Möglicherweise ist das auch nicht die eigentliche Bestimmung solcher Annoncen, sondern ihre Beliebtheit besteht darin, daß alle sie mit Hingabe lesen, es aber niemals zugeben.

Aufregend sind natürlich die Anzeigen, in denen es einzig darum geht, das Pendant zu finden, das bezüglich der technischen Präferenzen den eigenen Vorstellungen entspricht. Hier entspringt das Lesevergnügen der voyeuristischen Begierde. Der Leser wird mit Sexpraktiken konfrontiert, die er sich vorher nicht einmal vorzustellen wagte. Allerdings gebietet die Kürze des Textes wie auch die Brisanz einiger Vorlieben eine ganz spezielle Sprache, die zu dechiffrieren langjähriger Übung oder der Einführung durch Kundige bedarf. Wer weiß schon, was Natursekt ist oder was sich ein Kaviar-Liebhaber wünscht. Was bedeutet ein rotes Tuch, französisch total, griechisch, französische Sahnemassage, a tergo, Spanische Massage, Hawaiianische Liebesmassage? Wer versteht die ganzen Kürzel DWT, SM, AV, BBB, PT, OW? Das ist wahre Urbanität, und die technische Sprache läßt mehr Raum für Phantasien als jeder Pornofilm.

Als die linksradikale französische Zeitung »Libération« diese Form des schnellen Sex-Kontakts Ende der siebziger Jahre populär machte, war es ein echter Tabubruch. Inzwischen handelt es sich bei der Vorliebe für solche Anzeigen allerdings nur noch um billige Sensationsgier. Wirklich schlechter Geschmack ist es, eine Leidenschaft für die Standardanzeigen von Partnervermittlungsinstituten zu entwickeln. Sie sind zumeist mit einem »garantiert echten Originalfoto« geschmückt. Hier geht es um die Poesie von sprachlichen Kleinodien wie »Nur weil sie nicht tanzen kann, sitzt sie ganz alleine in ihrer kleinen Wohnung« oder »Bitte schreib mir doch ein paar Zeilen (mit Bild, garantiert zurück) und sofort komme ich mit meinem kleinen Auto zu dir«. Ein anderer Klassiker ist die bange Frage: »Muß ich, nur weil ich schüchtern bin, alleine bleiben?« Die Variante für Männer fragt, ob ein gutaussehender Anfangsvierziger einsam bleiben muß, obwohl er Geld, Auto und einen Prestigeberuf vorzuweisen hat. Und die »schwere Enttäuschung« ist eine Formel, die bei beiden Geschlechtern ausgesprochen beliebt zu sein scheint.

Im Goutieren dieser Delikatessen, die vor allem stilistisch brillant sind, erweist sich die wahre Kennerschaft. Natürlich drängen sich hier auch banale Fragen auf. Wenn die so toll ist und auch noch erst 23, warum kriegt die dann keinen ab? Da muß doch irgendwo ein Haken dran sein. Doch solche Überlegungen sind bald vergessen. Schließlich handelt es sich hier um pure Fiktion, und das Lesevergnügen liegt in den unverhohlen plumpen Stereotypen des idealen Manns (zum Anlehnen, groß, stark, reich usw.) und der perfekten Frau (hübsch, schüchtern, kann gut kochen usw.).

$\mathcal{K}$oons, Jeff

>»Ich habe den Gipfel der Heuchelei erreicht
>und wurde von daher als Künstler interessant.«

Aufblasbare Blumen, Michael Jackson mit seinem inzwischen bedauerlicherweise vom Gärtner mit dem Rasenmäher überfahrenen Äffchen in Porzellan, niedliche Hündchen im Miniaturformat und ein Luftballonhäschen aus rostfreiem Stahl – Jeff Koons zieht für seine Kunstwerke alle Register der Trivialität.

Und das mit Erfolg; der clevere Ex-Broker von der East Coast gehört inzwischen zu den bekanntesten Künstlern der USA. Um sich die Medienöffentlichkeit zu sichern, spielt er geschickt mit den Mechanismen der Nachrichtenproduktion. Nach seiner »Banality«-Show präsentierte er mit »Made in Heaven« überlebensgroße Filmstills in Öl-Siebdrucktechnik, die als Vorschau für einen niemals gedrehten Film vorgestellt wurden.

Koons ist ein professioneller Verkäufer, der den Leuten gibt, was sie sehen wollen. Er weiß, »daß man in den amerikanischen Medien zu nichts kommt, jedenfalls keine Titelseite kriegt, wenn man nichts mit Film zu tun hat.« Und was ist das Wichtigste für einen amerikanischen Filmskandal? Jede Menge Sex und Politik. Dafür hat er – zumindest für einen kurzen Zeitraum – sein Leben zum Gesamtkunstwerk stilisiert, indem er die Frau heiratete, die wie keine andere die Verbindung zwischen Porno und Politik verkörpert: Cicciolina alias Ilona Staller alias Ilona Koons, die von der Porno-Queen zur italienischen Abgeordneten mutierte und die Parallelen zwischen beiden Berufszweigen propagierte. Mit ihr zusammen führte er zahlreiche Variationen des Geschlechtsakts vor, die entweder einen unverstellten Blick auf die jeweiligen Körperteile in Aktion bieten oder aber die Nullachtfünfzehn-Posituren aus den Sexheften mit dem Charme von Abziehbildchen zu vereinen suchen. Koons zieht eine Verbindungslinie zu seinen aufblasbaren Blumen, um den Charme seiner Arbeiten selbst zu erklären und der Kunstwissenschaft die Arbeit abzunehmen: »Arschloch wird Blume und Blumen werden zu Arschlöchern, und letztlich ist es ein süßer und sentimentaler Anblick«. Als Krönung von »Made in Heaven« gilt eine lebensgroße Holzplastik, die die beiden mit rußverschmierten Körpern bei der Kopulation darstellt. Die Ausführung wurde bei Südtiroler Herrgottsschnitzern in Auftrag gegeben, wodurch eine allerliebste Verbindung mit der Pseudoauthentizität seiner Nippes- und Devotionalienkitsch-Ästhetik entsteht. Inzwischen ist dieses Thema ausgereizt und folglich längst die Scheidung des zeigefreudigen Pärchens vollzogen.

Wie von jedem Künstler, der mit Kitsch arbeitet, bekommt man auch von Koons zu hören, daß sein Werk damit überhaupt nichts zu tun habe. Allerdings geht er noch weiter: Die Arbeiten der »Banality-Show« aus Glas, Stainless Steel und Porzellan, wie auch die überdimensionierten Geschlechtsakte, stilisiert er zu therapeutischen Gegenständen. Sie sollen den Menschen ihre kleinbürgerliche Vergangenheit deutlich machen und einer utopischen Gesellschaft vorausgreifen, die sich »eine einzige bourgeoise Klasse im bourgeoisen Zustand der Entropie« als hehres Ziel gesetzt hat. Dies, vermischt mit einigen esoterischen Einsprengseln über Spiritualität, ist die durch und durch blödsinnige Botschaft, die Koons für sein künstlerisches Schaffen erfindet. Damit greift er dem unausweichlichen Rattern der kunsthistorischen Interpretationsmaschinerie voraus, die alles, was auf dem Kunstmarkt Rang und Namen erlangt, mit einer klebrigen Schicht von Bedeutung überzieht. Empörung und intellektuelle Verrenkungen sind die Reaktionsweisen bürgerlicher Kunstliebhaber, die einem Künstler zu Ruhm verhelfen, und mit beiden treibt er sein Spiel. Koons' Arbeiten sind durch und durch Fassade, Kommerz, Oberfläche – kurz, sie sind schlecht genug, um wirklich schön zu sein.

Kreuze

Es ist kein Wunder, daß die Faszination für religiöse Prunkgegenstände Einzug in die Popkultur gefunden hat. Auch wenn die Vorliebe von Madonna für edelsteingeschmückte Kreuze zumeist voller Sensibilität als Auseinandersetzung mit der traumatischen Katholikenkindheit verpsychologisiert wird, geht es eigentlich auch ihr um die Ausnutzung der frappierenden Wirkung, die Kultgegenstände in profaner Umgebung entwickeln können. Nichts ist so bedeutungsgeladen wie ein Kreuz, und diese Bedeutung wird, ihrem eigentlichen Kontext entrissen, nicht beliebig, sondern enthüllt ihren tieferen Sinn. Folglich ist es nur logisch, daß selbst die durch und durch ernsthaften und somit äußerst langweiligen Grufties sich dieser Faszination nicht entziehen können, wenn sie das Kreuz am Lederbändel zur stilvollen Ergänzung von Kalkgesicht und schwarzgefärbten Haarmähnen tragen.

Auch der Fisch, den die Evangelikalen sich als protestantische Erwiderung auf das Kreuz mit Vorliebe auf ihr Auto kleben, hat inzwischen einige kreative Umgestaltungen erfahren. Als abgenagte Gräte oder auch als Piranha findet man ihn immer häufiger auf heruntergekommenen Schrottbeulen, die nur mit Bestechung durch den TÜV gekommen sein können. Allerdings ist das nicht wirklich geschmackvoll; diesem Symbol fehlen einfach Blut und Dornen, und das Original ist in jedem Fall überzeugender als neckische Versuche einer Parodie.

*K*ugelschreiber und Kondome

Kugelschreiber sind wie Kondome: Man sollte sie immer dabeihaben, aber wenn man sie gerade braucht, sind keine da. Gemeinsam haben sie auch, daß sie als (je nach Lebensweise mehr oder weniger) alltäglicher Nutzgegenstand aus der Einheitsform herausgeholt und durch mannigfaltige designerische Bemühungen veredelt wurden. Zugegeben, als Werbeträger für Autohäuser und Beruhigungstabletten konnten sich bislang nur die Schreibwerkzeuge durchsetzen. Während Verhüterli in allen Variationen eher in Spezialgeschäften verkauft werden, wo sie durch schrille Farben und martialisch benoppte Formen über die Langeweile im Bett hinwegtäuschen und den KäuferInnen gleichzeitig den Anschein tabuloser Sexualität verleihen sollen, steht der wichtigste Erotikkugelschreiber von vorneherein zu seiner voyeuristischen Tendenz: der Nackedei-Kuli. Schon seit den siebziger Jahren delektieren sich Männer aller Klassen und Schichten am Striptease-Wunder in Miniaturformat, das sich durch Umdrehen des Stifts endlos wiederholen läßt. Badeanzug aus, Badeanzug an, Badeanzug aus …

Heutzutage hat der Ausziehkugelschreiber auch Einzug in die Schreibtischschubladen vieler Frauen gefunden. Denn es dauerte nicht lange, bis er auch in der männlichen Variante zu haben war, und zwar mit schlechtfrisierten Männern in unförmigen schwarzen Badehosen, deren Schnitt allen Modedesignern der Welt die Tränen in die Augen treiben muß. Doch wundersamerweise ist auch der Kauf von Frauen-Striptease-Kulis schon lange nicht mehr reine Männersache. Immer mehr Frauen können sich nicht zurückhalten und erwerben das frivole Schreibgerät. Denn noch größer als das Vergnügen, selbst damit zu spielen, ist der Spaß an der Männerfalle: Auf den Schreibtisch legen, männlichen Besuch alleine im Zimmer lassen, unerwartet hereinkommen und testen, wie er sich, ertappt beim An-und-Auszieh-Spiel, aus der Affäre zieht.

Kuhdekor und Tigerplüsch

Röcke, Handtaschen, Schuhe, die mit Tigerfellimitationen geschmückt sind, haben etwas Verruchtes. Der Raubtier-Look sollte ursprünglich auch weniger Betuchten die Ausstrahlung der Reichen und Schönen verleihen. Da der Unterschied zum Original jedoch immer offensichtlich ist, rutschte das Exotik-Muster bald in die Rotlichtzone ab, und wer es trug, wirkte weniger wie eine Dame von Welt, sondern eher wie eine Dame der Halbwelt. Mit diesem lasterhaften Flair eroberten Leoparden- und Tigerplüsch bald die Szeneboutiquen, in denen Lack und Plastik zu Hause sind, und sorgten auch als Bezugsstoff für Sofas oder Lampen für Furore.

Mach mir den Tiger. Mach mir den Stier? Mach mir die Kuh! Die Erfindung des Kuhmusters nach dem Vorbild der schwarzbunten Rinderrasse persifliert alle Selbstdarstellungen als wildes Raubtier, denn kein anderes Geschöpf hat ein vergleichbar dümmliches und doch liebenswertes Image. Kein Wunder, daß das Kuhmuster schon bald zum absoluten Renner wurde: Künstliche Kuhfelle zierten nicht mehr nur Schuhe,

Kleidungsstücke oder Möbel, sondern Geschenkboutiquen verkauften Kuh-Unterhosen, Kuh-Kaffeekannen, Kuh-Salzstreuer und Kuh-Hausschuhe. Ganze Haushalte wurden im Kuhdekor eingerichtet; es entwickelte sich eine wahre Kuh-Manie, auf die auch Harald Schmidt aufsprang: Mit einer überdimensionierten Kuhschleife, die er während seiner Talkshow am Revers trug, verlieh er seiner Solidarität mit BSE-Opfern Ausdruck.

In der Zwischenzeit kann jedoch kaum noch jemand den Anblick von unförmigen schwarzen Flecken auf weißem Grund ertragen. Kuhdekor ist überhaupt nicht mehr lustig, weil zahllose Fans die Rindviecher-Optik nicht mehr als Gag einsetzen, sondern sich in ihrer Sammelwut nicht mehr von Gartenzwerg-Liebhabern und Nippes-Fanatikern unterscheiden. So konnte es passieren, daß das gute alte Tigerdekor von neuem zu Ehren gekommen ist. In der Schwarzweiß-Optik lautet der Geheimtip inzwischen Dalmatinerfell. Eine weiße Plüschjeans mit winzigen schwarzen Punkten aufzutreiben ist nach wie vor nicht so einfach, dafür kann sie ihrem Träger einige Prestigepunkte sichern.

*K*uhn, Dieter Thomas

> »Während des Konzerts gibt es Leute, die im Chor schreien: ›Dieter, du siehst so scheiße aus!‹ Das sagt doch schon alles.«

Die »singende Fönwelle aus Tübingen« heißt eigentlich Dieter Kuhn, aber »woher der Thomas kommt, kann man sich ja denken« (Kuhn). Der gelernte Landmaschinenmechaniker und Masseur hat sich mit Brusttoupet unter dem aufgeknöpften Rüschenhemd und Schlaghosen direkt in die Herzen seiner Fans gesungen. Mit Schlagern wie »Mendocino«, »Tränen lügen nicht« oder »Über sieben Brücken« wurde er, wie der »Spiegel« schrieb, »zwischen Biberach und Stuttgart-Degerloch weltberühmt«. Inzwischen hat er sogar einen Film gemacht, der allerdings eher dazu taugt, Kuhns Vorzüge als

Sänger herauszustellen, als daß er seine verborgenen schauspielerischen Talente ans Licht bringt.

Kuhn ist eine tragische Figur. Er liebt Soul und Funk und
kann dem Schlager eigentlich nicht viel abgewinnen: »Ich will
es so sagen. Ich habe mich an den Schlager gewöhnt.« Eigentlich war es nur als kleiner Scherz gemeint, als er einmal
mit Italo-Hits auftrat und eine Welle der Begeisterung auslöste. Nach seinen Konzerten kann er es immer kaum erwarten,
wieder in die Normalo-Rolle zurückzukommen. Trotzdem trifft
er genau den zitternden Schmelz, der die alten Schmachtfetzen respektvoll-kitschig in Szene setzt. Kuhn selbst ist Ende 20
und kennt die alten Hits nur als dunkle Kindheitserinnerungen,
wenn er samstags nach dem Baden noch im Schlafanzug die
Hitparade mit Dieter Thomas Heck anschauen durfte; sein Publikum ist noch weitaus jünger und genießt seine Show wie
ein exotisches Schauspiel, das dazu noch den Vorteil hat, daß
man dabei nicht so cool sein muß. Auf großen Open-Air-
Festivals wie in St. Gallen feierte Kuhn seine größten Erfolge,
die er vor allem deshalb genießt, weil sie als Kontrast zu anderen Gruppen und ernsthaft-bemühten deutschen Sängern
wie Herbert Grönemeyer ein echter Knaller sind. Vielleicht ist
Kuhn gerade deshalb so beliebt, weil er sich nicht mit seiner
ganzen Person dem Schlager verschrieben hat, sondern immer so weit auf Distanz bleibt, wie es sich für einen anstän-
digen Menschen gebührt.

Lehrfilme

Lehr- und Informationsfilme wurden seit den vierziger Jahren
für die Verwendung in Betrieb, Ausbildung und Schule eingesetzt, sehr bald dienten sie aber auch zur Unterstützung
politischer Kampagnen. Möglicherweise liegt hier der Anfang
aller Horrorfilme; vor allem die Verkehrssicherheitsfilme der
fünfziger Jahre wie auch die Erste-Hilfe-Filme zeigten häufig
ganze Blutorgien. Nur wenige, die ihn sahen, werden je einen
Film wie »Sucking Chest Wounds« wieder vergessen können.

Allerdings war diese Form der Erziehung ein heikles Unterfangen, denn zum Teil erzielten diese Machwerke aufgrund
ihrer unfreiwilligen Komik genau die entgegengesetzten Re-
sultate. Vor allem Anti-Drogen-Filme, die die bewußtseinser-
weiternde Wirkung von LSD anprangerten und beispielsweise
zeigten, wie ein Seemann sich von einem überdimensionierten Caterpillar angegriffen sieht, führten häufiger zu Amuse-
ment und Neugier als zu Furcht.

Auch Aufklärungsfilme hatten einen ähnlichen Effekt. Eine
Schulklasse bricht zumeist sowieso in nervöses Kichern aus,
wenn sie solche Filme anschaut; wenn aber dazu die Kleidung und das Verhalten der gezeigten Figuren noch von
gestern sind, kennt die Heiterkeit keine Grenzen. Zudem wirken die Filme häufig eher anregend, als daß sie beim Publikum vernünftige Enthaltsamkeit auslösen. Das beste Beispiel
sind die deutschen Helga-Filme des Aufklärungsgurus Os-
walt Kolle. Mit Titeln wie »Deine Frau, das unbekannte Wesen«
wurden sie zum Kassenschlager; interessanterweise kam die
blonde Helga in italienischen Kinos besonders gut an.

Die meisten Lehrfilme der sechziger und siebziger Jahre
sind heute verschollen oder vernichtet. Doch was erhalten
blieb und neu veröffentlicht wird, findet ein begeistertes Publikum. Häufig sind Filme wie »Rendezvous unterm Nierentisch«
oder »Als die Liebe laufen lernte« in dokumentarischer Absicht
zusammengeschnitten. Der Filmgenuß erschöpft sich allerdings nur selten in kulturwissenschaftlicher Bildungsgier, sondern die zeitliche Distanz schafft eine unfreiwillige Komik; vor
allem wenn das Bemühen der Filmemacher, das Publikum zu
überzeugen und zu beeindrucken, allzu offensichtlich ist.

Einer der großartigsten Filme, der alte Lehrfilme wiederauf-
bereitet, ist »The Atomic Cafe«. Möglicherweise wirkten die
abstrusen Warnungen vor dem Kommunismus zu Zeiten des
Kalten Krieges überzeugend; heute sind sie offensichtliche Propaganda der schlechtesten Art. Ebenso ist fast unvorstellbar,
zu welchen Mitteln die US-Regierung im Falle eines Atom-
angriffes riet. Die amerikanische Begeisterung für die Atom-
bombe ist bekannt, aber daß der Tip, sich im Falle einer Explo-
sion eine Plastiktüte oder eine Aktentasche über den Kopf

zu halten oder unter den Tisch zu kriechen, tatsächlich ernsthaft verbreitet wurde, ist geschmacklos genug, um wirklich
komisch zu sein. Schon in der Friedensbewegung sorgte das
Jingle »duck and cover«, das diese Bilder begleitet, für Lach-
anfälle, und in der Folgezeit konnten die Educational Films, die
inzwischen vor allem als Pausenfüller für Musikkanäle beliebt
sind, aufs neue ein hingerissenes Publikum gewinnen.

Lewis, Gordon Herschell

> »Ich glaube nicht, daß unsere Filme an ei-
> nem Mangel an Politur litten. Es war fast
> die rohe Kraft eines Stücks von Aischylos
> im Gegensatz zu einem polierten Stück von
> Sophokles.«

Der selbsternannte »Guru of Gore« gilt als einer der wichtigsten Begründer des Splatterfilms. Seinen ersten großen Erfolg
landete er 1963 mit »Blood Feast«, einem in vier Tagen abge-
drehten Film, der einzig aufgrund der Unmengen von Büh-
nenblut zu Berühmtheit gelangte. Hauptdarstellerin Connie
Masons glänzt durch Talentlosigkeit, doch das macht nichts,
denn Lewis' Filme sind konsequent darauf ausgerichtet, eine
größtmögliche Menge an Blut und grausig dargebotenen
Körperteile auf die Leinwand zu bringen; dabei rühmt er sich,
als erster Menschen dargestellt zu haben, die mit offenen Augen sterben. Als der Film ins Kino kam, wurden Spucktüten mit
der Aufschrift »You may need this when you see ›Blood Feast‹«
verteilt, und die Leute kamen schon alleine, um eine davon zu
ergattern.

Lewis prägte klassische Horrormotive, wie z. B. den in Kopf-
höhe gespannten Draht über der Straße: In »She Devils on
Wheels« wird auf diese Weise ein Motorradfahrer enthauptet;
Truman Capote griff das Motiv in einer seiner Erzählungen auf
und ließ einen Cabrioletfahrer dasselbe blutige Ende nehmen, und auch in David Lynchs »Wild at Heart« kann der durch
einen Schuß vom Rumpf gerissene und durch die Luft flie-

gende Kopf als Hommage an Lewis gesehen werden. Lewis' Kombinationen von Filmgenres sind gewagt; so bezeichnet er beispielsweise sein Werk »Moonshine Mountains« als »hübschen kleinen Film, zur Hälfte Bergmusik, zur Hälfte Blut«.

Auch in allen anderen Bereichen kannte er keine Skrupel. Eine seiner Methoden, zu einem neuen Film zu kommen, war es, irgendwelches belichtetes Filmmaterial aufzukaufen und daraus einen Blutfilm zusammenzubasteln. Dabei bewies Lewis durchaus auch Distanz zum Genre, indem er seinen (bislang) letzten Film »Gore Gore Girls« als Satire auf den Horrorfilm anlegte.

Noch gruseliger als seine Filme war sein Publikum: vor allem »Rednecks«, d. h. reaktionäre Südstaatler zählten zu seinen Fans. Anfang der siebziger Jahre verlor er angeblich aufgrund undurchsichtiger Geschäfte sein gesamtes Vermögen und verschwand in der Versenkung. Andere behaupten, er habe einfach genug vom korrupten Filmgeschäft gehabt und lebe nun als erfolgreicher Direktmarketing-Berater in Florida.

Ehrensache, daß Gordon Herschell Lewis auch der »The Golden Turkey Award« als einer der schlechtesten Regisseure aller Zeiten zuerkannt wurde. Diese Auszeichnung hat er mit Sicherheit redlich verdient. Nicht umsonst läßt sich etwa John Waters für seinen Film »Multiple Maniacs« von Lewis' Filmtitel »Two Thousand Maniacs« inspirieren, und woher die Popgruppe »10 000 Maniacs« ihren Namen hat, ist unschwer zu erraten. Der Filmtitel ist sichtlich beliebig multiplizierbar, so bleibt abzuwarten, wieviele Maniacs sich in Zukunft noch zusammenfinden werden.

Lindenstraße

Die erfolgreichste deutsche Soap Opera ist schon etwas Besonderes: Die Bewohnerinnen und Bewohner der »Lindenstraße« führen keine Klischees von der heilen Familie vor, dafür werden alle brennenden Zeitprobleme unter dem Dach eines Mietshauses zusammengepfercht, und das mit einer political

correctness, die ihresgleichen sucht. Dort leben und lieben un-
eheliche Paare und Mütter, Wohngemeinschaften, Geschie-
dene, Zweitverheiratete, junge Frauen mit alten Rollstuhlfah-
rern, Senioren, Schwule und Lesben. Es gibt geläuterte und
ungeläuterte Nazis, ökologisch Bewegte und Unpolitische, die
staatliche Verfolgung von Flüchtlingen wird ebenso themati-
siert wie Alkoholismus und Esoterik. Mit diesem Konzept gelang es H. W. Geißendörfer, ein ganz neues Publikum als bekennende Fans vor den Bildschirm zu locken, ohne die bereits
zur Soap Opera bekehrten Dauerglotzer abzuschrecken. Auf
einmal sind auch Scharen von Akademikern zur Sendezeit
nicht mehr ansprechbar, und sogar an der Universität werden Seminare über die »Lindenstraße« abgehalten. Es stellt sich
die Frage: Kann eine solche Serie überhaupt schlechter Geschmack sein, oder ist sie nicht vielmehr ein kulturell hoch-
stehendes Produkt, das sich einer populären Form bedient, um
Inhalte pädagogisch wirksam unters Volk zu bringen? Die Antwort lautet: Es kommt auf die Perspektive an. In den letzten
Jahren hat sich nämlich ein eigenartiges Phänomen entwik-
kelt: Nicht nur in zahlreichen Normalo-Kneipen wird zur Lin-
denstraßen-Zeit die Glotze angeknipst, auch in Punk- und
Autonomenkreisen entstand ein Lindenstraßen-Kult, der nicht
nur zu gemeinsamen Abenden zu Hause vor dem Fernseher
führte, sondern regelrechte »Lindenstraßen«-Events in ein-
schlägigen Kneipen mit Großbildschirm und Stammpublikum
ins Leben rief. Aus der Sicht von Leuten, die die ganz normale
Gesellschaft an und für sich schon ausgesprochen seltsam
finden, wirkt das Leben in der »Lindenstraße« wie eine einzige
Lachplatte. Sie inspirierte einige Punkbands sogar zu einer LP
mit dem sinnigen Titel »Wir warten auf die Lindenstraße«. Doch
auch erklärte Gegner bürgerlicher Lebensformen können sich
den Erzählsträngen, die so richtig aus dem Leben gegriffen
wirken, nicht völlig entziehen. Zum Lindenstraßen-Kult gehört
nämlich auch, kein schlechtes Wort über die Serie zu verlieren,
sondern vielmehr über alle neuesten Vorkommnisse, über die
Mutter der Nation Helga Beimer wie über die Giftspritze Else
Kling, die letzten Untaten von Olli Klatt und alle Beziehungs-,
Ehe- und Kinderprobleme genau Bescheid zu wissen.

*M*ännerstrip

Während sich das Publikum von Intellektuellenparties zumeist mit hochgeistigen Gesprächen und, wenn überhaupt getanzt wird, bei betont coolen und sportlich wenig überzeugenden Gymnastikübungen zu ebenso cooler Musik langweilt, träumen viele Männer heimlich von orgiastischen Saufgelagen und Exzessen. Das waren noch Zeiten, als sie mit Ralfi, dem Sohn des Tankstellenwärters, auf dem Schulklo Längenvergleiche anstellten. Ralfi sitzt jetzt sicher mit seinen Kumpels und ein paar Mädels in einer rustikalen Wohnzimmergarnitur und spielt Strip-Poker mit Ausziehen. Okay, natürlich ziehen sich da auch die Mädels aus, aber das gibt es ja sogar im Fernsehen; was wirklich die Sehnsucht erweckt ist die Vorstellung, daß auch die Jungs ihre Hüllen fallen lassen und sich den bewundernden Blicken der Anwesenden darbieten. Sie schwelgen in der Vorstellung, ihre trainierten Beine, ihre Boxershorts oder sogar noch mehr als das zur Schau zu stellen.

Auch die Frauen geben sich Visionen unkultivierter Adonis-Darbietungen hin, während sie ihr gebildetes Gegenüber bei seinen Auslassungen über das dekonstruktivistische Sexualitätsverständnis ignorieren. Sie denken an die Bekannte aus dem Supermarkt, die immer noch jedes Detail der »California Dream Men«, ihren nackten Leibern und brünstigen Bewegungen in- und auswendig kennt. Doch nur wenige sind geschmackssicher genug, sich in deren Show zu wagen und die gespielten Avancen der Muskelprotze auszuhalten. Zudem ist es gar nicht immer so einfach, in den Genuß des vollen Programms zu kommen. Der Strippergruppe wurde in Hamburg untersagt, ihre Männlichkeit zu entblößen, und das allein reicht bereits aus, um ihnen einen verdienten Platz unter den provokativen Helden des schlechten Geschmacks zu sichern.

Während die Profis von der Westcoast durch vollendete Körperbeherrschung und perfekte Showeinlagen bestechen, sehen intellektuelle Versuche, Kopflastigkeit durch exhibitionistische Einlagen zu kompensieren, eher kläglich aus. Denken wir nur an den Auftritt von Wiglaf Droste, der schon mit seiner »Fotofick«-Seite in der »taz« klarmachte, daß Sexappeal nicht seine starke Seite ist. Als er dann bei einer mißglückten Lesung einfach nur sein Dingdong vorzeigte, war das Urteil des Publikums vernichtend: keine Eleganz, keinerlei Erotik.

Mit dem Versuch, bei der Berliner Szeneveranstaltung »Trash 2000« einen Männerstrip zu veranstalten, wäre diese Form der Unterhaltung dennoch in den Kanon des guten schlechten Geschmacks aufgestiegen – wenn sich nicht auch diese Veranstaltung nur durch gähnende Langeweile ausgezeichnet hätte. Für alle, die sich dennoch unverdrossen auf die Suche nach dem öffentlichen nackten Mann machen, um sich an der Peinlichkeit solcher Events zu delektieren, bleibt nur noch die Discothek: Bei sogenannten Junggesellenversteigerungen fallen zwar bislang noch keine Hüllen, aber immerhin kann die Discogängerin einen Begleiter für den Abend erwerben; kaufen macht Spaß, beim Kaufen zusehen ist weniger riskant, aber ebenso vergnüglich.

ℳallorca

Auf Mallorca läßt der Deutsche die Sau raus. In der berühmt-berüchtigten Strandbar »Ballermann 6« ist der Name Programm, denn hier kann man sich nicht nur so richtig zuballern, sondern auch ansonsten voll auf die Pauke hauen. Der Sangria ist das einzige Zugeständnis an spanische Gepflogenheiten, dafür wird er gleich literweise mit meterlangen Strohhalmen in Sektkübeln oder Eimern serviert. Schnauzbärtige Bermudaträger protzen mit ihrem Urlaubsschnitt, der angeblich schon mal 20 Frauen in einer Woche betragen kann. Bikinimädels hoffen darauf, endlich einmal den ersten One-night-Stand hinzukriegen, oder wissen aus Erfahrung, wo sie etwas Gutgebautes abschleppen können. Hier wird das Verbotene getrieben, der ordentliche Bürokaufmann und die anständige Bankangestellte verwandeln sich in sexgeile Monster oder geben es zumindest vor, dem eigenen Ruf zuliebe.

Die miserablen Urlaubssitten, für die Deutsche weltweit gefürchtet sind, werden nicht mehr mit dem hilflosen »Ich-kann-doch-nicht-anders«-Schulterzucken quittiert; sie sind Anlaß zum selbstverliebten Zelebrieren nationaler Peinlichkeit. Wer heute noch anbiedernd versucht, im Urlaub die jeweilige Landessprache zu radebrechen oder gar bestrebt ist, sich unauffällig zu verhalten, ist out. Jetzt heißt es in unverhohlenem Stolz: Es gibt kein Bier auf Hawaii (bzw. sonstwo auf der Welt), drum bringen wir's mit.

Doch Mallorca ist inzwischen nicht mehr nur das Charterziel des spießigen Kleinbürgertums, die Insel ist wieder richtig Jetset. Während die High Society früher jeden Ort fluchtartig verließ, sobald die Massen kamen, geben die oberen Zehntausend zwar vor, die Insel wegen ihres schönen Hinterlands zu schätzen, aber sie bleiben und kümmern sich nicht darum, daß auch Hinz und Kunz erzählen, sie seien auf Mallorca gewesen. Trendsetter wie VIVA-Star Heike Makatsch gestehen der Presse freimütig, sie gäben dem Mallorca-Urlaub im Vergleich zu einem New-York-Aufenthalt fraglos den Vorzug. Claudia Schiffer machte schon Urlaub auf der Insel, als sie noch ein Schulmädchen war, und hat sich jetzt sogar ein Haus dort gekauft. Von Richard Attenborough über Peter Ustinov bis Ulla Kock am Brinck tummelt sich dort alles, was Rang und Namen hat. Auch wenn die High Society sich eher nicht in der Schinken- oder Bierstraße an der Baya di Palma vergnügt, ist es doch ein Zeichen für die Hoffähigkeit des schlechten Geschmacks, daß das Mekka aller saufbegeisterten Deutschen nicht abfällig verhöhnt, sondern auch von prestigebewußten VIPs zum Lieblingsort erklärt wird.

$\mathcal{M}$cDonald's

McDonald's unter dem Stichwort Junkfood abzuhandeln hieße, den Imbißbuden unrecht zu tun. Der Reiz der größten Fastfoodkette der Welt besteht nicht etwa im Schmuddelcharme, sondern darin, daß es so gut wie keine bekennenden Mc Donald's-Fans mit Hipness-Faktor gibt – bis auf einige wenige Ausnahmen, von denen gleich die Rede sein soll. McDonald's-Fraß ist teuer. Um satt zu werden, gibt man mindestens so viel aus, wie der Mittagstisch in einem beliebigen Restaurant kostet. Eltern lehnen das Zeug ab, weil es ungesund ist, Teenies geben nicht zu, sich von Big Macs zu ernähren, weil Ronald McDonald so peinlich ist. Andere glauben die Legende von der Ratte im Hamburger und gehen tatsächlich nicht hin. In Techno-Discos informieren Umweltschützer über die Verbrechen des Großkonzerns gegen den Regenwald, und aufrechte Linke prangern die ausbeuterischen Arbeitsverhältnisse an. Bekennende McDonald's-Genießer sind zumeist irgendwelche Landeier, die Samstags in die nächste Stadt fahren und dort vor der Disco eine Grundlage für die geplanten Biere schaffen. Sie werden von der coolen Stadtjugend sowieso mit verächtlichen Seitenblicken bedacht. Mit der McDonald's-Begeisterung in der ehemaligen DDR verbesserte sich das Image des Schnellrestaurants auch nicht gerade, und die Ökofreaks geben dem Ruf des amerikanischen Fließbandfutters den Rest (obwohl selbst diese dort schon in flagranti ertappt wurden).

Diese lange Liste von Peinlichkeiten und Geschmacklosigkeiten zeigt, daß McDonald's einfach ideale Ausgangsbedingungen für einen Aufstieg auf die Ebene des guten schlechten Geschmacks aufweist. Eine kleine Avantgarde ist bereits dazu übergegangen, den Pappmaché-Fraß nicht mehr nur zu kaufen und dann verstohlen in der Papiertüte nach Hause zu tragen. Ohne mit der Wimper zu zucken, nehmen ihre Vertreter die Mahlzeit im stilechten McDonald's-Ambiente ein und hoffen, dabei von möglichst vielen Bekannten gesehen zu werden.

$\mathcal{M}$eyer, Russ

> »Viele Leute fragen mich, was mich so
> verrückt nach großen Brüsten macht. Ich
> glaube, jeder Mann ist im gewissen Sinne
> danach verrückt, aber nicht jeder hat die
> Möglichkeit wie ich, diese Verrücktheit aus-
> zuleben.«

Pornos sind das Allerletzte. Sie sind weder Kunst noch Unterhaltung, sondern eine lieblos zusammengeschnittene Ansammlung der widerlichsten Männerphantasien, die die Gesellschaft zu bieten hat. In schmuddeligen Bahnhofskinos mit
fleckigen Sitzen dräut die Sexwelt von Männern, die sich im
Neonlicht des Alltags als Saubermänner präsentieren. Alle
Pornos sind mittelmäßig bis saumäßig – bis auf die von Russ
Meyer. Seine Streifzüge durch die Niederungen von Sexfilm
und Primitivkrimi, in denen eine inflationäre Masse sexhung-
riger Frauen und tumber Brutalomänner über die Leinwand
tobt, sind so dick aufgetragen, daß es schon wieder schön ist.
Um bei Russ Meyer eine Chance als Hauptdarstellerin zu haben, braucht es keine Schauspielausbildung; er ködert keine
kleinen Mädchen mit dem Versprechen einer großen Karriere
an der Seite von Tom Cruise. Nein, es geht nur um zwei Dinge:
Brüste und Titten, so groß, daß eine Wassermelone daneben
wie ein Tischtennisball aussieht. Wie unter diesen Umständen
nicht anders zu erwarten, bekennt sich Meyer selbst offen
dazu, ein Antikommunist mit Vorliebe für dumme Frauen und
Geld, sprich, ein richtiges Arschloch zu sein.

In gewisser Weise sind Meyers Frauen wirklich toll; alles an
ihnen ist super, sogar ihre Namen wie Superangelica, Super-
lorna und natürlich Supervixen. Sie müssen sich nicht als
devote Fußabtreter für sadistische Männerspiele erniedrigen,
sondern überfallen mit wilder Gier vergleichsweise jämmer-
liche Vertreter des doch nicht so starken Geschlechts. Natürlich
muß die feministische Filmanalyse so etwas als erniedrigende

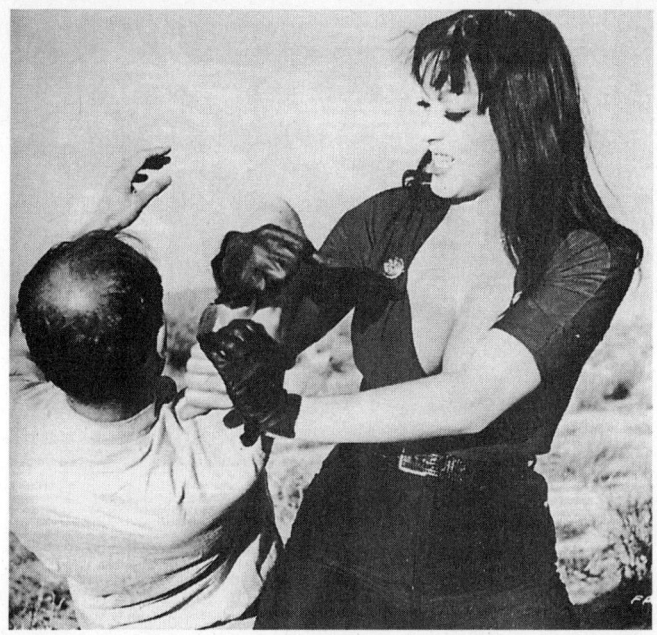

Tura Satana in »Faster Pussycat, Kill! Kill!«

Reduzierung der Frau auf ihren Körper verurteilen. Dennoch sind die filmischen Ergüsse von Russ Meyer so drastisch, so parodistisch überzogen, daß sie sich selbst ad absurdum führen.

Während mit den »Supervixens« eine lange Reihe von Neuauflagen des immer gleichen Schemas beginnt, die sich anzusehen nach dem zweiten eigentlich nicht mehr lohnt, hat ein Film wie »Faster, Pussycat, Kill! Kill!« seinen Platz in der Reihe filmhistorisch bedeutender Werke verdient. Das gewalttätige Melodram über drei bisexuelle, psychotische Go-Go-Girls namens Varla, Billie und Rosie ist nicht umsonst auch der erklärte Lieblingsfilm von John Waters. Der Film dreht sich erwartungsgemäß um Sex, Mord und Geld; bedauerlicherweise endet er mit dem Tod der sadistischen, gefährlichen Superfrau Varla (Tura Satana), die von einem langweiligen Durchschnittsamerikaner in einem Karate-Zweikampf mitten in der Wüste besiegt wird. Das ist wirklich schade, war aber letztlich auch bei einem Russ-Meyer-Porno nicht anders zu erwarten.

Während sich viele junge Menschen dem Genuß solcher Filmkunstwerke lange Zeit nur mittels verschämter, heimlicher Besuche in entsprechenden Lichtspielhäusern hingeben konnten, sind die genauen Kenntnisse von Russ-Meyer-Filmen inzwischen auf jeder Szenepartie für ein statusträchtiges Gesprächsthema gut. Heute sind seine Werke nicht mehr nur in Bahnhofskinos, sondern auch im Museum of Modern Art zu sehen.

Ein besonders spaßiges Hobby für Frauen ist es übrigens, Russ-Meyer-Filme in der Videoabteilung ab 18 Jahren auszuleihen und die sich zwischen den Regalen herumtreibenden Jungs durch eingehende Kommentierung verschiedener Porno-Coverfotos ein bißchen in Verlegenheit zu bringen.

Mondo-Filme

Der Mondo-Film als ungewöhnliche Form des Lehr- und Dokumentarfilms war in den USA der sechziger Jahre ein Kassenschlager und wird inzwischen als Rarität von Fans des schlechten Geschmacks geschätzt. Dabei handelt es sich um eine seltsame Mischung von Aufklärung und Sensationsbefriedigung. Der 1963 gedrehte Film »Mondo Cane« gab dem Genre den Namen und brachte all das auf die Leinwand, was unglaublich, skurril, ekelerregend und fremdartig war. Insekten als Körperschmuck, alle Varianten der extremen Tierquälerei, vom Stierkampf über das Gänsemästen bis hin zum Küken als Geburtstagsgeschenk, die bemalt und in niedlichen Plastikeiern verschickt wurden (der Zustand der Küken bei Ankunft des Päckchens war allerdings nicht immer als niedlich zu bezeichnen). Auch religiöse Riten und bizarre Bräuche hatten ihren festen Platz im Mondo-Film. Besonders beliebt waren dabei indigene Völker in Afrika oder Asien, aber auch Italien konnte hier einen wichtigen Beitrag leisten. Dort wird (bzw. wurde) angeblich in einem kleinen Dorf ein Freßfest veranstaltet, bei dem die Männer mit ihren Köpfen eine Garagentür durchbrechen, hinter der das Festmahl auf die rasende Menge wartet. Auch Pilgerbräuche haben ihren festen Platz. Ein herausragendes Beispiel sind Gläubige, die die rauhen Stufen einer Kirchentreppe mit ihren Zungen putzen (wobei für die hygienebegeisterten Amerikaner unverständlich bleibt, daß die Verteilung von Blut und Speichel auf dem Stein als Reinigungsprozeß verstanden werden kann).

Die zahllosen Mondo-Filme, die der Erfolg von »Mondo Cane« nach sich zog – Mondo Macabro, Mondo Nudo, Mondo Pazzo, Mondo Oscentia usw. – orientierten sich allesamt am Strickmuster des Ekelhaften und Skurrilen. Allerdings waren immer mehr Szenen ganz offensichtlich gestellt und erfunden. Das tat der Begeisterung des Publikums jedoch keinen Abbruch. Ihnen war egal, ob die Gorillamädchen echt oder der Dschungel in Wirklichkeit ein amerikanischer Zoo war, denn sie wollten nicht dokumentarisch informiert werden, sondern sich an nackten Frauen beim Ritualmord delektieren.

Museum Of Bad Art (MOBA)

Das Museum Of Bad Art wurde 1994 in Kansas City, Missouri, eröffnet, weil sich ein kleiner Kreis von Kunstbegeisterten dem Charme schlechter Kunstwerke nicht entziehen konnte. Das erste und berühmteste Stück der Sammlung, »Lucy in the Field with Flowers«, vereint alle Qualitäten in sich, die in der Folgezeit die Auswahl der Kunstwerke bestimmten. Denn nicht alles, was schlecht ist, ist dadurch schon schlechte Kunst; vielmehr sind die Kriterien letztlich ebenso streng wie bei der sogenannten »fine art«: Künstlerische Intention, mangelhafte perspektivische Anlage des Werks, schräge Farbzusammenstellungen, ein unübliches Sujet und ein vollkommen unpassender Rahmen sind Voraussetzungen für die Aufnahme in die Sammlung. Auch die Größe des Werkes ist nicht unwesentlich für seine Qualität als schlechte Kunst. Der Kurator der

Sammlung räumt ein: »I must confess that bigger is better.« Zudem ist die Leidenschaft der Künstlerinnen und Künstler, die sich in ihren Schöpfungen vermittelt, von besonderer Bedeutung. Häufig finden sich auf den Bildern sogar einfache Texte, damit den Betrachtern das Anliegen keinesfalls entgehen kann.

Das Museum of Bad Art erfreut sich seit seiner Eröffnung großer Beliebtheit; sowohl die Reaktionen der Medien als auch die Zuschauerzahlen belegen, daß diese Einrichtung längst überfällig war. Um möglichst viele schlechte Kunstwerke vor der Vernichtung zu retten, aber auch um die Glanzlichter der Sammlung weltweit zugänglich zu machen, hat das Museum sogar eine Homepage im Internet eingerichtet: http://www.glyphs.com/moba/. Im Gegensatz zu der Haltung, die in vielen Kitschmuseen vorherrscht, distanzieren sich die Mitarbeiter des MOBA keinesfalls von ihrer Faszination für die tiefen Emotionen, die die gesammelten Bildwerke geprägt haben. Vielmehr verkünden sie durch und durch ernsthaft den hohen kulturellen Wert der gesammelten Stücke: Art too bad to be ignored.

Orange

Für die siebziger Jahre war die grelle Farbe Orange eine Entdeckung. Ob Polstermöbel, Vorhänge oder Plastikgeschirr, was neu und modisch war, mußte diese Farbe haben. Vor allem in Kombination mit braun und weiß entwickelte sich orange zum Ausdruck einer Zeit. In den durchgestylten Achtzigern war die Farbe schnell wieder von der Bildfläche verschwunden. Nun dominierten gedeckte Töne und dezente Farbgebungen; alles Grelle und Bunte kam in die Mottenkiste. Dies waren die idealen Voraussetzungen für die Farbe Orange, im Zuge des guten schlechten Geschmacks aufs Neue zur Modefarbe zu werden. Der Farbton der Verpackung inspirierte eine Band zu ihrem Namen »Creme 21«, und für Schmuck und Kleidung ist Orange unübertroffen scheußlich-schön.

Wie die meisten anderen Modeaccessoires des guten schlechten Geschmacks strahlen auch orangefarbene Jakken, Hemden und T-Shirts den Charme sozialromantischer Ärmlichkeit aus. Während Dunkelhaarige in dieser Farbe noch einigermaßen gut aussehen, verleiht sie blaßhäutigen Technofreaks zudem ein ansprechend ungesundes Äußeres. Wie auch die Modefarbe Grün überschwemmt Orange inzwischen wieder alle Kleiderboutiquen; aus der selten gewordenen Farbe (besonders beneidet werden Besitzerinnen einer orangefarbenen Polyacryl-Trainingsjacke) ist wieder ein Allerweltsoutfit geworden. Wirklich schade ist jedoch, daß die orange lackierten Autos aus den Siebzigern inzwischen zum Großteil das Zeitliche gesegnet haben. Es bleibt abzuwarten, ob auch hier ein Revival ansteht.

*P*hettberg, Hermes

Der österreichische Talkmaster, der seinen Künstler-Nachnamen analog zu seinem Körperumfang wählte, war als kuriose Eintagsfliege geplant. Er wurde aus einem Leben als depressiver, arbeitsunfähiger Sachbearbeiter bei der Wiener Stadtverwaltung als Zwischengag ins Theater und Fernsehen geholt und avancierte völlig unerwartet zum absoluten Publikumsliebling. Hermes Phettberg hält, was sein Name verspricht. Die Grazie, mit der er sich unter seiner wallenden Lokkenmähne präsentiert, steht der des Götterboten um nichts nach, und sein Körpergewicht läßt keine andere Assoziation zu als die eines Gebirges aus Fett. Phettbergs durch einen Schlaganfall schiefes Gesicht vereint einen gelangweilt-zynischen Ausdruck mit wienerischem Charme. Er ist das Antibild zum herrschenden Ideal, ist empfindlich und unberechenbar.

Der Erfolg von Phettbergs »Nette Leit Show« beruht darauf, daß er seine Gäste nie völlig bloßstellt, sie jedoch durch seine geschickte Gesprächsführung dazu bringt, sich selbst zu diskreditieren. Phettbergs vielleicht größte Stärke liegt in der höchst manierlichen, intelligenten und unterhaltsamen Art, sich seinem Gegenüber bezüglich seiner Körperfunktionen (Schweißfüße, Angstzustände, Zahnersatz) mitzuteilen; ein unvergeßlicher Klassiker ist hier sein Talk mit dem Zahnarzt seines Entdeckers. Zu trinken gibt es das Schlechteste sprich Uncoolste, was man sich vorstellen kann: Frucade oder Eierlikör, Getränke für Kinder und alte Damen.

In gewisser Weise ist es zu bedauern, daß die Ausstrahlung von Authentizität, die das Publikum fasziniert, tatsächlich nicht künstlich ist; wenn Phettberg nicht auf der Bühne steht, hockt er in seiner mit Büchern vollgestopften Wohnung, frißt, verschmuddelt völlig, und niemand weiß, wie oft es noch möglich sein wird, ihn aus den Niederungen der Selbstzerstörung ins Scheinwerferlicht zu zerren.

Pierre et Gilles

> »Kitsch, dieses Wort mag ich überhaupt nicht.«
>
> (Pierre)

> »Wir machen einfach Bilder, und die Leute sollen sie sich angucken wie Bilder.«
>
> (Gilles)

Die Welt von Pierre und Gilles ist wunderschön. Sie besteht aus makellosen jungen Männern (und hin und wieder auch einigen Mädchen), die niemals von Hautunreinheiten oder gar von frühen Fältchen verunstaltet sind. Alle Fotografien sind im Atelier gestellt; dort wird die Szenerie liebevoll mit Blümchen, Kühen und Gartenzwergen oder den Tierlein des Waldes geschmückt. Die beiden Künstler, von denen außer ihren Vornamen nichts bekannt ist, außer daß sie sich auf der Party des japanischen Modeschöpfers Kenzo kennenlernten, verbringen am liebsten den ganzen Tag mit ihren Modellen (»Wir lieben alle unsere Models.«) Dabei entwickeln sie gemeinsam Bildaufbau, Posen und Kostümierung. Die Fotografien, für die Pierre verantwortlich ist, werden anschließend von Gilles überarbeitet, geglättet und mit viel Glanz und Glitzer versehen. Es sind schöne Pariser Strichjungs in lasziver Unschuld und mit geöffnetem Hosenknopf zu sehen, Nina Hagen und Frank Chevalier geben zusammen mit ihrem Kind die Heilige Familie ab, oder Kylie Minogue präsentiert sich auf einem Karussellpferd.

Aus der Ästhetik von Ikonen, Heiligenbildern der christlichen und wahlweise aller möglicher anderer Religionen sowie den kitschigen Massendrucken des 19. Jahrhunderts stellen sie das Repertoire ihrer heilen Welt voller »Optimismus, Einfühlungsvermögen und Spiritualität« zusammen. In dieser Welt gibt es auch einen Sowjetsoldaten mit Glasperlentränen auf den glatten Wangen, dessen Knabengesicht von einem üppigen Kranz roter Rosen umgeben ist. Ein anderes Bild zeigt einen schwulen KZ-Häftling, und auch hier bestehen die beiden darauf, es sei einfach schön und genauso wichtig wie eine Ice-Lady im roten Plastikkleid.

In ihrer Haltung zur eigenen Arbeit präsentieren sich Pierre et Gilles so aalglatt und oberflächenbehandelt wie ihre Bilder. Alle Versuche, sie zu einer interpretierenden Stellungnahme zu bewegen, scheitern an ihrer konsequenten Verweigerung. Auch der Einwand, daß ihre Werke für Bucheinbände und Plattencover genauso eingesetzt werden wie als Einzelstücke in Ausstellungen, kann die beiden nicht beeindrucken, denn »es macht einfach Spaß, daß Kunst auch verkauft werden kann«. Ihr Programm ist die süßliche Ästhetisierung von Liebe, Herz und Schmerz, und zwar ohne Rücksicht auf Konventionen und politisch korrekte Geschmacksgrenzen.

Die Arbeiten von Pierre et Gilles sind absolut camp, sie frönen der Lust am Trivialen mit radikaler Konsequenz. Daß gerade auch ihre Ästhetisierung des Schreckens letztlich funktioniert, zeigt sich an der Tatsache, daß nicht das KZ-Bild öffentliche Empörung auslöste, sondern ein Ausstellungsplakat mit dem »Petit Jardinier«. Hier geht es nicht um Politik oder Gewalt im Glitzerlook, sondern es ist inmitten von Blumen ein Knabe zu sehen, der seinen verführerischen Blick direkt in die Kamera richtet – und dabei in kräftigem Strahl seine Blase erleichtert.

*P*lastik: Blumen, Obst, Nahrungsmittel

Ein schlechtes Restaurant läßt sich auf den ersten Blick am Tischschmuck erkennen: In teuren wie gutbürgerlichen Gaststätten und Hotels wird großer Wert auf ein Gesteck aus frischen Blumen gelegt. In billigen Klitschen hingegen soll angestaubtes Plastikgewächs das Auge der Gäste täuschen und gepflegte Atmosphäre vorspiegeln. Inzwischen sind Plastikpflanzen auch in jedem Supermarkt für zu Hause zu haben. Sie welken nie, sehen nach dem Urlaub genauso knakkig frisch aus wie zuvor und entlarven keine Hausfrau als schlechte Gärtnerin – solange man nicht näher hinsieht.

Unterzieht man diese Gebilde dennoch einer näheren Betrachtung, sind sie interessanter als ihre natürlichen Vorbilder. Kleine Noppen und Nähte machen den Produktionsprozeß sichtbar, die richtige oder auch etwas übertriebene Tönung wird durch abwechslungsreiche Farbschlieren hervorgerufen, die kleinen Blüten sind aufgesteckt, und wenn man ungehörigerweise mit dem Tischschmuck spielt, läßt sich, sobald der Kellner naht, alles schnell wieder in Ordnung bringen (was bei echtem Grünzeug wenig erfolgversprechend wäre).

Die Freude am Imitat entsteht aber auch aus dem Auseinanderklaffen von Intention und Wirkung. Denn anstatt unaufdringlich zu einer angenehmen Stimmung beizutragen, wirken die Plastikgebilde so demonstrativ künstlich, daß sie einfach auffallen müssen. So hat sich der Plastik-Tischschmuck auch als Accessoire in zahlreiche Privathaushalte eingeschlichen, in denen das perfekt durchgestylte Wohndesign durch einen kleinen, ironischen Akzent etwas aufgelockert werden soll.

Eine ähnliche Entwicklung zeigt sich bei Plastikobst oder anderen Imitationen von Eßwaren. Ursprünglich waren sie für die gewerbliche Nutzung bestimmt, wo sie im Schaufenster immerwährend knackige Frische simulieren sollten. Während Minihamburger und kleine Bananen als Magnethalter am Kühlschrank zumeist nur peinlich wirken, kann dekorativ arrangiertes Kunststoffobst in der richtigen Umgebung durchaus das Tüpfelchen auf dem i darstellen, das Wohnungsbesitzer als Kenner des guten schlechten Geschmacks ausweist.

*P*rollparties

Der Sinn von Parties ist es unter anderem, sich zu amüsieren. Diese Fähigkeit ist jedoch vielen Partygästen abhanden gekommen, seit sie sich nur noch darum bemühen, bei wichtigen Gelegenheiten anwesend zu sein und sich mit den richtigen Leuten sehen zu lassen. Um dem etwas entgegenzusetzen, wurde die Prollparty erfunden. Hier geht es gerade darum, sich schlecht und ungehobelt zu benehmen, denn so stellen sich diejenigen, die solche Feste schätzen, den gemeinen Proletarier vor. Sie trinken billiges Bier, tragen schlechte Klamotten, rülpsen und reißen Blondinenwitze. Bevorzugte Musik sind die »Fabulösen Thekenschlampen« oder auch »Die Doofen«. Die meisten Prollparties sind allerdings ein völliger Flop. Denn die Besucher fühlen sich zumeist als Zuschauer, um einmal etwas ganz Exotisches zu erleben; da sich die Gäste dieses Erlebnis aber selbst schaffen müssen, kommt keine richtige Stimmung auf.

Etwas erfolgversprechender erscheint der Versuch, sich dauerhaft in billige Kneipen einzuschleusen, die Dekoration sowie den Anblick der Gäste zu genießen, bis man irgendwann selbst in den Genuß kommt, als richtiger Stammgast behandelt zu werden und das Bier ohne vorherige Bestellung hingeknallt zu bekommen. Letztlich erweisen sich die ursprünglichen Stammgäste jedoch als erstaunlich szeneresistent. Früher oder später weichen sie dem Druck, suchen sich ein neues Plätzchen und überlassen den Designern, Studenten und Jungmanagerinnen das Terrain, bis die Luft vielleicht irgendwann wieder rein ist.

*P*ullunder

Brave Jungs mit Seitenscheitel tragen ihn über dem Hemd, ordentliche Mädchen zusammen mit der Bluse. In Ländern, in denen es Schuluniformen gibt, ist er ein fester Bestandteil der Ausstattung, und im Handarbeitsunterricht mußten die meisten Mädchen einen stricken, und zwar in den häßlichen Farben, die die treusorgende Mutter für sie ausgesucht hat: Die Rede ist vom Pullunder, dem unpraktischsten Kleidungsstück, das je erfunden wurde. Wenn es kalt ist, friert man an den Armen, und bei Hitze schwitzt man jämmerlich und muß sich für die dunklen Flecken unter den Achselhöhlen schämen. Der Pullunder ist, wie der Name sagt, ein Kleidungsstück zum Drunterziehen, und tut man es, ist der Anblick an Spießigkeit nicht zu überbieten. Kein Wunder, daß viele Eltern ihren Schützlingen das besagte Kleidungsstück aufdrängen und sich davon eine domestizierende Wirkung erhoffen. Sobald diese in dem Alter sind, in dem sie über ihre Kleidung selbst entscheiden können, werden die Pullunder umgehend aus dem Kleiderschrank auf den Dachboden oder in den Keller verbannt.

Doch wer glaubt, daß von dort der Weg in den Altkleidersack vorgezeichnet ist, irrt sich. Die emotionale Bindung an das verhaßte Stück ist so stark, daß viele junge Menschen nicht davon lassen können. Allerdings sieht die neue Nutzung etwas anders aus: Im Laufe der Jahre wurden die Kinder größer und ihre Sachen von früher haben nun die richtige Paßform: Direkt auf der Haut getragen umspannt der alte Polyacrylpullunder den Oberkörper und läßt ein Stückchen Bauch, vielleicht sogar einen gepiercten Nabel sehen. Vor allem für Mädchen erweist sich dieses originär männliche Kleidungsstück dann als echter Modegag. Blau- und Brauntöne, eingestrickte Streifen am V-Ausschnitt und ausgeleierte Bündchen vervollständigen das Bild und machen den Discobesuch zum glamourösen Auftritt. Die bedauernswerten Geschöpfe, denen ihre Eltern die Kindheit nicht mit einem Pullunder sauer gemacht haben, müssen aber auch nicht auf ihn verzichten: In Second-hand-Shops und Szene-Klamottenläden liegen die Dinger zu Dutzenden in der Auslage und sehen auch dann schon alt aus, wenn sie direkt aus der Fabrik kommen.

Queen

Obwohl der Leadsänger von Queen, Freddie Mercury, sich erst kurz vor seinem Aidstod offen zur Bisexualität bekannte, waren Musik und Bühnenshow der Gruppe bereits in den siebziger Jahren camp. Schon der Name ist vieldeutig: zum einen bezieht sich die britische Band mit ihrem selbsterfundenen, vom Schriftzug »God save the Queen« umrankten Wappen direkt auf das britische Staatsoberhaupt. Sie liebten es auch, auf ihren Konzerten die Nationalhymne anzustimmen. Zum anderen ist Queen ein gängiger Ausdruck für Transvestiten; ein Bezug, der sich in der Selbstdarstellung Freddie Mercurys schon früh andeutet. Glamouröse, selbstverliebte Verkleidungen waren sein Markenzeichen und unterstrichen die Leidenschaft, mit der er seine pompösen Kompositionen in Szene setzte. Die Liebe zum Trash bewies Queen auch mit dem Soundtrack für die Neuverfilmung von »Flash Gordon«. Das Remake des 30er-Jahre-Science-Fiction-Films unterscheidet sich vom Original letztlich nur dadurch, daß es in Farbe gedreht wurde; ansonsten ist es ebenso trashig-platt wie die Erstfassung.

In späteren Videos wird die Band zunehmend experimentierfreudiger. In »I want to break free« interpretieren sie ihren Titel als die Sehnsucht englischer Hausfrauen und präsentieren sich als spießig-schrille Staubsaugerheldinnen im pastellfarbenen Ambiente des Eigenheims. Freddie als schnauzbärtiger Hausdrachen in rosa Pullover wird mit der Zeit zu einem Markenzeichen, das auch in zahlreichen anderen Videos auftaucht. In seinen Soloproduktionen fährt Freddie Mercury dann alles auf, was sich an Glamour-Kitsch finden läßt. Begleitet von als nuttige Background-Tussis verkleideten Sängern posiert Mercury in Federboa auf der Musical-Treppe, die ins Unendliche führt und umgibt sich mit sich selbst: hundertfach vervielfältigt aus Pappe.

Für coole Rockfans war das Hörvergnügen, das die rauschenden Chorsätze der Band bereiten, schwer einzugestehen; Queen kam nie in den Genuß, als abwegige Kultband gefeiert zu werden, sondern ordnete sich nahtlos in den Mainstream ein. Doch lärmige Bürgerschreck-Bands wie die Melvins wissen den Pomprock durchaus zu schätzen. Der Kopf der Gruppe, Buzz Osbourne, gesteht es offen: »In der letzten Zeit habe ich viel Queen gehört. Mich inspiriert diese Musik dazu, sie zu verformen, in etwas anderes zu verwandeln, die interessanten Elemente daran weiterzuentwickeln.«

$\mathcal{R}$aab, Stefan

Stefan Raab ist einer der Pioniere des schlechten Geschmacks. Sein Studio ist vollgestopft von bunten Scheußlichkeiten; als Krönung des Ganzen hat er eine durchsichtige Klospülung installiert, in der kopfüber eine Barbiepuppe schwimmt. Jede Ankündigung eines Videos oder einer seiner gefürchteten Kurzreportagen leitet er mit einem kräftigen Ruck an der Spülung ein. In seine Sendungen »Vivasion« und »Ma'Kuck'n« auf dem Musikkanal VIVA lädt er mit Vorliebe Gäste aus der Schlagerszene ein. Während er am Schreibtisch sitzt, müssen sie auf quietschbunten Plastikkrokodilen, -walen und -hamburgern eines ausrangierten Kinderkarussells Platz und sich von Raab auseinandernehmen lassen. Lieblingsgast ist Dieter Bohlen (»Komm, Dieter, schmeiß dich von der Sonnenbank!«). Raab verliest mit Leidenschaft peinliche Schlagzeilen über das Privatleben seiner Gäste (Dieter Bohlens Unfall beim Sex, Karel Gotts Wunsch, mit unzähligen Frauen das Bett zu teilen), macht ihre Platten lächerlich und singt mit ihnen zusammen aus vollem Halse ihre Lieder, wobei er eine winzige Spielzeuggitarre schlägt.

Seine Besucher aus der Welt der Volks- und Schlagermusik wie beispielsweise Gotthilf Fischer, Matthias Reim, Heino, Wolfgang Petry kombiniert er besonders gern mit schrillen Gästen: Lilo Wanders (rückt sich während der Sendung demonstrativ ihre falschen Titten zurecht), Nina Hagen (klebt sich während der Sendung demonstrativ ihre falschen Wimpern ans Kinn) oder Guildo Horn (tut demonstrativ überhaupt nichts).

Auch Gruppen aus dem Bereich der Mainstream-Popmusik sind vor geschmacklosen Attentaten nicht gefeit. Sie müssen ihre Stücke live singen, und zwar zur Musik einer berückenden Band, in welcher alte Hasen der Studiomusik die präsentierten Songs in einen lockeren Easy-Listening-Sound verwandeln. Es ist unvermeidlich, daß die Interpreten ohne die technische Glättung ihres Gesangs ziemlich amateurhaft wirken. Einer der Höhepunkte der Geschmacklosigkeit ist es, wenn Karel Gott zusammen mit den Bates und dem gesamten Studiopublikum (Liedtexte werden ausgeteilt) die »Biene Maja« singt.

Raabs Exkursionen in die Innenstädte sind ebenfalls berüchtigt: Mit Vorliebe bringt er harmlose PassantInnen in Verlegenheit. Wenn er seine Opfer nach der Bedeutung selbsterfundener Sprichwörter fragt (»Was bedeutet ›Wie man in den Wald geht, so kommt man heraus‹?«), und diese sich alle Mühe geben, wie bei der mündlichen Prüfung in der Schule gut abzuschneiden, ist das nicht besonders nett, aber sehr lustig: »Jetzt ist es erlaubt, 30 Gramm Schaschlik mit sich herumzutragen. Halten Sie Schaschlik für eine Einstiegsdroge? Da greift man ja bald zu Ćevapčići und anderen härteren Drogen.«

Ebenso arrogant wie spaßig sind seine Einsätze bei öffentlichen Veranstaltungen. Die Wahl des Gesichts 95 wird bei ihm zur »Gicht 95«. Dort schmuggelt er sich in Jeansjacke und Flickenhose auf die Bühne, wirft die Designerklamotten ins Publikum und behauptet, die älteren Herrschaften hätten ihn voller Empörung mit Stützstrümpfen beworfen. Anläßlich der Verleihung der Goldenen Stimmgabel befragt er die Gäste nach ihrem Interesse an der Verleihung der Goldenen Mistgabel: »Haben Sie einen Bauernhof zu Hause? Wer ist ihr Lieblingssänger? Harald Gott?« Während die Zumutungen an ahnungslose Gäste eher Mitleid als Vergnügen hervorrufen, ist Raabs Gespräch mit dem Stimmgabel-Moderator Dieter Thomas Heck eine reine Freude. Einziges Thema ist die genaueste Beschreibung von Hecks feuchter Aussprache und ihren Auswirkungen auf Raabs Gesicht.

Ein Meilenstein in der Geschichte der Geschmacklosigkeiten ist Stefan Raabs Expedition ins Tierreich, zum Gehege der Kelly Family. Das Hausboot der singenden Großfamilie liegt passenderweise in der Nähe des Kölner Zoos, wobei Raab die olfaktorische Belastung durch eine Wäscheklammer auf der Nase bekämpft und jeden Müllhaufen als Indiz für die Annäherung an das Reservat der Kellys nimmt.

Der gelernte Metzger und Fast-Jurist hat seine Popularität nicht nur dem Haß aller Kelly-Family-Fans zu verdanken, sondern vor allem der Tatsache, daß er seine blödsinnigen Späße mit Publikum wie Schlagerstars treibt und nichts ihn dazu bringen kann, aus der Rolle zu fallen. Wenn er beispielsweise sagt, es interessiere ihn nicht, was Dieter Bohlen für Musik mache, sondern daß er ein »echt netter Mensch« sei, bleibt schließlich selbst hartgesottenen Raab-Fans das Lachen im Halse stecken.

Rhodan, Perry, der Erbe des Universums

Während die Star-Trek-Welten doch recht übersichtlich erscheinen, ist das Perry-Rhodan-Universum eine Geheimwissenschaft für Eingeweihte. Hier muß man nicht einfach nur dazu in der Lage sein, Klingonen und Vulkanier auseinanderzuhalten, sondern ein unüberschaubares Durcheinander von Mocksgergern, Zentrifaalen, Galornen, dazwischen ein Tasch-Ter-Man oder einige Kroogh und Haluter, wimmelt durch die Galaxien. Um die Rhodan-Lektüre über viele Jahre und Heftchen hinweg spannend zu halten, gibt es zu allem Überfluß nicht nur eine Geschichte, sondern gleich eine ganze Reihe von Erzählsträngen, Hauptpersonen, Nebenpersonen und Schauplätzen.

Das deutsche Pendant zu den Trekkies nahm seinen Anfang in den Zeiten des Kalten Krieges; die Mondlandung stand bevor, doch während die Astronauten, als sie dann tatsächlich oben waren, nur ein paar Steinbrocken fanden, stößt Astronaut Perry Rhodan auf die Arkoniden, eine den Menschen hochüberlegene Rasse. Sie machen ihn zum Erben des Universums, indem sie ihm alle Machtmittel in die Hand geben, um die Welt und später dann das gesamte Universum zu befrieden. Um das Altern des Helden zu verhindern, läßt ihm in einer späteren Folge ein gottähnliches Wesen einen Zellaktivator zukommen, der ihn unsterblich macht. So streift er rettend und helfend durch die Galaxien, versetzt sich mit Hilfe eines Transmitters (vergleiche hier: Beam me up, Scotty) an Lichtjahre entfernte Orte und besteht gemeinsam mit Mutanten (die können sogar Telekinese, Telepatie und Teleportation) endlose Abenteuer.

Perry Rhodan ist immer noch ein Held auf Papier; der Versuch, das Science-Fiction-Epos zu verfilmen, geriet zum Mißerfolg auf ganzer Linie. Und solange es keine Fernsehserie gibt, wird die Fangalaxie eine kleine Gemeinde von (fast ausschließlich männlichen) Experten bleiben. Sie sind richtige Technikfreaks, glauben an die wissenschaftliche Mission, anhand von Perry Rhodan die Zukunft zu erfinden, bemühen Physik und Chemie, um Erklärungsmodelle für die Romanphänomene zu ersinnen, schreiben Leserbriefe mit Anregungen für die Story und verbreiten Infos über Veranstaltungen, Fanzines und Clubs. Auch wenn die Käufer im Laden nebenan zumeist ältere Männer sind, gibt es offensichtlich Nachwuchs, so daß es möglicherweise nicht mehr lange dauert, bis Perry Rhodan auch in Trendsetter-Kreisen entdeckt wird. Erster Schritt zum Szeneruhm ist ein Stand auf der Popkomm '96 anläßlich des 35jährigen Bestehens der Rhodan-Geschichten. Zur Perry-Rhodan-Multimedia-CD-Rom und einer Ausstellung von Sammelgegenständen wird das berühmte eisgekühlte Erfrischungsgetränk Vurguzz gereicht. Somit bleibt abzuwarten, ob der Erbe des Universums auch die Welt der Jugendkultur (zurück)erobern wird.

*T*he Rocky Horror Picture Show

Die Geschichte von zwei spießigen Frischverlobten in den Fängen außerirdischer Sexmaniacs bezeichnet einen wichtigen Punkt in der Entwicklung hin zur zelebrierten Geschmacksverfehlung. Sie greift nahezu alle wichtigen Filmgenres von Horror über Science Fiction, Action, Krimi und Sexploitation bis hin zum belehrenden Aufklärungsfilm auf, um sie zu einem furiosen, genüßlichen Spektakel zu vermischen. Meat Loaf macht seinem Namen alle Ehre und wird zum Abendessen verspeist, Rocky ist dümmer und muskulöser als jeder Superheld, und das verklemmte Pärchen wird in unanständige Liebesspiele verstrickt. Ein moralischer Erzähler prangert die unmoralischen Machenschaften an, die in der Burg vor sich gehen und auch Dr. Scott schließlich dazu bringen, daß er schließlich selbst die Netzstrümpfe überzieht und den Timewarp im Rollstuhl mittanzt. Schließlich übernehmen die bisherigen Hausangestellten Riff Raff und Magenta das Ruder, und die schöne Zeit auf der Erde findet ein abruptes, unwiderrufliches Ende.

Die Rocky Horror Picture Show machte in Londoner Theatern schon Mitte der siebziger Jahre Furore und war als Film erst recht ein Dauerbrenner; es gibt nach wie vor Kinos, die zumindest in einem ihrer Säle oder überhaupt nur die Rocky Horror Picture Show zeigen und über viele Jahre hinweg ausgebucht waren. Das Publikum kommt als Frank N Furter, Brad, Janet oder Columbia verkleidet, bringt Unmengen an Requisiten mit ins Kino und führt das Stück parallel zur flimmernden Leinwand noch einmal auf. Bei der Hochzeit werfen alle Reiskörner, das Gewitter wird mit Schirmen und Wasserpistolen nachgespielt, Klopapierrollen ersetzen die Verbände, aus denen der Retorten-Rocky ausgewickelt wird, und dabei tanzen Mutige auf der Kinobühne. Das Publikum hat sich auch einen eigenen, die Vorgänge auf der Leinwand ergänzenden Text geschaffen. Brad wird mit »asshole« begrüßt, Janet mit »nice«

und wenn der Erzähler ins Bild kommt, schreien alle: »He's got no neck«, was zweifelsohne der Wahrheit entspricht.

Durch die schauspielerischen Leidenschaften, die die Rocky Horror Picture Show beim Publikum entfesselte, fanden Travestie-Verkleidungen und Science-Fiction-Kostüme den Weg von Bühne und Leinwand auf die Großstadtstraßen und leiteten eine Mode ein, die sich nicht mehr durch abgeklärte Coolness auszeichnete, sondern Rotlicht-Ambiente, Outer Space und Fantasy zum Vorbild nahm. Für manche mag die Rocky Horror Picture Show inzwischen ein Musical-Klassiker unter vielen sein, doch wahre Kenner träumen davon, daß das Rocky-Horror-Raumschiff eines Tages wieder auf unserem Planeten landet.

Roseanne

Es gibt viele amerikanische Familienserien, mit Papa, Mama und reizenden Kindern, in denen trotz tragischster Lebenskrisen wie z. B. Pubertätspickeln, Tränen über den entlaufenen Hund, dem verpatzten Abschlußball und der Angst vor dem Basketballturnier am Ende immer wieder Harmonie und eitel Sonnenschein herrschen. Auch die Serienfamilie Connor lebt im Eigenheim, ist weder geschieden noch mit unehelichen Kindern geschlagen und könnte eigentlich ein weiteres langweiliges Machwerk amerikanischer Familienideologie sein – wären da nicht einige Dinge ein bißchen anders. Denn die Mutter, Roseanne, ist dick. Sie ist laut. Und sie ist der Boß. Der Vater, Dan, entspricht auch nicht gerade den Yuppie-Idealmaßen, und die Kinder sind frech, unverschämt und durchtrieben. Dazu kommt dann noch Roseannes Schwester, die sich als ewig vom Leben Enttäuschte dauerhaft in der Familie eingenistet hat. Bleibt noch zu erwähnen, daß die Connors immer am Rande des Ruins stehen. Dan, der Mechaniker, ist mit seinen beruflichen Bemühungen relativ glücklos; er ist kein besonders durchtriebener Geschäftsmann, und so kann auch der Versuch, einen eigenen Motorradladen aufzumachen, nicht lange gutgehen. Roseanne fliegt in regelmäßigen Abständen aus einem Job oder sie kündigt, weil sie sich von niemandem etwas sagen läßt, dafür selbst um so mehr sagt und sich außerdem weigert, irgendetwas über das hinaus zu tun, was ihr Arbeitsvertrag vorschreibt.

Man könnte meinen, es handle sich hier um ein trauriges Häufchen von Verlierern, die höchstens noch als schlechtes Beispiel herhalten können. Weit gefehlt. Anstelle von Mitleid stellt sich beim Fernsehpublikum der pure Neid auf das lustige, in allem Chaos und gerade durch die Beleidigungen im Fünf-Minuten-Takt sehr liebevolle Leben der Connors ein. Roseanne ist so ungehobelt und lebensfroh wie keine andere Fernseh-mami. Außerdem geht sie auch mal mit ihren Freundinnen einen heben, ist ein Lästermaul und hält mit zwei- oder viel-mehr eindeutigen Anspielungen nicht hinter dem Berg.

Man kann sich darüber streiten, ob die Sozialromantik des besseren, authentischeren und letztlich glücklicheren Lebens der Underdogs wirklich subversiven Charakter hat oder nicht eher eine Idealisierung miserabler Lebensverhältnisse betreibt. Fakt bleibt jedoch, daß Roseanne (obwohl die Boulevard-Presse meldete, sie habe sich doch einer Schönheitsoperation plus Abmagerungskur unterzogen) Balsam auf die Wunden aller (Frauen) ist, die mit ihrem Aussehen, ihrem Körper und ihrem ganzen armseligen Leben zu kämpfen haben. Sie ist ein ›Boll-werk‹ gegen Schönheitsfanatismus und Perfektionswahn.

Scherzartikel

Scherzartikel galten immer als eine peinliche Angelegenheit. Zumeist waren sie überhaupt nicht komisch, sondern belieferten den tumben Hau-Ruck-Humor, der mit billigsten Schock-effekten Anlaß zur Schadenfreude gibt. Folglich öffnet sich hier ein weiteres unüberschaubares Terrain für Spezialisten des schlechten Geschmacks.

Mit der Liebe zum Trash wuchs die Faszination für Scherz-artikelläden, in denen der unglaublichste Ramsch die Regale füllt, von Plastikspinnen über Vampirzähne bis hin zu künstlichem Blut und Imitationen von Körperausscheidungen. Die gleiche Wirkung kann das Durchblättern eines Katalogs für Arztbedarf hervorrufen, in dem Skelette und Glasaugen angeboten werden. So ist es kein Wunder, daß Versandhäuser für solche Exponate des schlechten Geschmacks, die vor allem in den USA boomen, sich aus diesen beiden Branchen entwickelten. Der Besitzer von »Brainstorms«, der ursprünglich Medizinerbedarf vertrieb, kam auf die Idee, als einmal ein Augenarzt bei ihm anrief: »Ich dachte, der will jetzt alle möglichen Modelle, aber nein, er bestellte nur einen Augapfel-Schlüsselanhänger. Das hat mich alarmiert.« Geschmacklosigkeiten wie die Fortpflanzungsorgane als Plastikstickers oder Puddingschalen in Form von Händen, Gehirnen oder inneren Organen sind wirklich bad taste.

Allerdings ist in Europa der Markt für Designer-Körperteile noch relativ unterentwickelt. Zumeist beschränken sich die Anhänger von Trash und Schund auf Plastikskelette oder eine aufblasbare Gummipuppe von Beate Uhse. Möglicherweise ist das auch kein Fehler, denn gerade in diesem Sektor ist es schwierig, ein dezent-aufdringliches Arrangement zu schaffen. So bleibt der wirklich subtile schlechte Geschmack häufig auf der Strecke und muß einer platten Lachsack-Atmosphäre weichen.

Schlagerparties

Anfang der 90er Jahre erfreuten sich anachronistische Vergnügungsorte Münchens wie »Ullos Tanzpalast« plötzlich ungeahnten Zuspruchs; das altmodische Tanzcafé wurde zum absoluten Szenelokal der Münchner Yuppies. In der Folge brach eine wahre Flut von Schlagerveranstaltungen über die In-Szene herein; nicht nur in München, wo Dekadenz und deftig-lederhosige Heimattümelei ganz in Weiß-Blau schon immer eine unheimliche Liaison eingegangen sind, auch in Berlin und Hamburg laden Discos zu Schlagerabenden ein, im Münchner Nachtwerk findet sogar ein wöchentlicher

Schlagercocktail statt: Moderiert von Petra Perle, der singenden Hausfrau in Pink- und Rosatönen, und ihrem »lieben Freund« Rex Kildo darf dort jeder auftreten, der seine Schlagerinterpretationen für schnulzig genug hält, um ein wirklich anspruchsvolles Publikum zu begeistern.

Auch im kleineren Rahmen wird zu Roy-Black-Parties geladen, in Kneipen, die sich bisher der Independent-Music verschrieben hatten, schallen Michael Holm und Marianne Rosenberg aus den Lautsprechern. Während diese Events für Leute um die 30 mit konkreten – zumeist traumatischen – Jugenderinnerungen verbunden sind und dadurch ihren Reiz gewinnen, finden die Teenager Schlageroldies schlichtweg exotisch. In den siebziger Jahren gab es nur zwei streng voneinander getrennte Genres: die deutsche Schlagerschnulze, die in Dieter Thomas Hecks »Hitparade« zu Gehör gebracht wurden, und zumeist englischsprachige Popmusik, die in Ilja Richters »Disco« ihren Platz hatte. Im Laufe der Jahrzehnte haben sich die Musikmedien dann immer weiter ausdifferenziert. Mit dem Abstand zur volkstümelnden Musi schwand auch deren Bedrohung für das eigene Image, und einer lustvoll-ironischen Annäherung stand nichts mehr im Wege. Altmodischen Schlagerfeinden kommt jedoch nach wie vor das Grausen, wenn sie auf Punks treffen, die mit zunehmendem Alkoholspiegel ihre detaillierte Kenntnis von Schlagermelodien offenbaren und sogar die Texte auswendig nachsingen können. Hat Rex Gildo hiermit nicht doch gewonnen und sich in die Herzen der gesamten Nation gesungen?

Schlingensief, Christoph

>»Ich wäre total gern der Fehlermann der Nation.«

Christoph Schlingensief ist kein Amerikaner. Die Bemühungen des Theater- und Filmregisseurs, alle Tabus zu sprengen, erwachsen nicht aus einer hedonistischen Lust am Schlechten, sondern er arbeitet hart daran, ausnahmslos alle gesellschaftlich oder politisch tabuisierten Bereiche der Gesellschaft zu fleddern. Denn Ernsthaftigkeit ist wahres Deutschtum, und so kann er, will er seiner Nation treu bleiben, auch beim Provozieren nicht auf Pedanterie verzichten. In seinen Filmen wie »Terror 2000« oder »United Trash« wirft er zwar tapfer mit jeder Menge Blut, Hirn und Exkrementen um sich, doch ohne Botschaft kommt auch er nicht aus: Alles dreht sich um die pubertär-bemühte Verherrlichung von Frauen- (besonders Emanzen-) und Schwulenfeindlichkeit, von Rassismus, Antisemitismus oder um die Verarschung prominenter Linker und anderer Antipersönlichkeiten. »Asylanten« werden abgeschlachtet, die Heimleiterin redet von Treblinka, Türken wollen ficken und die Sozialarbeiterin ist ein Transvestit. Nichts wird dem Zufall überlassen, alles muß richtig politisch unkorrekt sein.

Schlingensiefs hoher Anspruch, der sein Recht auf einem Platz in der Reihe der Großen der Geschmacklosigkeit in Frage stellt, drückt sich schon im Ärger über schlechte Kritiken und in der Selbststilisierung als verfolgter Filmemacher aus. Als Verfechter der Selbstprovokation will er tatsächlich ernst genommen werden und jammert, daß Kritiker seine Stücke nicht bis zum Ende ansehen, bevor sie ihn zerreißen. Für diejenigen, die ihr Lebenswerk konsequent dem schlechten Geschmack verschrieben haben, stellt der Brechreiz bürgerlicher Kritiker eine der begehrtesten Auszeichnungen dar.

Für radikale Sinnlosigkeit bleibt bei Schlingensiefs unaufhörlichem Abarbeiten am Betroffenheitsballast der Linken kein Raum. Da hilft es auch nichts, daß er sich mit seiner Vergangenheit als Ministrant brüstet und so mit den großen Vorbildern der Geschmacklosigkeit gleichziehen will, von denen die meisten ebenfalls eine katholische Kindheit hinter sich gebracht haben. Wenn nicht ein Haufen Intellektueller tatsächlich geködert worden wäre und seine Filme empört bekämpfte, wer weiß, ob irgend jemand seinen Namen kennen würde. Und doch trifft er immer wieder ins Schwarze, zum Beispiel, wenn er ankündigt, den ultimativen und allerletzten Neuen Deutschen Film zu drehen, um so einem der traurigsten Kapitel der Filmgeschichte ein Ende zu machen.

Schmuck

Schmuck soll Frauen und inzwischen auch immer mehr Männer verschönern. Wichtiger als die Zierde ist jedoch seine zweite Funktion: Schmuck ist Prestige. Königinnen und Millionäre stellen ihren Reichtum mit glitzernden Diamanten, Gold- und Platinuhren, prächtigen Edelsteinen zur Schau. Aber auch der Zuhälter ist nichts ohne die Rolex und den mit einem hochkarätigen Stein geschmückten Ring.

Schon früh gab es mehr oder weniger überzeugende Versuche, diese Pracht zu imitieren und für vergleichsweise wenig Geld unter die Leute zu bringen. Den Anfang machte der Straß. Die Diamantimitation aus Bleiglas wurde bereits im 18. Jahrhundert von einem französischen Juwelier erfunden. Immerhin billiger als Brillanten, aber immer noch recht kostspielig schmückte er den Hals all derer, die zwar betucht, aber nicht reich waren. Im 19. Jahrhundert fand er dann als industriell gefertigtes Massenprodukt zunehmend Eingang in die Halbwelt. Die Perlenzucht wurde perfektioniert, um billige, aber deshalb auch schnell abgenutzte Ketten auf den Markt zu bringen, und zahlreiche Edelsteine lassen sich inzwischen synthetisch herstellen.

Bis heute sind die Schmuckabteilungen der Kaufhäuser voll von vergoldeten Nickellegierungen und wertlosen Plastik- und Glassteinen, mit denen mehr oder weniger vergeblich versucht wird, teure Goldschmiedeware vorzutäuschen. Daneben entstand seit den Fünfzigern jedoch eine neue Sorte von Modeschmuck. Plötzlich war es egal, daß man den Sachen die Herkunft aus der Plastikgießerei ansah. Riesige Ringe, dicke Perlenketten aus Plastik, schrille Farben und extravagante Formen, die nur noch sehr entfernt an die dezenten Geschmeide edler Juweliere erinnern, zierten die moderne Frau.

Dann kam die Phase des fein ziselierten Indienschmucks als preisgünstige Alternative zu den teuren Preziosen; das

Plastikgeprotze kam völlig aus der Mode – bis die neunziger
Jahre wieder eine neue Begeisterung für billige Riesenklunker
brachten. Zarte Geschmeide waren out; wenn schon Asien,
dann riesige Steine mit dicken Metallfassungen. Vor allem
Ohrschmuck und Ringe nahmen überdimensionierte Formen
an. Rosen oder das Technoblümchen Margerite auf der Ring-
fassung ließen keinen Zweifel zu: Plastik kann alles, Plastik ist
wunderschön, und Neon leuchtet heller als jeder Rubin.

Auf der Suche nach bislang unerforschten Schmuckregio-
nen wurde sogar das Haarspängchen ganz neu entdeckt.
Was früher den kleinen Mädchen vorbehalten war, tragen
nun auch die großen. Die Haarspange wird nicht mehr sorgsam unter einer Strähne versteckt, sondern – nach Möglichkeit mit kleinen aufgeklebten Motiven verziert – deutlich sichtbar ins Haar geklemmt und ist so zum Markenzeichen der
Girlie-Mode geworden.

Diese Entwicklung hat dazu geführt, daß auf einmal nicht
mehr nur die teuren Juweliere von Billigschmuck-Herstel-
lern imitiert werden. Vielmehr präsentieren die Auslagen der
Goldschmiede jetzt wertvolle Schmuckstücken, die alle aussehen wie aus der Kaufhausauslage. Die Oberfläche grob
geschmirgelt, dicke Metallstücke, riesige Steine kreieren eine
neue Form des Understatements: Das Teure soll möglichst billig aussehen, aber eben doch edler wirken als die ramschi-
gen Vorbilder. Die Frau trägt jetzt wieder dicke Klunker und
drückt gleichzeitig ihre lässige Haltung aus, wenn sie den
Versuch, dezente Eleganz zu verströmen, gar nicht mehr erst
unternimmt, so daß »diamonds« die längste Zeit »a girl's best
friend« waren.

*S*chnäppchenjagd

Das Erscheinen der Schnäppchenführer auf dem Büchermarkt
machte allen zugänglich, was in den letzten Jahren eine immer größere Zahl von Kaufgierigen als Geheimtip zelebrierte:
Fabrikverkäufe und Billigangebote. In der Schar der Konsum-

pilger finden sich allerdings nicht nur diejenigen, die edel gekleidet sein wollen, aber leider nichts dafür ausgeben können.
Gerade gutsituierte Intellektuelle und Angehörige des mittleren und oberen Managements haben den Fabrikverkauf
für sich entdeckt. Umgeben von zum Einschlafen langweiligen Designermöbeln vegetierten sie bislang, deprimiert von
so viel distinguierter Originalität, vor sich hin. Und auf einmal
ändert sich ihr ganzes Leben: Sie geben sich dem lustvollen
Gespräch über Geheimtips auf dem Schnäppchenmarkt hin.
Anstatt ihren Jagdtrieb durch Fernreisen und teure Hobbies
auszuleben, stürzen sie sich mit archaischer Lust in Ausver-
kaufshallen und Direktvertriebsbaracken. Während der An-
zugkauf bei BOSS in der schwäbischen Diaspora schon längst
zum guten Ton gehört, schrecken gerade auch Männer inzwischen nicht mehr davor zurück, sich durch den Kauf
von Porzellanservicen, kupfernen Kochtöpfen und luxuriösen
Handtüchern zum Sonderpreis in die Niederungen des Haus-
haltswarenfetischismus zu begeben. Während Fragen nach
dem Preis der erstandenen Statussymbole früher mit einem
überheblichen Lächeln übergangen wurden, geben sie nun
Anlaß zu begeisterten Auskünften. Dabei kann es vorkommen, daß Schnäppchenjäger aus allen Gesellschaftsschich-
ten so aus dem Häuschen geraten, daß sie als Beweis für ihre
erfolgreiche Eroberung von Billigware sogar den Kassenzet-
tel herumzeigen (den sie zu diesem Zweck immer im Geldbeutel dabeihaben).
    Ein vergleichbares Phänomen ist der Einkauf bei Lidl und
Aldi. Hier gibt es keinerlei innenarchitektonisches Design, das
die Bestimmung des Ortes verschleiert. Stapel von Waren-
kartons und eine Kasse (oder zwei, aber die zweite ist nie
besetzt) sagen: Du bist nur zum Kaufen hier. Während der Bezug von Aldi-Produkten in den Kreisen der sogenannten Bes-
serverdienenden lange Zeit schamvoll verschwiegen wurde,
gehört er zumindest bei Wein und Sekt heute zum guten
Ton. Gerade auch Universitätsprofessoren brüsten sich gerne
damit, Aldi-Wein zu servieren, und genießen es, die Etikette
maßvoll zu verletzen, indem sie ihre Kennerschaft der besten
Angebote bei Einladungen und zu halboffiziellen Anlässen zur

Schau stellen. Mit dem »Aldi-Dente-Kochbuch« ist inzwischen auch eine gedruckte Legitimation für Aldikunden auf dem Markt, wobei offenbleiben muß, ob hier kleinliche Sparsamkeit oder dekadente Lust am Billig-Supermarkt den Kochlöffel führen.

Schneider, Helge

> »Ich weiß, daß die Welt schlecht ist. Aber deshalb will ich sie noch lange nicht gut wollen. Ich will sie schlecht. Und das ist gut.«

Als Helge Schneider noch als »singende Herrentorte aus dem Ruhrgebiet« durch die kleineren Konzertsäle im Pott tingelte, war er der Zeit weit voraus: in einem zu kleinen Polyesteranzug, mit überdimensionierten Schlaghosen und Plateausohlen präsentierte er sich in dem Outfit, das damals als das schlechteste galt, was sich finden ließ (und inzwischen genau deshalb das beste ist).

Im Gegensatz zu allen anderen, die auf der Welle der Geschmacklosigkeiten mitreiten, arbeitet er sich nicht einfach an der Imitation von Schlagerbarden ab. Helge Schneider, der eigentlich ein begnadeter Jazzmusiker ist, hat einen ganz neuen Gesangsstil entwickelt, ein stotternd-holpriges, im Satzbau unsägliches Alltagssprechen. Seine zischend genuschelten Sätze kommen nie da hin, wo man es erwartet, wenn sie überhaupt zu Ende gebracht werden. Der schmächtige Kerl mit der Mimik eines schwachsinnigen Alkoholikers erinnert an verschrobene alte Männer, die irgendwo in einer Ruhrpott-Trinkhalle vor sich hinbrabbeln. Gleichzeitig sind seine verbalen Ergüsse aber so treffend und voller ebenso stimmiger wie widerlicher Wortschöpfungen, daß niemand aus dem Publikum Schneiders Beschwerden »so langweilig hier« nachvollziehen mag: Ein Satz wie »Mädchen bekommen Hauttaschen am Hals, die sich mit der Zeit mit Speck füllen« wirft ein neues Licht auf die Grauen von Pubertät und Altern, ebenso wie die bildlichen Beschreibungen der »Akne Stracciatella«.

Dazu gehört auch, daß Schneider nicht ewige Herz-Schmerz-Klischees wiederholt, sondern sich sehr abstruse, in ihrer Logik frappierende Sätze einfallen läßt. Vielleicht das Großartigste, was je zum Thema der menschlichen Balz gesagt wurde, verkündet er in »Es gibt Reis, Baby«: »Du hast so kleine Hände, da kommst du besser in die Ecken zu Putzen.« Und seine Art »Arsch« zu sagen, ist so unnachahmlich, daß sie erwachsene Intellektuelle in ihre Kindergartenzeit zurückversetzt, in der schon das Aussprechen eines solchen Wortes zu ekstatischer Begeisterung führen konnte – ganz zu schweigen vom »Katzeklo«. Dieses Werk inspirierte (und das ist nun wirklich peinlich) sogar zu einer »Wetten-daß«-Wette, welche dank der Mithilfe zahlreicher als Helge Schneider verkleideter Katzenfans, die sich samt Katze und Klo im Studio einfanden, schließlich auch gewonnen wurde.

Seine Geschichten sind beunruhigend, die Komik entsteht aus der Mischung von zerstreuter, liebenswerter Trotteligkeit, abstrusen Situationen und grausamen Phantasien, beispielsweise über Haustiere, Schuhabstreifer und das Format der ersteren infolge der Benutzung als letztere. Ebenso peinlich sind seine berühmten, minutenlangen Auslassungen darüber, wo in den Niederlanden, den Benelux-Ländern, in Belgien und sogar in Holland seine Stücke erfolgreich sind.

Wenn er auf der Bühne seinen »Auszubildenden« mit Kopfnüssen traktiert, einen »ehemaligen Sowjetbürger« aus der Republik »Krokant« zum Mikrohalter degradiert oder den angeblich 90 Jahre alten Peter Thoms am Schlagzeug demütigt, wird das Publikum von wohligem Abscheu geschüttelt.

Eigentlich wäre es schade drum, jetzt akribisch die gesellschaftskritischen Momente in Schneiders Werk herauszusezieren. Deshalb nur so viel: es gibt sie. Nur daß sie nicht, wie normalerweise im öden deutschen Kabarett, bis zur Kenntlichkeit entstellt, sondern voll Ernsthaftigkeit einfach vorgeführt werden.

Schneider, der mal behauptet, er habe kein Abitur, mal, er habe studiert, schreibt auch Bücher (»Zieh dich aus, du alte

Hippe«) und macht Filme (»Texas – Doc Snyder hält die Welt
in Atem« und »00 Schneider – Jagd auf Nihil Baxter«), die
manchmal zwischen Gag und Pointe ein bißchen durchhän-
gen und genau deshalb halten, was die Shows versprechen.

Helge Schneider in der »taz«: ein Lehrstück über den glorreichen Aufstieg der Liebe zum Schlechten Geschmack. Noch
1991 verausgabt sich ein Kritiker in einer abfälligen (aber
dennoch richtigen) Analyse: »Damit auch wirklich jeder lacht,
bleibt alles so schlecht wie einst bei Onkel Hubert, der bei
Familienfeiern immer dann, wenn er vollends blau war, auf
die Tische stieg und meinte, jetzt sei er Tom Jones. ... knapp
zwei Stunden ließ es sich wiehern ohne Reue.« 1992 wird er
frenetisch gefeiert, und Ende 1994 spricht dann nur noch der
Meister selbst – in einem begnadeten, mehrere Zeitungs-
spalten füllenden Interview.

Allerdings bleibt die Frage offen, was bei einem Helge-
Schneider-Abend dichter an die Schmerzgrenze heranreicht,
seine brillante Performance oder die entfesselte Begeisterung
eines Großteils des Publikums, das endlich auch mal »Sack«
sagen darf (bzw. wenigstens ohne falsches Schamgefühl dabei zuhört, wie es ein anderer sagt), bevor es wieder brav und
gemäßigt nach Hause geht.

Schulmädchen Report

Pädagogen jubilieren, daß die billigen Softsexfilmchen der
siebziger Jahre im Freitag- und Samstagnacht-Programm
der Privatsender nach ihrem ersten Revival nun wieder seltener gezeigt werden. Voyeure, doch nicht nur sie, finden das
jammerschade. Denn der »Schulmädchen Report« hat eine
Reihe von Fans gewonnen, die die lustigen Softpornos zum
Kult erklärten. Schon Titel wie »Was Eltern nicht mal ahnen«
oder »Was Eltern wirklich wissen sollten« sind eine Würdigung
wert. Sie verbrämen die Nackedeigeschichten allzu notdürftig als Beiträge zur sexuellen Aufklärung; schon darin liegt

eine unfreiwillige Komik. Und auch die Filme selbst kommen so trashig daher, daß sie schon wieder richtig überzeugend sind.

Alle »Reports« haben so etwas wie eine Handlung: Es gibt sehr junge Mädchen, die beim Trampen, mit dem Lehrer, kurz, immer dann, wenn sich ein zumeist reiferer bis überreifer Mann zeigt, zum nackigen Ringelpiez mit Anfassen übergehen. Hin und wieder paaren sie sich auch mit ebenso jungen Burschen; in diesem Fall tritt die ältere Generation als empörte Sittenwächterinstanz in Erscheinung, deren Bemühungen nie von Erfolg gekrönt sind. Dabei geht es selten mit leidenschaftlicher Ernsthaftigkeit zur Sache; in der Regel beschränkt sich das Geschehen darauf, zu kichern, nackt zu sein, Fangen zu spielen oder den geilen Bock ein bißchen zu ärgern. Erstaunlich oft ist auch Impotenz oder Lustlosigkeit des Mannes zumindest als Andeutung im Spiel; allen (zumindest den weiblichen) Sexfilmlaien muß die erotische Ausstrahlung solcher Zwischenfälle völlig schleierhaft bleiben. Zuweilen schleichen sich sogar emanzipatorische Ideen ein: Ein alter Lüstling wird so lange geärgert, bis er in seinem Autofenster feststeckt und in dieser erniedrigenden Stellung von der schulpflichtigen Verführerin alleingelassen wird, und im »Lehrlingsreport« geben die Lehrmädchen und ihre Freunde gemeinsam den triebhaften Meister der Lächerlichkeit preis.

Weder Kameraführung noch Hintergrundgestaltung stören den Verlauf durch Originalität und ausgefallene Ideen. Schauplätze sind mit Vorliebe der Wald, Autos (wobei die Modelle mit dem Charme der siebziger Jahre ihre Wirkung auf das Kultpublikum nicht verfehlen) oder kleinbürgerliche Wohnungen, deren Einrichtung mit großgemusterten Vorhängen und dazu passenden Buffets und Wandschränken schon das Einschalten wert ist.

Das Outfit der Mädchen ist topaktuell: Schlaghose, Makrameejäckchen, enganliegendes T-Shirt. Die nackten Körper jedoch stammen aus einer ganz anderen Zeit; sie sind niemals mit einer Fitnessmaschine in Berührung gekommen, und von der stählernen Glätte, die ein nackt abgefilmter Frauenkörper heutzutage aufweisen muß, ist noch keine Spur zu sehen.

Der völlige Mangel an Perfektion und die unbedarfte Darstellung einer Welt, in der Geschlechtskrankheiten unbekannt zu sein scheinen (und, was Aids betrifft, tatsächlich auch unbekannt sind), erreichen jedoch erst durch Gert Wildens musikalische Untermalung den Status des Trash. Seine Stücke sind den Dialogen und der Dramaturgie wahrhaft ebenbürtig. Sie sind absolut seicht und kommen trotzdem oder gerade deswegen sofort zur Sache.

*D*ie sechziger Jahre

Die sechziger Jahre rufen nur wenige Assoziationen hervor; das gesamte Jahrzehnt wird zumeist unter dem Begriff der 68er abgehandelt und mit Studentenrevolten, Außerparlamentarischer Opposition und sexueller Befreiung in Verbindung gebracht. Der Mythos Woodstock, die Blumenkinder und Bewußtseinserweiterung durch Marihuana, Haschisch und LSD bestimmen das Bild und stehen (bislang) noch so hoch im Kurs, daß sie nur wenig verwertbare Accessoires für die Kultivierung des schlechten Geschmacks herzugeben scheinen. Bis heute haben sich lange Haare, Jeans und T-Shirts als normales Alltagsoutfit gehalten. Dagegen sind die Indien-Klamotten aus weit geschnittenen Baumwollstoffen mit bunten Mustern völlig out; sie bleiben bislang den Leuten vorbehalten, die es sich in der wenig prestigeträchtigen Müsli-Ecke gemütlich gemacht haben und – zumindest in der Vorstellung der anderen – ihre Zeit mit Einkäufen im Bioladen, asiatisch angehauchter Esoterik und Selbsterfahrungsgruppen verbringen.

Eine Ausnahme bildet das Batik-T-Shirt. Dieses Kleidungsstück ist leicht selbst herzustellen und fristete jahrzehntelang in unzähligen Sommerlagern, Jugendfreizeiten und Waldheimen als Bastelangebot sein Dasein. Dadurch wurde es lange Zeit als Bestandteil der modischen Garderobe unbrauchbar und konnte infolgedessen einen sicheren Platz im Moderepertoire des guten schlechten Geschmacks erringen. Ähnlich

erging es dem Makramee- oder Häkeljäckchen, das ebenso-
lange in der Mottenkiste des Handarbeitsunterrichts vor sich
hingammelte und nun wieder voll im Trend liegt. Für beide gilt
jedoch: Sie müssen eng und kurz sein und dadurch den Anschein des abgelegten Kleidungsstücks erwecken.

Doch die sieben Jahre der Sechziger, die der antiautoritä-
ren Revolution vorausgingen, finden zu Unrecht nur wenig
Beachtung. Denn aus dieser Zeit stammen zahlreiche Mode-
artikel, die heute wieder en vogue sind – sei es die überdimensionierte Damen-Sonnenbrille, die ihrer Trägerin das
Aussehen eines kostbaren Insekts verleiht, seien es die schrei-
end bunten Farben und Muster, die das Minikleid zieren, oder
die ebenso bunten, eng geschnittenen Herrenhemden mit
ausladendem, spitz geschnittenem Kragen.

Für Kultfilme des schlechten Geschmacks sind die sechziger Jahre wohl das wichtigste Jahrzehnt. In den Sechzigern
entstanden neue Filmgenres wie der Sexploitation, Horror,
Mondo und viele andere. Zum Teil gelten sie erst heute als
großartige Schöpfungen des guten Schunds, teilweise gaben
sich aber schon in der Entstehungszeit zahlreiche Künstler wie
Zuschauer dem Vergnügen hin, die Welt durch Geschmacklosigkeit zu schockieren.

*D*ie siebziger Jahre

Auf das Aufbegehren von Rock'n'Roll und Flower Power folgte
in den siebziger Jahren die Discowelle. Selbstverständlich
war dies auch die große Zeit der Hardrocker; Black Sabbath
schockierten mit satanistischen Texten und okkulten Bühnen-
ritualen, Deep Purple wollten große Konzertwerke des Hard
Rock schreiben und ergingen sich dabei in endlos langen,
pathetischen Kompositionen. Rückblickend ist es aber vor allem die kommerzialisierte, glitzerglatte Musik von im Studio
kreierten Bands, die den Reiz dieses Jahrzehnts für den guten
schlechten Geschmack ausmacht. Schlaghosen und Polyesteranzüge ersetzen die betont nachlässige Bühnenkleidung, die

Liedtexte handeln zwar nach wie vor von der Liebe, aber nicht mehr als existentielle Erfahrung, sondern nach dem Motto »Yes, Sir, I can boogie« (Baccara) verläuft alles wieder in konventionelleren Bahnen.

Gleichzeitig wuchsen die Chancen von Jugendlichen, neue Gruppen und Songs kennenzulernen, erheblich. Immer mehr Haushalte hatten einen eigenen Fernseher, und die Sendungen »Hitparade« mit Dieter Thomas Heck und »Disco« mit Ilja Richter machten die Musik auch für die Teenager zugänglich, die nicht das Geld hatten, Schallplatten zu kaufen und Konzerte zu besuchen.

Die zunehmende Verbreitung von Discotheken und an diesem Vorbild orientierten Tanzveranstaltungen, die selbst in die kleinsten Dörfer Einzug fanden, machten die Musik der Siebziger zu einer wichtigen Teenagererfahrung der heutigen jungen Erwachsenen. Filme wie »Grease« und »Saturday Night Fever« nutzten die Form des Musicals für Disco-Tanzfilme und lösten damit Begeisterungsstürme aus. Allerdings hatte die Discomusik schon damals den Ruf, etwas für kleine Mädchen zu sein (was in dieser Gesellschaft soviel wie schlecht, langweilig, kindisch bedeutet) – dazu tanzen ja, sie feiern lieber nicht. So kommen in der Discomusik der siebziger Jahre die beiden Ingredienzen zusammen, die ein Camp-Cocktail und somit auch ein Revival im Dienste des guten schlechten Geschmacks braucht: Leidenschaftliche Gefühle und peinliche Darbietung.

Smokie

Die Gruppe Smokie ist eine von vielen Weichspül-Rockbands der siebziger Jahre. Als ungemein harmlose »Wild Wild Angels« gelang es ihnen, mit von Geigen untermalten akustischen Gitarren, manchmal leicht unreinem Satzgesang und der rauchigen Stimme des Leadsängers Chris Norman für alle Teenagerträume eine Projektionsfläche zu schaffen.

Ihre weitere Geschichte ist eigentlich nichts Besonderes;

wie unzählige andere Bands und Sänger hatten sie ihre große Zeit in der Disco-Ära und versuchen nun trotz angegrauter Flederwischhaare und Bauchansatz noch einmal ordentlich abzusahnen. Doch bei kaum einer anderen Gruppe ist der Wille zum Geld jenseits aller vorgeschobenen künstlerischen Ansprüche so ungeschminkt spürbar. Nachdem Chris Norman ausgestiegen war, fanden sie mit Alan Lesley Barton einen neuen Leadsänger, der genauso rauchig sang und sogar fast aussah wie das Original. Bedauerlicherweise kam er bei einem Autounfall ums Leben, so daß eine weitere Chris-Norman-Imitation gesucht und auch gefunden wurde.

Nachdem die Eintagsfliege »Gompy« das bekannteste Lied von Smokie, »Living Next Door To Alice«, gecovert und den Refrain durch die sinnige Zeile »Who the fuck is Alice« ergänzt hatte, war sie für einen kurzen Moment berühmter als das Original. Doch auch diesen Umstand konnte Smokie für sich ausnützen: Auf ihren Revival-Konzerten bauten sie einfach selbst die Frage nach Alice in ihren Refrain ein; so sind sie letztlich nur noch eine Imitation ihrer eigenen Coverversion.

Souvenirs

Souvenirs bestehen aus billigem Plastik und bilden die Wahrzeichen des jeweiligen Ortes in Miniaturformat ab. Sie sind Erinnerungsstücke, die normalerweise nichts, aber auch gar nichts Individuelles an sich haben und gleichzeitig ganz persönliche Urlaubserlebnisse unvergeßlich machen sollen. Zu Hause finden sie dann ihren Platz auf der Wohnzimmerkommode oder gammeln in einer Schublade vor sich hin, und die Vorstellung, daß Millionen von Menschen an denselben Orten dieselben Dinge anschauen, fotografieren und als Plastikandenken mit nach Hause nehmen, ist aufregend und traurig zugleich. Zumeist stammen die Souvenirs nicht einmal aus dem Land, in dem sie verkauft werden; die meisten New Yorker Freiheitsstatuen, Eiffeltürme und schiefen Türme von Pisa werden in Hongkong oder in der Bundesrepublik produziert, in die Andenkenläden verschickt und dann von ahnungslosen Käufern wieder zurückgebracht.

Individualisten hingegen haben sich immer bemüht, wirklich persönliche Erinnerungsstücke von ihren Reisen mitzubringen. Dieses Unterfangen bleibt zumeist erfolglos, weil ein Holzstückchen vom Strand oder eine besonders schöne Muschel ihren Zauber zumeist schon verloren hat, wenn sie in den Tiefen des Koffers versenkt wird. Eine zweite Möglichkeit, sich von den Urlaubsbräuchen der Masse abzusetzen, ist es, dasselbe zu tun wie alle anderen und sich gleichzeitig darüber lustig zu machen. In diesem Fall hat die Massenästhetik der Mitbringsel ihren ganz eigenen Charme. Man kann auf diese Weise richtiggehende Sammlungen immergleicher Gegenstände mit wechselnden Motiven anlegen. Einer davon ist der Souvenir-Kugelschreiber. Vielerorts gibt es ihn, gefüllt mit einer Flüssigkeit, in der das Symbol des jeweiligen Tourismusgebiets hin- und herschwimmt. In Venedig ist es eine Gondel, in San Francisco ein Cable Car, im Naturpark ein artengeschütztes Vögelchen. Ein anderes weltweit begehrtes Souvenir ist die Schneekugel. Auch sie wurde ursprünglich in Deutschland kreiert und gewinnt ihren Reiz vor allem dann, wenn beispielsweise kleine Wüstenpyramiden mit kleinen Styroporflöckchen berieselt werden, obgleich sie im Original noch nie mit Schnee in Berührung gekommen sind. Als drittes sammelbares Souvenir gilt der Schlüsselanhänger. Er hat den Vorteil, tatsächlich im Alltag den Blicken anderer ausgesetzt zu sein und eröffnet somit die Chance, spöttische oder verständnislose Blicke aufzuschnappen. Noch vielversprechender sind die unzähligen nutzlosen Gegenstände, die sich an den Rückspiegel des Autos hängen lassen und die allzu freie Sicht auf die Straße etwas abmildern. Schon allein die Tatsache, überhaupt etwas dort zu plazieren, zeugt von prestigeträchtiger Geschmacksignoranz. Wenn es ein besonders häßliches Souvenir ist, kann die Wirkung höchstens noch von einem Duftbäumchen übertroffen werden.

Wir wünschen Ihnen einen guten Flug und einen angenehmen Aufenthalt.

*S*pielzeug

Pädagogen wissen: Spielzeug muß zum Spielen animieren und die Kreativität schulen. Kinder wissen: Pädagogisches Spielzeug ist langweilig und anstrengend, das Zeug von »toys'r'us« ist toll, weil es von selber spielt. Und Eltern müssen mit diesem unauflöslichen Widerspruch zurechtkommen. Diejenigen, die den ganzen Tag über nichts anderes als die zukünftige Karriere des Nachwuchses sinnieren, lösen das Problem durch radikale Einschränkungen der Spielzeugsammlung: grob zurechtgesägte Holzspielsachen, auf keinen Fall Waffen und niemals etwas aus Plastik, außer vielleicht ein paar Legosteinen, weil das Kind beim Bauen sein dreidimensionales Vorstellungsvermögen schulen kann.

Die Folgen sind gravierend. Die meisten pädagogisch sinnvoll erzogenen Kinder vergessen das Trauma der eingeschränkten Spielzeugwelt nie, und viele holen ihre Defizite in der Erwachsenenzeit nach. Beobachtungen im Spielzeugladen sowie in den Zimmern von Menschen, deren Adoleszenzzeit lange vorbei ist, belegen: Blinkende Phaser aus durchsichtigem Plastik (frei nach Star Trek), Minihandys als Schlüsselanhänger, aufziehbare Quietscheentchen für die Badewanne und riesige, knallbunte Pump Guns, die zwanzig Meter weit spritzen können, sind offensichtlich für viele ein unabdingbarer Bestandteil der Entwicklung. Mit verzücktem Blick sammeln junge Erwachsene alles, was leuchtet, wackelt, quiekt und durchsichtig oder neonfarben ist. Zusätzlich zur ungebremsten Begeisterung haben solche Spielsachen für Nachpubertäre noch einen positiven Nebeneffekt: Sie scheiden die Besucher in zwei gleichermaßen angenehme Lager: die Verständnislosen, deren Kopfschütteln als Bestätigung der eigenen unkonventionellen Lebensführung geschätzt wird, und die Gleichgesinnten. Letztere sind zwar insofern riskant, als sie häufig die Batterien des Lieblingsspielzeugs leerspielen, aber dafür wissen sie genau, welches Geschenk für den nächsten Geburtstag das richtige ist.

Super-8-Filme

Der Super-8-Film ist, wie auch die weniger verbreitete 3-D-Kamera, eine der tragischen Entwicklungen der Technik, weil sie bei ihrer Erfindung wahre Begeisterungsstürme auslöste und bald darauf vom Video völlig verdrängt wurde. So kennen die meisten den Super-8-Film nur noch von den elterlichen Versuchen als dilettantische Filmemacher, die das eigene Kind über kilometerlange Bandsequenzen festgehalten haben. Die Filmdokumente, die bei vielen heute Zwanzig- bis Dreißigjährigen zu Hause im Schrank liegen, gleichen sich aufs Haar: Der Plot des Films ist bestechend schlicht; zumeist sieht man ein Kind beim Laufen und Hinfallen, ein Kind beim Essen und Breiherumwerfen, ein Kind beim Baden im aufblasbaren Planschbecken. Die Filmqualität ist mäßig – grobkörnig, über- und unterbelichtet, verkratzt. Die Kameraführung erweist sich dagegen als aufregend: Hoppelnde Bilder, surrealistisch schräge Bildausschnitte, ungewöhnliche Wahl des Abstands zum Objekt (wahlweise als Punkt am Horizont oder nur wenige Zentimeter von der Linse entfernt). Letztlich sind in den meisten Super-8-Filmen alle Stilformen des Hobbyfotografen vereint und zur Perfektion gebracht.

Seit die Videokamera größere Verbreitung gefunden hat, ist das anders. Aufgrund der Überspielbarkeit von Videokassetten und den problemlosen Möglichkeiten, die Bänder zu Sequenzen zusammenzuschneiden, hat sich bei einigen eine gewisse Professionalität eingeschlichen, doch gleichzeitig gibt es nun immer mehr Menschen, die ihren Urlaub in voller Länge, vierundzwanzig Stunden am Tag, aufzeichnen. Die Qualen endloser Familien-Filmabende steigern sich ins Unermeßliche, außer man gehört zu denen, die sich über Sendungen wie »Bitte lächeln« herzlich amüsieren. Hier präsentierten Martina Menningen und Mike Carl, zwei von jeglicher Begabung zum Humor verschonte Langweiler, Unfallszenen aus dem täglichen Leben, wie sie von schadenfrohen Zuschauern massenweise eingesandt werden. Komisch sind hier weder Sendung noch Filme, sondern allein die Vorstellung, daß Tausende ihren freien Abend damit verbringen, verunglückte Slapstickeinlagen anzuschauen.

Die Verbreitung der Videokamera hat zwar dazu geführt, daß der eigentliche Charme der Heimfilmerei dahin ist. Gleichzeitig verleiht das Aussterben von Super-8 diesem Medium Historizität. Dies ruft beim Betrachten der Filme das Gefühl der Erhabenheit hervor, das sich auch bei anderen großen Kunstwerken unwillkürlich einstellt. So ist es nicht schwer zu erklären, warum immer mehr Bands ihre Videos nicht mehr mit Morphing, Computeranimation und großer Kulisse abdrehen, sondern auf das alte Stilmittel der Super-8-Ästhetik zurückgreifen. Sofort sieht die langweilige Retortenband aus wie eine Gruppe durchgedrehter Hippies, die damals in den Sechzigern gefährlich und hemmungslos ein Auto (wenn möglich ein Cabrio) geschnappt hat und damit einfach so über die Straßen gefahren ist. Simulierte Heimkinoästhetik trifft auf simulierte »Live-Hard-Die-Young«-Mentalität. Ganz toll.

Tätowierungen

Tätowierungen sind etwas für Seemänner oder für Knastis, in jedem Fall jedoch für Outlaws und Ausgestoßene. Tätowierungen sind männlich. Jede Linie zeugt von Dutzenden oder gar Hunderten von Einstichen, die der Held stoisch über sich ergehen ließ. In ihnen manifestiert sich Entschiedenheit, denn die Tinte geht nie wieder ab; gleichzeitig sind sie Ausdruck einer Gleichgültigkeit gegenüber der Zukunft, was kümmert's mich, ob ich die Frau, deren Namen das Herz auf meinem Oberarm ziert, morgen noch liebe – oder sie mich; was interessiert mich, wie schrumpelig der Drache auf dem Schulterblatt daherkommt, wenn ich erst einmal alt bin. Doch jenseits aller Heldenverehrung wirken Tätowierungen auf die meisten bürgerlich Gebildeten einfach ordinär. Selbst wenn sie sauber ausgeführt sind, bleibt die bläuliche Tinte unter der

Haut immer ein Stigma, ein Zeichen des Outcasts – und der Schlampe. Denn lange Jahre galten die Frauen, die ihre Haut mit Bildern verzierten, wenn nicht gleich als Prostituierte, so doch zumindest als ›gefallene Mädchen‹, die wenig auf gutes Benehmen und statusträchtige Heiratskandidaten hielten, sondern sich mit wechselnden Männern herumtrieben und durch billige Jobs über Wasser hielten.

Eine erste Würdigung innerhalb der Jugendkultur fanden die Tatoos mit dem Punk. Für eine demonstrative Mißachtung und Verletzung des eigenen Körpers, die eine wütende Antihaltung zu Anstand und maßvoller Lebensführung ausdrückte, war die Tätowierung wie geschaffen. Seitdem auch zwanzig Ringe pro Ohr kaum noch schockieren können, sind Bildchen auf der Haut (wie auch die kleinen Löcher an allen möglichen Körperstellen) aber nicht mehr nur unter Punks, sondern auch bei durchaus karrierebewußten Szenegängern beliebt. Die Entwendung der Formen, mit denen die Ausgestoßenen ihr Schicksal ins Positive wenden, ihr Ausgegrenztwerden stolz zur Schau stellen, verspricht den jungen, schönen und reichen Tätowierten einen Abglanz wilder Sozialromantik, die ihr braves kleines Dasein aufregender erscheinen läßt. Männer geben sich so den Anschein des Verwegenen, Frauen können sich durch eine kleine Rose auf der Hinterbacke, ein Herzchen am Knöchel oder ein entzückendes Vögelchen gleich neben der Brustwarze mit der verruchten Aura runtergekommener Mädchen in Hafenkneipen und Altstadtspelunken umgeben. Kein Wunder, daß auch Schauspieler und Musiker sich immer ungenierter mit Tätowierungen zieren. Es ist bekannt, daß der Schriftzug »Heather Locklear« das Hinterteil von Tommy Lee (Mötley Crüe) ziert und sein Gemächt mit »Pamela« beschriftet ist. Von Jonny Depp wird kolportiert, daß er sich für die Nacktszenen in »Don Juan de Marco« doublen lassen mußte, weil er über und über mit Tatoos bedeckt sei.

Inzwischen haben sich neue Motive der Tätowierung herausgebildet, die mit der Ästhetik »urwüchsiger« Naturvölker, fernöstlicher Geheimnisse oder kriegerischer Stämme aus längst vergangenen Zeiten kokettieren. Aber wirklich guter

schlechter Geschmack beweist sich letzten Endes ausschließlich in den klassischen Motiven wie von Schwertern durch-
stoßenen Herzen oder nackten Seejungfrauen. Vor allem
Akademikerinnen lieben den Anker auf muskulösen Män-
nerarmen; allerdings begeistert sie dieses Symbol archaischer Männlichkeit nur in Kombination mit intellektuellem
Charme.

Teddybären

Manche tun es, die meisten trauen sich nicht. Die sichtbare
Plazierung des Lieblingsteddys aus der Kindheit auf dem Sofa
oder gar im Bett ist nach wie vor ein brisantes Thema. Denn
wie soll man klarmachen, daß der da nicht schon immer saß,
quasi als plüschgewordener Beweis für Infantilität, d.h.
schlicht und ergreifend für sexuelle Unreife und Unerfahren-
heit? Gerade weil es so schwierig ist, sich anhand eines Ted-
dys von all den unreflektiert Kitsch- und Kuschelbegeisterten
abzusetzen, stellt die Verwendung des kleinen Bären zur
Selbstdarstellung eine echte Herausforderung dar. Denn der
Teddy ist nie wirklich aus der Mode gekommen. Unzählige alternde Verkäuferinnen und Lehrer, Handelsvertreter, Büro-
kauffrauen und Bankangestellte zahlen für ihn horrende
Sammlerpreise; Neuauflagen des Original-Teddys sind längst
wieder im Handel, und doch – wer könnte es übers Herz bringen, ihn als Spießertier den Kleinbürgern dieser Welt zu überlassen? Denn er hat so viel Format, daß er trotz alledem oder
gerade deswegen als Gay Teddy Bear seit 1987 die Gewin-
ner des schwul-lesbischen Filmpreises der Berlinale würdig
schmückt.

Trainingsjacken

Noch vor einigen Jahren gehörte die alte Adidas-Jacke, die irgend jemand vergessen hat, so unausweichlich zur Schulturnhalle wie der muffige Geruch nach Schweiß und Gummi. Aus Polyacryl in blau, braun oder orange mit drei Streifen am Ärmel hing sie da, sah unappetitlich aus, und niemand mochte sie anfassen, um sie auf den Müll oder in die Kiste mit den Fundsachen zu werfen. Mit der Zeit war der Klassiker der Sportbekleidung zum Stigma geworden; alle anderen hatten die modernen Jogginganzüge, und wer noch im alten Jäckchen herumlief, wurde ausgelacht. Doch heute ist das ganz anders. Ein vergessenes Adidas-Teil in der Turnhalle würde dort keine fünf Minuten liegen, bis es einen glücklichen neuen Besitzer hätte. Allerdings kommt das inzwischen auch kaum noch vor, denn in Sportstätten werden nur noch Jogginghosen und Aerobicbekleidungen getragen. Die Trainingsjacke hingegen hat es geschafft, in Discos und Szenekneipen zum aktuellen Ausgehoutfit zu avancieren. Vor allem für Frauen ist das Orange der siebziger Jahre besonders begehrt, aber auch die braune Jacke wird dem weitverbreiteten Dunkelblau zumeist vorgezogen. Wie fast alle Modebekleidungen des schlechten Geschmacks muß sie möglichst ausgeleiert, verwaschen und ein bißchen zu klein sein. Nun wird sie für all diejenigen Eigenschaften geliebt, die einst verhaßt waren; es ist gerade der sozialromantische Arme-Leute-Charme, der in Verbindung mit an den Kopf geklebten Haaren, dicken Stiefeln und gegebenenfalls Lippenstift und Wimperntusche die Wirkung ausmacht.

*R*aumpatrouille Orion

Während dem »Raumschiff Enterprise« über Jahrzehnte hinweg anhaltender Publikumserfolg beschieden war, ist die Geschichte der deutschen Version des Sternenkriegs in jeder Hinsicht bescheidener verlaufen. Zwar war »Raumpatrouille Orion« zur Zeit seiner Erstausstrahlung 1966 – im selben Jahr wie »Star Trek« in den USA – ein absoluter Erfolg. Der Kampf gegen die bösen »Frogs« aus dem Weltall mutierte allerdings trotz aller Gerüchte über eine Fortsetzung zum Comicheftchen, bis er 1984 erst einmal in der Versenkung verschwand. Mitte der achtziger Jahre gelang der Serie ein unerwartetes Comeback, als der Filmverleih Sputnik sie für die Programmkinos zugänglich machte. Der Privatsender Sat 1 sprang auf die Welle der neuerlichen Orion-Begeisterung auf, er kaufte die Rechte auf und nutzte den Kult um die Raumpatrouille, indem er gleich das komplette Merchandising mitlieferte: Buch und CD zum Film sind pünktlich zur Ausstrahlung der Serie erschienen.

Vor allem intellektuelles Publikum delektierte sich an der Ästhetik der damals mit 3,4 Millionen Mark ausgesprochen kostspieligen Low-Tech-Produktion. Die anachronistische Schwarzweiß-Verfilmung besticht durch die Armaturen, für die von Trickspezialist Theodor Nischwitz offensichtlich ein kompletter, nach modernsten Standards der Zeit ausgerüsteter Haushalt geplündert worden war: Bügeleisen als Hebel, Duschkopfhalter und Haltegriffe aus der Badewanne als Armaturen, ein Bleistiftanspitzer als Steuerelement. Im Zeitalter der Computersimulation begeistern die durchschaubaren Trickeffekte, die zusammengebastelt wirkenden Computerattrappen und die reaktionären Plots mit Dietmar Schönherr, Eva Pflug & Co., die für die einen Jugenderinnerungen wachrufen und für andere durch ihre völlig veralteten Zukunftsvisionen unfreiwillig komisch wirken. »Das war Science Fiction.«

Rosenberg, Marianne

Nicht nur die Mumien der Popkultur überschwemmen den
Markt mit alten neuen Platten und Konzerten (von Pink Floyd
über die Sex Pistols bis hin zu den Eagles können alle, denen
kein früher Heldentod vergönnt war, den Hals nicht voll krie-
gen). Auch in der Schlagerszene sind Comebacks mit unter-
schiedlichem Erfolg an der Tagesordnung. Marianne Rosenberg wäre mit ihrer Neuauflage der alten Schlager gnadenlos
gescheitert – gäbe es nicht die Schwulenszene, die Rosen-
bergs Hit »Er gehört zu mir« zum absoluten Kult, zur Hymne für
schwule Paare schlechthin erklärte. Auch Titel wie »Ich bin wie
du«, »Fremder Mann« oder »Liebe kann so weh tun« entfalten
erst im Kontext schwuler Sexualpraktiken ihren tieferen Sinn.
Gerade weil ihre Lieder perfekt waren, d.h. tragische, durch
und durch heterosexuelle Schmachtgesänge über Liebe,
Kummer, Schmerz und die leise Hoffnung auf Triumph, konnten sich Schwule (und Friseusen?) lange Zeit ganz gewiß
sein, das Marianne ihnen allein gehört. Marianne Rosen-
bergs Image ist eine Mischung aus alterndem Schneewitt-
chen (perückenförmiges Ebenholzhaar, schneeweiße Haut,
blutrote Lippen) und Gruftie-Mädel. In ihrem Comeback verkörpert sie den Sieg der Kosmetikindustrie über die Natur,
wie er allen aus dem Herzen spricht, die hemmungslose
Schmink- und Stylingorgien lieben. Denn während die meisten Frauen auf übertriebene Zurschaustellung von Weib-
lichkeit mit Verachtung reagieren, wogegen männliche Heten
nach wie vor keine Ahnung vom Making of Beauty haben,
sind Homosexuelle Kenner und Spezialisten, die solche Leistungen gebührend zu würdigen wissen. Sie spüren die tiefe
Vertrautheit zwischen Marianne und sich selbst (an welche
sich die Rosenberg erstaunlich schnell gewöhnte; nach an-
fänglicher Ignoranz gegenüber den unerwarteten Verehrern
ließ sie sich bald ausgesprochen gerne als Kultstar feiern). Die
Faszination beruht auf der Mischung zwischen dem Mythos

der authentischen Tränendrüsengeschichte (das kleine Zigeunermädchen, das immer schon ein Star werden wollte) und dem Wissen um die Kunst der schönen Künstlichkeit.

Inzwischen funktioniert der Marianne-Rosenberg-Fankult jedoch am besten, wenn sie selbst gar nicht dabei ist. Ein Veranstalter von Rosenberg-Parties gesteht: »Persönlich kann ich die Rosenberg nicht leiden, sie ist mir zu oberflächlich.« Während vor allem in Schwulenclubs die Rosenberg-Verehrung weitergeht, ist Marianne selbst mehr denn je ganz Frau, ganz Hausfrau.

Star Trek – Raumschiff Enterprise

Als im Jahr 1966 in den USA die erste Folge von »Star Trek« gedreht wurde, verschlug es die Helden auf der Suche nach unbekannten Lebensformen zuerst einmal in kleine Regionalsender, weil niemand der Sache größeren Erfolg zutraute. Und tatsächlich wurde die Serie 1969 nach 78 Episoden eingestellt, weil sie niemand mehr sehen wollte. Doch seit der anfangs zögerlichen Wiederaufnahme Anfang der 70er befindet sich die Enterprise quasi im Dauerflug auf den Bildschirmen dieses Planeten. Inzwischen wurden bereits sechs Staffeln der Serie abgedreht, und dazu noch eine ganze Reihe von Kinofilmen, denn die Fans können von ihren Helden nicht genug bekommen. Im Lauf der Jahre hat sich eine riesige Community von »Star-Trek«-Liebhabern herausgebildet, es gibt Internet-Seiten, auf denen die neuesten Erkenntnisse ausgetauscht werden, eigene Fanzines, Schnittbogen für Enterprise-Uniformen, Phaser, alle möglichen Accessoires und Geschenkartikel mit Star-Trek-Motiven. »Star Trek« ist wohl die einzige Fernsehserie, die eine umfassende eigene Subkultur hervorgebracht hat; 1976 taufte Präsident Gerald Ford das erste Space Shuttle der NASA auf den Namen Enterprise; da kann höchstens noch die Verleihung des Empire-Ordens an die Beatles mithalten.

Inzwischen distanzieren sich die »Trekkers« als wirklich ernsthafte Menschen, deren Leben sich zum Großteil in der Enterprise abspielt, von den oberflächlicheren »Trekkies«, die vielleicht nur ein Raumschiffmodell, eine »Star-Trek«-Tasse und ein T-Shirt in Sternenflotten-Look ihr eigen nennen. Echte Trekker leben nur für die Serie. Sie füllen die Tage zwischen den »Star-Trek-Conventions«, den Treffen von Fans, auf denen auch die angebeteten Helden hautnah erlebt werden können, mit dem Studium der Klingonensprache und der akribischen Analyse des Lebens auf der Enteprise.

Auch wenn die neue Reihe »Deep Space 9« sich der immergleichen Plots bedient, die schon im ersten »Star Trek« (wie klassisches Coca-Cola heute andächtig »Classic Trek« genannt) zu sehen waren und die Außerirdischen aussehen, »als wäre ihnen ein geriffelter Pommes über die Nase eingebrannt worden« (Stern) – das Merchandising läuft nach wie vor auf Hochtouren, die Autoaufkleber mit »Beam me up, Scotty« bestimmen zunehmend das Straßenbild, und wer nicht wenigstens ein Poster mit Kirk und Spock im Schlafzimmer hängen hat, kann niemanden mehr nach Hause einladen, ohne sich zu blamieren.

Wie ist diese Begeisterung zu erklären? Ist es die Flucht aus der schnöden Realität in die einfache Welt einer fernen Zukunft, die so platt und banal ist wie die Träume ihrer Anhänger? Oder führt die ironische Bemerkung von Gene Roddenberry, dem geistigen Urheber von »Star Trek« weiter, der sagte: »Sie müssen wissen, daß wir, im Gegensatz zu vielen Verantwortlichen der Fernsehbranche, immer behauptet haben, es müsse auch jenseits der Fernsehröhre intelligente Lebensformen geben.«

Schon in den siebziger Jahren wurde der Science-Fiction-Serie auch wissenschaftliche Beachtung zuteil. Experten entlarvten sie als übelste Form amerikanischer Propaganda, als sexistische Zurschaustellung männlicher Werte, als kolonialistisches, sozialdarwinistisches, kapitalismusverherrlichendes Machwerk. Ungeachtet der Plausibilität solcher Analysen bildeten sich neben dem blinden Trekkie-Fanatismus aber auch kreative Formen des Umgangs heraus, die Themen zum Vorschein brachten, welche sie unterschwellig wahrnahmen, die aber in der Serie niemals hätten offen ausgesprochen werden können: die Liebe unter Männern, die zärtliche Zuneigung zwischen Kirk und Spock. Vor allem weibliche Fans machten sich daran, sogenannte »Slashes« zu erfinden und in Fanzines zu verbreiten, wie beispielsweise ein Coming-out der beiden in einer scheinbar ausweglosen Situation:

James T. Kirk (T. wie »Tomcat«), Captain der Enterprise, Mann aller Männer, jüngster Sternenflotten-Kapitän aller Zeiten, sieht sich vor ein ungewöhnliches Problem sexueller Orientierung und menschlicher Solidarität gestellt: Kirk und Spock sind auf einem Wüstenplanenten gestrandet, als Spock von dem lebensbedrohlichen vulkanischen Paarungsfieber befallen wird. Wenn ihm nicht auf der Stelle sexuelle Erleichterung verschafft werden kann, ist sein Tod unausweichlich. Langsam und widerstrebend kommt Kirk zu der Erkenntnis, daß er seinen Freund nur dadurch retten kann, daß er sich als sein Sexualpartner zur Verfügung stellt. »Niemand zwingt dich dazu, es zu genießen«, sagt er sich, als er zur Tat schreitet. Doch die Lösung des Problems ist nicht so einfach: Spock widersetzt sich, erbost über Kirks Verletzung seiner Privatsphäre, bis er sich schließlich seiner vernünftigen Einsicht, seinem Begehren, seiner Lust hingibt. »Erleichterung durchflutete ihn, und Kirk hielt für einen Moment inne, hielt Spock einfach in seiner Hand, ohne es zu wagen, ihn anzublicken. Unausgesprochen wußten beide, daß es funktionieren würde.« Spock überlebt, Kirk erträgt es (oder war es doch etwas mehr als nur erträglich?), und beide kehren zurück auf die Enterprise. In der darauffolgenden Zeit wird Kirk von sexuellen Phantasien geplagt, und Spock findet durch die Analyse von Kirks Sperma (»faszinierend, Captain«) zu einem spontaneren Ausdruck seiner Gefühle.

*T*alk- und Spielshows

Das Samstagabendprogramm ist eine Zumutung. Auch wenn man dreißig Kanäle durchzappt, trifft man nur auf eine Sendung: die Talk- oder Spielshow. Ebensowenig Freude bereitet das tägliche Nachmittagsprogramm, wenn Menschen wie du und ich ihre Probleme vor Studiopublikum und sensationsgeilverständnisheischenden Moderatoren ausbreiten.

Doch auch unter diesen Pausenfüllern gibt es Sendungen, die das Herz höher schlagen lassen, weil sie einen immens hohen Peinlichkeitsfaktor aufzuweisen haben. Vor allem als Rudi Carrell noch »Laß dich überraschen« zum besten gab und mit sorgsam gepflegtem Holländer-Akzent ins Programm einführte, war »Herzblatt« ein echter Geheimtip. Hier müssen, verborgen hinter einer Schiebewand, wechselweise drei ganz individuell gestylte Jungs und Mädchen einem Exemplar des anderen Geschlechts witzige Antworten geben, um zum Schluß entweder einen Korb zu bekommen oder für ein Wochenende im Herzblatthubschrauber herumzufliegen. Die Fragen sind kokett (»Was würdest du tun, wenn mitten im Wald ein Hirsch vor uns steht?«); die Antworten immer wahnsinnig originell (»Ich würde sagen: er oder ich«). Der Ton, in dem sie vorgetragen werden, verbirgt nur notdürftig, daß alles von der ersten bis zur letzten Zeile auswendig gelernt ist. Trotzdem ertappt man sich beim Zuschauen mit schöner Regelmäßigkeit dabei, mitzufiebern, das ideale Paar zusammenzustellen und in unerquicklichen oder mißratenen Situationen (Häufigkeit: alle fünf Sekunden) verlegen zu werden. Inzwischen hat die Sendung die Feiertradition einer ganzen Gesellschaft grundlegend verändert. Sie ist zum Vorbild für alle und jeden geworden, die sich verpflichtet fühlen, ihrem besten Kumpel/ ihrer liebsten Freundin zur Hochzeit mit einer Vorführung eine kleine, ganz individuelle Freude zu machen.

Während »Herzblatt« seinen Protagonisten immer noch Raum für prestigeträchtige Selbstdarstellungen läßt, hat sich »Nur die Liebe zählt« dem amerikanischen Prinzip der Bloßstellung verschrieben. Hier zerrt Kai Pflaume (der Name ist Programm) glücklich der Zweisamkeit Entronnene vor Videokameras, um sie mit Hilfe von jeder Menge Tränen in die Monogamie zurückzutreiben. Manchmal klappt's auch nicht – Pech für den mühsam um Fassung ringenden Studiogast, Genugtuung für mißgünstige Zuschauer. Zwischendurch werden immer mal wieder einige Urlaubsbekanntschaften aus Übersee für ganz zufällig im Studio anwesende Mädchen eingeflogen; die Tränenmenge kann so einschaltquotenwirksam noch weiter erhöht werden.

Für alle, denen die Show von Kai Pflaume mit dem Einfühl-samer-netter-Junge-Gesicht immer noch nicht peinlich genug ist, wurden noch zwei ganz besondere Schmankerl erfunden, die leider immer wieder aus dem Programm genommen werden: In »Verzeih mir« mit Ulla Kock am Brink sollen Menschen, die seit Jahren im Streit leben, wieder zusammengebracht werden. Auch hier ist der Ausstoß von Tränenflüssigkeit einziger Maßstab für Erfolg; beim Zuschauen vergnügt aber vor allem die Gewißheit, daß die fiesen Tricks, Rempeleien und Zwistigkeiten nach der Sendung wieder in unverminderter Grausamkeit weitergehen werden. Ebenso wie »Verzeih mir« ist auch Jörg Wontorras »Bitte melde dich« in allen möglichen Varianten fast weltweit verbreitet. Hier werden Menschen gesucht, die sich, sicher mit gutem Grund, irgendwann einmal von Familie und Freunden abgesetzt haben und auf Nimmerwiedersehen verschwunden wären – gäbe es nicht die Journaille, die sie ohne Gnade aufspürt und mit den Lieben zu Hause konfrontiert. Auch hier trieft und fließt es möglichst ausführlich; langweilige Fotos von durchschnittlichen Menschen werden ebensolchen vorgelegt, und man kann sich entweder an der Dramatik eines ganz normalen Lebens ergötzen oder einfach nur hoffen, daß sie sich nie mehr wiederfinden.

Die Geschmacklosigkeit von Spielshows zum Programm gemacht hat »Alles Nichts Oder?«. Schon die Zusammenstellung der Moderation ist bemüht schräg: Hugo Egon Balder, der durch seine Rolle bei der Auszieh-Show »Tutti Frutti« bekannt wurde, lädt gemeinsam mit Hella von Sinnen berühmte Gäste ins Studio. Zweitere wird ihrem Image als verrückte Komikerin gerecht, indem sie wilde Verkleidungen präsentiert und zum Schluß bekommen die beiden eine Ladung Torten ins Gesicht. Die Show ist wirklich nett, und das ist wohl das Schlimmste, was man von einer Sendung sagen kann, die durch die Kombination von Sexshowmacho und Vorzeigelesbe eigentlich Großartiges hätte vollbringen können.

*T*arantino, Quentin

> »Also, ich war immer schon der Meinung,
> daß John Travolta der größte Star ist, den
> Hollywood je produziert hat.«

Der Werdegang von Quentin Tarantino klingt in gewisser Weise wie die typische amerikanische Legende vom Teller-wäscher, der sich zum Millionär hocharbeitet: Seine Mutter kümmerte sich nicht um gängige Vorstellungen von Jugend-schutz und ließ ihn schon als kleinen Jungen ausnahmslos alle Filme ansehen; Filme wie »Carnal Knowledge« gehören zu Tarantinos ersten Kindheitserinnerungen. Wenn er nicht fernsah, nahm er seine martialischen G.I.-Joe-Puppen (so etwas wie Barbies für Jungs), spielte die Handlung nach und entwickelte sich so zwar nicht gerade zum Klassenbesten, aber dafür zum Spezialisten für Filme, und zwar vor allem für solche, die Kindern normalerweise vorenthalten werden: »Ich konnte nichts buchstabieren, ich konnte mir nichts merken, aber ich konnte in einen Film gehen und wußte die Stars und Regisseure auswendig.«

Weitere Stationen waren das Austragen von Sexblättchen und Türsteher in einem Pornokino, bis er schließlich als Ver-käufer in einem Videoladen landete. Mit dieser Ausbildung schaffte er es nicht nur, mit dem Drehbuch für »Natural Born Killers« die Diskussion um die Macht der Mediengewalt kräf-tig und mit Genuß anzuheizen. Es gelang ihm auch, einen der wichtigsten Kultfilme des schlechten Geschmacks zu drehen: Schon der Titel »Pulp Fiction«, die amerikanische Bezeichnung für Groschenromane, bekennt sich offen zu den literarischen und filmischen Vorbildern, auch das Plakat ist eine Hommage an billige Sex-and-Crime-Blättchen.

In der Auswahl der Schauspieler hat Tarantino besonde-res Fingerspitzengefühl bewiesen: John Travolta als Held des Siebziger-Jahre-Discofiebers, Bruce Willis als derzeit etwas aus der Mode gekommener Actionheld und Uma Thurman als derzeit äußerst gefragte Schauspielerin werden von dem großartig fanatischen Samuel L. Jackson zu einer perfekten Mischung ergänzt. Die Story hat alles, was ein schlechter Krimi braucht, sie ist witzig, ohne zur Persiflage zu werden. Tarantino hat mit »Pulp Fiction« letztlich eine Neubewertung der Filmgeschichte geschafft: Alle Vorbilder für sein Drehbuch stammen aus Filmen, die normalerweise in keiner anspruchsvollen Kulturzeitschrift auch nur Erwähnung finden, aber letztlich für unzählige Kinofans die eigentliche Kinogeschichte darstellen.

*D*ie Toten Hosen

> »Wir zeigen den Leuten, die uns in ›reif und erwachsen‹ einteilen, daß bei uns nach wie vor jede Niveauschranke nach unten offen ist.«
>
> (Campino)

Punk ist nicht nur Negation der »ordentlichen« Gesellschaft durch Lärm, Lederjacken und Exzesse, es geht nicht nur darum, »God save the Queen« in den Dreck zu ziehen, sondern auch um diejenigen kulturellen Äußerungen, die gemeinhin als ordinär, geschmacklos, niveaulos oder einfach nur blödsinnig abgetan werden. Die Toten Hosen sind eine der wichtigsten deutschen Bands, die sich dieser Entwendung des Schlechten verschrieben haben und die Prollkultur zum Stilmittel erklären. Eines ihrer ersten Stücke ist das Sauflied »Eisgekühlter Bommerlunder« (angeblich nach wie vor das liebste Mundwasser eines der Bandmitglieder), und auf dem Begleitheft zu ihrer Platte »Learning English – Lesson 1« lautet die höchste Anerkennung für den legendären Bankräuber Ronald Biggs, daß nach seinem Auftritt mit den Sex Pistols 1978 »die Grenzen des schlechten Geschmacks neu definiert werden« mußten.

Die erste Platte der Hosen heißt »Opelgang«, denn »die einzige Möglichkeit, wenn man nicht reich ist, trotzdem sexy zu sein, ist die, einen Opel zu fahren. Autos und Heizen waren zwar damals nicht unsere Welt, aber zumindest waren die Jungs nie ohne Beifahrerin zu sehen. Was blieb anderes übrig, als uns auch solche Möhren zu besorgen?« Zumindest bis zu dem Tag im Jahr 1996, als er seine Mühle in VIVA als Hauptgewinn für ein Preisausschreiben aussetzte, war Campino bekennender Manta-Fahrer, und damit sind die Toten Hosen den Manta-Witzen, die die wilde Erotik dieses Fahrzeugs völlig verkennen, um Jahre voraus.

Natürlich ist Fußball ein fester Bestandteil ihres Images; ihre Begeisterung für Fortuna Düsseldorf geht sogar so weit, daß sie mit einer Platte den Kauf eines Spielers sponserten und damit zum Aufstieg des Vereins beitrugen.

Selbstverständlich konnte auch das deutsche Volksgut nicht verschont bleiben. Auf ihrer Platte »Unter falscher Flagge beglückten sie ihre Fans mit leicht abgewandelten Versionen von »Im Hafen ist Endstation«, »Warten auf Dich« und dem »Abt von Andechs«. Die Hosen liebten es auch eine Zeitlang, während ihrer Konzerte einen Freund als »wahren« Heino auftreten zu lassen. Dazu schlachteten sie ein paar Heinolieder und hatten eine Menge Spaß. Als Heino sie verklagte, weil er die Exklusivrechte für seinen Look beanspruchen wollte, konterten sie und ihre Fans mit einem gezielten Schlag: Auf dem nächsten Toten-Hosen-Konzert war der gesamte Saal von Heinos überschwemmt, die alle mit weißblonden Perücken und schwarzen, eckigen Sonnenbrillen zum Hosen-Sound tanzten. Heino beschränkte sich darauf, die Berichterstattung über dieses erniedrigende Ereignis so weit wie möglich zu unterbinden, und zog die Anklage zurück.

Wer Heino sagt, muß auch deutsches Volkslied sagen. 1987 brachten die Toten Hosen als die »Roten Rosen«, das sind laut Begleittext »5 blutjunge Musiker, die bisher nur als Roadies einer bekannten Punkband tätig waren«, eine Platte namens »Never mind the Hosen« heraus. Die Anspielung auf die Sex Pistols, die in Titel und grellgelbem Plattencover mit zusammengestoppelter Erpresserbriefbeschriftung gemacht wird, konterkarieren sie mit dem Begleittext: »Lieber Freund des deutschen Schlagers! Die Jagd nach großen historischen

Raritäten des deutschen Schlagers der 60er und frühen 70er Jahre auf Flohmärkten, Plattenbörsen und in fremden Wohnungen hat ein Ende! Diese Sammlung bekannter und unbekannter Meilensteine unserer Musikgeschichte beinhaltet alles, was man kennen muß. Von Gus Backus' naiver ›Sauerkrautpolka‹ bis hin zu Freddy's ›Wir‹ – ein ›gelungener‹ Beitrag zum besseren Verständnis des Generationenkonflikts zwischen Jung und Alt – sind alle Texte im Original gehalten, lediglich die Musik ist zeitgemäß verändert.«

Die Liebe zum Volkslied erwächst auch aus der Leidenschaft für bedeutungsschwangere Worte: »Bis zum bitteren Ende« oder »In einer Zeit, als das Wünschen noch half« sind kitschige Phrasen, die erst durch den Punk ihren tieferen Sinn entfalten. Obwohl die Hosen auch eine Menge gesellschaftskritischer Texte produzieren, gehören sie zu den Pionieren für die Kultivierung des schlechten Geschmacks.

Travolta, John

John Travoltas Stärke liegt nicht unbedingt in seiner Fähigkeit zur differenzierten Charakterdarstellung. Mit eher dümmlichem Gesichtsausdruck verläßt er sich lieber auf die Fantasie des Publikums. Dennoch oder gerade deswegen ist er eine herausragende Persönlichkeit der Filmwelt, denn kein anderer hat es geschafft, gleich zweimal zur Kultfigur einer Zeitströmung zu avancieren. In den siebziger Jahren war er der Star der beiden wichtigsten Discofilme, »Grease« und »Saturday Night Fever«. Seine beachtlichen Tanzleistungen im weißen Satinanzug wirkten zusammen mit dem niedlichen Grübchen im Kinn überzeugend genug, um ihn über Nacht berühmt zu machen. Als das Discofieber abgeklungen war, verschwand er ebenso schnell in der Versenkung wie er aufgetaucht war – bis sich der Jungregisseur Quentin Tarantino seiner erinnerte und ihn als Gangster für seinen Film »Pulp Fiction« engagierte. Für diese Rolle legte er einige Kilo an Gewicht zu und konnte seine mimischen Fähigkeiten optimal einbringen, denn der Berufskiller Vincent ist nicht besonders helle im Kopf und muß dazu noch irgendwie ein bißchen hübsch sein, um Mia, der Frau von Boß Marcellus, zu gefallen. Zudem gibt er in dieser Rolle einen begnadeten Kontrast zu seinem Partner Jules (Samuel L. Jackson) ab, der bei der Arbeit so fanatisch wie gerissen und mutig zur Sache geht. Spätestens als Travolta alias Vince dann auch noch auf dem Klo sitzend beim Lesen eines Schundromans erschossen wird, kehrten alle Disco- und Travoltahasser um und leisteten Abbitte – leider zu früh, denn die scheinbare Selbsterkenntnis Travoltas war offensichtlich nur der begnadeten Regieführung zu verdanken. Schon der nächste Film »Schnappt Shorty« ist langweiliger Klamauk, der vergebens an den Erfolg von »Pulp Fiction« anzuknüpfen versucht. Doch damit nicht genug, mit »Phenomenon« wagte er sich sogar selbst an Regie und Hauptrolle eines richtig ernsthaft gemeinten Films – der Abstieg in die Mittelmäßigkeit ist vorprogrammiert.

Tupperparties

Hausfrauen stehen im Ruf, langweilig und humorlos zu sein, Lockenwickler zu tragen und von nichts außer Kochen und Putzen eine Ahnung zu haben, sie sind also ideale Orientierungsfiguren für Anhänger des guten schlechten Geschmacks. Und wenn es um das Zelebrieren von Hausfrauenästhetik geht, was eignet sich besser als die kleinen Plastikdöschen, die trotz intensiven Spülens immer einen leicht muffigen Geruch verbreiten, deren Deckel immer verlorengehen oder, ganz verbogen und mit Essensresten in den Verschlußrillen, bei jedem unauthorisierten Öffnen von Schrankfächern auf den Küchenboden scheppern? Lange Jahre waren die Tupperparties die heimliche, von allen mitleidig belächelte Leidenschaft der deutschen Hausfrau, jetzt haben vor allem Männer-WGs das Vergnügen entdeckt, sich ihren ganz persönlichen Vertreter (ja, auf Anfrage können auch männliche Tupperspezialisten bestellt werden!) ins eigene Heim zu holen. Zuerst müssen natürlich Einladungskarten an die umliegenden und befreundeten (Männer-)WGs verteilt werden. Wenn sich dann alle bei Schnittchen oder sogar am Tischgrill zusammengefunden haben, kann es richtig losgehen. Jede Tupperwarenform muß nun in ihrer Anwendungsvielfalt diskutiert und bewundert werden, andächtig lauschen die Anwesenden den Ausführungen des Tupperprofis zum Thema Frischhaltetechnologie und stellen fachmännische Zwischenfragen. Die Teilnehmer übertrumpfen sich gegenseitig mit der Menge der bestellten Haushaltsdöschen; Tiefkühltauglichkeit oder möglicherweise sogar Mikrowellenresistenz werden mit begeisterten Ausrufen honoriert. Zum Abschluß gibt es eine kleine Prämie für die Gastgeberin, und alle Teilnehmerinnen (Männer sind wie immer mitgemeint) erhalten ein kleines Dankeschön.

Richtig wirkungsvoll ist das Ganze jedoch nur, wenn die Promotion stimmt; der Alltag muß dann auch tatsächlich komplett vertuppert werden; Langhaarige fressen Spaghetti aus quadratischen, graustichig-weißen Näpfen, Baseballbemützte bewahren alle ihre Pillen und CDs drin auf, und die Katze muß aus dem nun obsolet gewordenen Porzellan von Großmuttern schlabbern. Denn zukünftig darf kein Gast das Haus mehr verlassen, ohne von den Plastikexzessen in Kenntnis gesetzt worden zu sein und die Aufrüstung der Schmuddelküche gebührend gewürdigt zu haben.

Verbrechen

Um langweilige Parties etwas aufzumöbeln, wird nicht nur zur Faschingszeit gerne ein Motto ausgegeben: Die Gäste sollen sich im Look der zwanziger Jahre einfinden oder alle als glamouröse Jetset-Imitationen erscheinen. Häufig sind solche Feste sehr amüsant, vor allem, wenn das beliebte Spiel des Crossdressings stattfindet und breitgebaute Mannsbilder mit ausgestopftem Busen und Perücke erscheinen oder Frauen als ordinäre Macker auftreten. Gleichzeitig wirkt das Ganze aber häufig etwas zwanghaft und gewollt. Diesem Problem läßt sich leicht abhelfen, indem man sich für geschmacklose, ekelhafte und ethisch nur schwer vertretbare Partythemen entscheidet. Stellvertretend für die Unmengen möglicher und unmöglicher Themen sei hier die Crimeparty genannt, die der Filmemacher John Waters schon in den sechziger Jahren propagierte. Er veranstaltete eine Party unter dem Motto »Gertrude Baniszewski«, einer Kindsmörderin, die die 1996 verurteilte Britin Rosemary West noch übertraf: Sie hatte zusammen mit ihren eigenen Kindern und Freunden aus der Nachbarschaft ein Pflegekind mit sadistischen und obszönen Methoden zu Tode gequält.

Die Leidenschaft für herausragende Verbrechen geht bei echten Fans allerdings noch weiter. Sie erscheinen zu jedem Gerichtsprozeß, pilgern zu den Schauplätzen des Verbrechens und lassen Ölporträts von herausragenden Tätern anfertigen. Zugegebenermaßen fand Waters derzeit in den USA besonders gute Ausgangsbedingungen für seine bekennende Verbrechensleidenschaft vor – er hatte das besondere Vergnügen, dem Charles-Manson-Prozeß beiwohnen zu können. Waters propagiert eine bekennende Haltung: »Verheimlichen Sie nichts – erzählen Sie ihren Eltern und Freunden alles über ihre Sucht nach Gerichtsprozessen. Ermutigen sie heimliche Crime-Fans dazu, mit Ihnen zum Prozeß zu gehen und gründen Sie Fan-Clubs mit anderen Prozeßinteressierten. Über Nachrichten aus der Welt der Kriminalität braucht man nicht betrübt zu sein. Kopf hoch. Man kann nie wissen – vielleicht geschieht morgen etwas Schreckliches.«

Allerdings haben US-amerikanische Gerichtsspektakel einen sehr viel unterhaltsameren Showcharakter als die europäischen Varianten. Dennoch wurden auch hierzulande gerade in letzter Zeit zahlreiche Prozesse geführt, die für eingefleischte Fans ein besonderes Vergnügen darstellen. Es bleibt abzuwarten, ob diese Form des außerordentlich schlechten Geschmacks auch hier wieder eine größere Zahl von Anhängern findet.

*W*anders, Lilo

> »Ich heiße Lilo Wanders, wenn ihr wollt,
> nennt mich auch anders.«

Die Sexshows, die inzwischen ständig über den Bildschirm flimmern, haben Anhängern des guten schlechten Geschmacks eigentlich nur wenig zu bieten; höchstens die Unverfrorenheit, mit der traurige Rammeleien als erotische Leckerbissen verkauft werden, könnte Trashfans zumindest ansatzweise gefallen. Und immerhin gibt es Lilo Wanders. Sie heißt mit bürgerlichem Namen Ernie Reinhardt und begann ihre Karriere als Assistentin bei der Hamburger Schmidt-Show. Inzwischen hat die Kult-Diva die Moderation von »Wa(h)re Liebe« übernommen. Mit blonder oder auch lavendelfarbener Perücke, knallroten Lippen und Lackkleid, die Beine züchtig übereinander geschlagen, sitzt sie auf dem Plüschsofa und verwickelt zweitklassige Stars und Sternchen in schlüpfrige Gespräche. Das tut sie allerdings mit Stil; sie stellt ihr Gegenüber niemals bloß, sondern es gelingt ihr, mit weiblichen Gästen den Plauderton unter Frauen anzustimmen und mit Männern ebenso souverän eine vertrauliche Konversation am Laufen zu halten.

Dies unterscheidet sie von der legendären Dame Edna Everage, von der sie ansonsten von der Perücke über die unaufdringlich zur Schau gestellten glattrasierten Beine bis hin zum Sofa so einiges abgeschaut hat. Denn das große Vorbild, das bereits 1955 kreiert wurde und 1968 eine eigene Fernsehshow bekam, ging mit seinen prominenten Gästen nicht gerade zimperlich um. Der australische Komiker Barry Humphries lud als Dame Edna zahlreiche Schauspieler, Politiker und Schriftsteller ein, die im privaten Luxus-Penthouse vorgeführt und zu den Klängen eines Live-Orchesters auseinandergenommen wurden. Wer die falschen Blumen mitbrachte, landete im Swimming-Pool, wer angeberisch auftrat, mußte damit rechnen, mittels einer Falltür entsorgt zu werden, andere wurden trotz flehender Bitten gar nicht erst eingelassen.

Mit solchen Zumutungen muß weder die Pornoqueen noch der Durchschnittsmann mit pikanten sexuellen Vorlieben rechnen, wenn die Einladung zur Sendung »Wa(h)re Liebe« ins Haus flattert. Dies mag den sensationslüsternen Fernsehzuschauern bedauerlich erscheinen, doch sie werden durch die Contenance von Lilo Wanders mehr als entschädigt.

Waters, John

> »Ich hasse Filme mit einer Botschaft, und ich bin stolz darauf, daß meine Arbeit keinen höheren gesellschaftlichen Wert hat.«

Die Lust an Trash, Müll und Abschaum findet ihren ersten Höhepunkt in den USA der sechziger Jahre, als John Waters in der heruntergekommenen mittelamerikanischen Stadt Baltimore damit anfängt, Filmspulen voll unappetitlicher Szenen abzudrehen. John Waters' Filme sind Dreck. Es geht um nichts anderes, als so viele Tabus wie möglich auf einmal zu brechen, und dazu setzt er alles ein, was Leute verunsichert und durcheinanderbringt, was Ekel erregt. Männer spielen unberechenbare Monsterfrauen (absoluter Star ist Divine, die unglaublich fett, glamourös und vulgär durch seine Filme tobt), Frauen spielen unberechenbare Monsterfrauen (Edith Massey), Frauen spielen fiese, gemeine Männer (Mink Stole in »Pink Flamingos«) und Männer spielen fiese, gemeine Männer (David Lochary). Waters' Filme haben alle mehr oder weniger dasselbe Grundschema: eine asoziale Familie, fette Leiber, Schamhaare und eklige Körperausscheidungen. Die Handlung: Sex und Gewalt. Als Höhepunkt seines Schaffens gilt wohl nach wie vor die Szene in »Pink Flamingos«, in welcher Divine Hundescheiße frißt. Dies wird ohne Schnitt, in einem einzigen Take vom Absetzen des Häufchens durch den Hund bis zum Verschwinden der geballten Ladung im Mund von Divine gezeigt. Szenen wie diese oder auch die Verge-

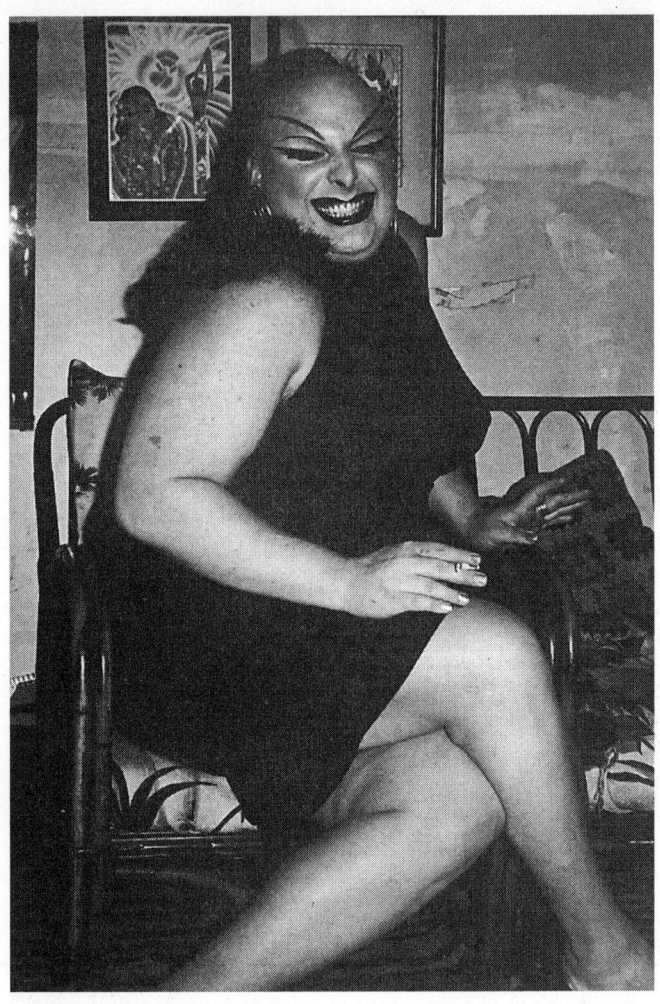

Divine

waltigung von Divine durch den überdimensionierten Hummer »Lobstora« scheiden das Publikum in zwei Lager: die Begeisterten und die Angeekelten, wobei zweitere diejenigen sind, von denen Waters am liebsten Filmkritiken liest: »Solange es die Presse gibt, weiß ich, daß mir immer wieder grausige Gedankenspiele einfallen werden.« Besonderes Vergnügen bereiten Waters auch die krampfhaften und zumeist vergeblichen Versuche der Zensur, passende Vorschriften für das Verbot seiner abstoßendsten Filmszenen zu finden.

Wie viele andere Kunstschaffende, die sich mit schockierenden Riten auseinandersetzen, ist auch Waters durch seine Schulzeit bei christlichen Brüdern geprägt, und folgerichtig sind Kirchen erklärte Lieblingsorte für die Vorführung seiner Machwerke. In seinem ersten Film, dem die Weihen der kirchlichen Uraufführung zuteil wurden, geht es vor allem um Homosexualität, Sex mit Nonnen und Drogen, und Waters genießt den Skandal, den er damit in seiner Heimatstadt Baltimore auslöst.

Waters stilisiert sich selbst als Freak, der seine Jugend mit Diebstählen, schlechten Streichen und der Begeisterung für Mord, Totschlag und Katastrophen verbrachte (wogegen er sich inzwischen, wie kann es anders sein, als älter, gesetzt und eher liberal bezeichnet). Er begeistert sich für Berichte grausamer Unglücksfälle in den Medien, denn: »Killer, Flugzeugentführer und Kidnapper sind die Heiligen unserer Religion, und wie religiöse Fanatiker erhoffen wir uns sehnsüchtig Nachrichten von dem nächsten kriminellen Wunder und können kaum den Tag erwarten, an dem wir Einlaß in unserer privaten Kathedrale, den Gerichtssaal, gewährt bekommen.« Er liebt Gerichtsverhandlungen, verehrt Russ Meyer und Gordon Herschell Lewis. Kein Wunder, daß seine Filme in der Literatur zum Phänomen des Camp meistens zerrissen werden; sie sind keine feinsinnigen Persiflagen, sondern hemmungslose Orgien der Geschmacklosigkeit.

*W*ayne's World

»Wayne's World« war zwar kein Kult auf breiter Ebene, kann aber als einer der absoluten Zeitgeistfilme der Neunziger gelten. Die Filmhandlung ist ziemlich dürftig und dient letztlich nur als Vehikel für den Zitatenschatz all jener, deren Pubertät in den Siebzigern stattfand und die in musikalischer Hinsicht jenseits des Disco-Fiebers groß geworden sind: Wayne und Garth, zwei unzertrennliche Freunde, machen eine kleine TV-Show in einem Privatsender, die von den Vokabeln »party« und »excellent« bestimmt wird und vor allem aus sinnlosen Dialogen und skurrilen Witzen besteht. Ein Medienmulti ködert sie, doch am Ende kehren die beiden Helden geläutert wieder in ihr altes Studio zurück, ins Wohnzimmer zu Hause bei Waynes Eltern.

Wayne und Garth verkörpern im Grunde die geschönte Version, vielleicht sogar den Gegenentwurf zu den ebenfalls unzertrennlichen MTV-Cartoonfiguren Beavis und Butt-Head. Sie erweisen sich als würdige Vertreter der Fun-Generation, wenn sie am Flugplatz nahe der Landebahn auf der Motorhaube ihres Autos liegen und sich daran aufgeilen, daß die Flugzeuge dicht über sie hinwegdonnern. Wenn es wieder still ist, starren sie in den Sternenhimmel und pfeifen die Original-Titelmelodie von »Raumschiff Enterprise« – im übrigen eine musikalische Herausforderung! (Als echte Fans zählt bei ihnen natürlich nur die allererste Staffel der Weltraumserie; sie ist Champagner, und »The Next Generation« und folgende gehen für Wayne gerade noch als Sekt durch.)

Eines der Hobbys von Wayne, Garth und ihren Freunden besteht in dem Ritual, die pathetische Mini-Rockoper »Bohemian Rhapsody« der Gruppe Queen im Auto von Anfang bis Ende mitzusingen, wobei weder die Luftgitarre noch das imaginäre Schlagzeug oder das Head Banging fehlen dürfen. In Garths Zimmer sind die Wände mit Judas-Priest-Postern geradezu tapeziert; kein Wunder, daß in der Musikalienhand-

lung ein Verbotsschild für alle hängt, die Fender-Gitarren aus-
probieren: »No Stairway to Heaven«. Wayne kreiert abenteuer-
liche musikwissenschaftliche Zusammenhänge, wenn er behauptet, all jene Melodien, die Led Zeppelin nicht mochten,
hätten sie den Bee Gees überlassen.

Auftritte von Meat Loaf als Türsteher namens »Tiny« (!), Alice
Cooper und dem Al-Bundy-Schauspieler Ed O'Neill (»Eine
schrecklich nette Familie«) runden die Zitatensammlung ab,
ebenso wie die Filmmusik, die mit bedrohlichen Blechbläsern
und hektischen Flöten eine unüberhörbare Hommage an
Krimiserien darstellt.

Werbung I

Mit Fernsehen aufzuwachsen hat zur Folge, daß man, wie
besorgte Pädagogen vorrechnen, bis zur Vollendung des
18. Lebensjahrs Abertausende von Werbespots gesehen hat.
Allerdings ist es die Frage, ob die Auswirkungen der Verfüh-
rer zum Konsum wirklich so drastisch sind, wie befürchtet
wird. Die meisten Spots sind, »Cannes-Rolle« hin oder her,
unglaublich schlecht und langweilig; es erscheint zumeist
mehr als fraglich, ob sie als Kaufanreiz taugen oder nur als
ärgerliche Lachplatte ankommen, die einen guten Film un-
terbricht.

Dennoch ist zu konstatieren, daß Werbung eine eigene
Ästhetik hervorgebracht hat, die sich zwar mehr und mehr an
Kinofilmen und Videoclips orientiert, aber gleichzeitig auch
selbständige Motive wie die weichgespülte Hausfrau und den
seriös-glatten Vertreter »Herr Kaiser« entwickelt hat. Darüber
hinaus entwickelte sie eine eigenständige Sprache, die zwar
Alltagsgespräche imitiert, aber letztlich völlig fiktive Situationen schafft, die in dieser Form normalerweise niemals vorkommen. Berühmt sind die Kaffeerunden im Familienkreis,
die durch das Kredenzen einer bestimmten Marke vom gelangweilten Pflichtbesuch zum Event des Jahres werden. Aber
auch die jahrzehntealte Werbung für einen Hygieneartikel,

bei der eine jugendliche Mutter ihrer nur unwesentlich jünger scheinenden Tochter die Haare wäscht (so was passiert im »echten Leben« nun wirklich nicht), hatte psychedelische Qualitäten und machte den Satz »Sooo, etwas Schauma-Shampoo« zum Klassiker, der sich zu fast jeder Gelegenheit als passender Kommentar eignet.

Unübertroffen ist jedoch die Waschmittelwerbung. Ihre besondere Eigenschaft besteht darin, daß die Werbebranche im festen Glauben an die konservative Einstellung der potentiellen Käuferinnen an einem Design festhält, das aus uralten Zeiten, möglicherweise den frühen Sechzigern, stammt. So ist es kein Wunder, daß die fremde und doch omnipräsente Welt der Reklame Einzug in die ästhetischen Formen der Jugendkultur gefunden hat. Vor allem Plakate für Techno-Parties werden mit Vorliebe in der Optik von Waschmittel-Paketen umgesetzt, aber auch Plattencover und Zeitschriften bedienen sich der Werbung nicht in Form verschämter Anleihen, sondern offen und bekennend als Zitate, Plagiate und Imitationen.

Hin und wieder gelingt den Werbefuzzis aber auch ein großer Wurf, der sich in der Technoszene zu einem Hype entwickelt. Ein Beispiel ist der Almöhi in der Milka-Werbung, der mit seinem Satz »Ischt cool, man« berühmt wurde. Aus seinem Kommentar wurde ein Techno-Stück gesampelt und er selbst, der tatsächlich sein ganzes Leben irgendwo in einem Bergdorf verbracht hatte, war der gefeierte Stargast zahlloser Raves, wurde für das Fernsehen interviewt und genoß den Rummel in vollen Zügen.

Nicht nur aktuelle Werbespots werden aufgegriffen, auch die Anzeigen der fünfziger Jahre sind für das Design wiederentdeckt worden. Die bemühten Versuche der derzeitigen Werbemacher, der Hausfrau einen Anstrich von Natürlichkeit zu geben, sind in dieser Zeit noch völlig unbekannt; hier finden sich Fotografien von neckisch mit ihrem Staubsauger tanzenden, frisch ondulierten Modellen oder aber Familienbilder, die durch die Kombination von steifer Körperhaltung und eingefrorenem Lächeln bestechen. Die offen zur Schau gestellte Künstlichkeit, die Modernität und den festen Glauben an die

Zukunft ausstrahlen soll, fasziniert besonders in Zeiten, in denen unaufgeregte Lässigkeit und Coolness zur Grundausstattung des Erfolgsmenschen zählen.

Ein weiterer wichtiger Aspekt, der Werbung auszeichnet, ist die unablässig betonte Qualität und Funktionalität der angepriesenen Produkte. Sie hat bei vielen, deren Leben von Anfang an durch andauernde Reklameberieselung geprägt war, nicht zu blindem Werbevertrauen, sondern zu einer abgeklärten Grundhaltung gegenüber der Warenwelt geführt. Konsumprodukte werden nicht gekauft, weil man sich von ihnen Qualität und Modernität verspricht, sondern das Gegenteil ist der Fall: Dinge, die armselig, lächerlich oder antiquiert erscheinen, üben eine besondere Anziehungskraft aus. Dieses Phänomen wird von Douglas Coupland mit dem Begriff »Nutritional Slumming« bezeichnet: »Nahrungsmittel, die nicht wegen ihres Geschmacks genossen werden, sondern aufgrund einer komplizierten Mischung aus klassenorientierten, nostalgischen Signalen und Verpackungssemiotik: ›Katie und ich haben diesen Bottich ›Multi-Sahne‹ gekauft, weil wir uns vorstellen, daß petroleumdestillierte Sahne genau das ist, was in Pensacola stationierte Luftwaffen-Ehefrauen damals in den frühen Sechzigern ihren Männern zur Feier ihrer Beförderung vorsetzten.‹«

Werbung II

Wenn sich eine subkulturelle Strömung entwickelt, läßt sich dies für Uneingeweihte zumeist recht schnell an einer neuen Form von Werbespots ablesen, die sich deren ästhetischer Mittel bedient. So konnte es auch nicht lange dauern, bis die Liebe zum schlechten Geschmack auch beim Konsumentenfang eingesetzt wurde. Spätestens seit mit dem Kassenmagneten »Cannes-Rolle« der Werbespot zum künstlerisch wertvollen Kulturprodukt avancierte, konnte den Designern auch die zunehmende Faszination für die Werbung vergangener Zeiten nicht verborgen bleiben. So kam es, daß die Werbung bald nicht nur für den guten schlechten Geschmack benutzt wurde, sondern ihn selbst als Stilmittel einsetzte. Die Firma Schwarzkopf zitiert in einer Mischung aus ernstgemeintem Traditionsbewußtsein und Selbstironie ihre eigene Werbung aus den siebziger Jahren – »seit wir Schauma nehmen, fühlt sich dein Haar viel kräftiger an« – , Ariel läßt die sichtlich gealterte Clementine aufs neue auftreten, und eine Firma für Milchprodukte produziert scherenschnittartige Spots im Stil der fünfziger Jahre.

Nicht nur selbstreferentielle Bezüge häufen sich, auch Prototypen der Geschmacklosigkeit erfreuen sich zunehmender Beliebtheit. Erstes Anzeichen dafür war der Travestiestar Mary, der seine Zoten für ein Joghurt verkaufte. Noch weiter ging eine Autofirma, die den Oberblödler Wigald Boning, der zusammen mit Olli Dittrich als »Die Doofen« berühmt wurde, dazu verpflichtete, das Publikum mit sinnlosen, eben doofen Aussprüchen für ein Kraftfahrzeug zu begeistern. Nicht nur Trash-Berühmtheiten, sondern letztlich alle modischen Trivialmotive finden sich in der Werbung wieder, bevor noch alle den Trend überhaupt mitbekommen haben. Eine andere Autofirma rät vier proletarischen Ruhrpott-Jungs in Karohosen und knalligbunten Polyesterhemden von ihrem soeben liegengebliebenen amerikanischen Straßenkreuzer ab und empfiehlt einen Kleinwagen ihrer Marke, um erfolgreich Blondinen aufzureißen.

Eine Duplo-Werbung setzt auf das Szenario eines mit wichtigtuerischen Kindern besetzten Raumschiffs, das frei nach Raumschiff Enterprise unter ständigem Einsatz von Phasern kleine Duplo-Stäbchen einer komplizierten Computeranalyse unterzieht. Die Produzenten eines kleinen Geräts, das seinem Besitzer Nachrichten übermittelt und mitteilt, wer angerufen werden will, wärmen gar kultige Softpornos wieder auf, wenn sie ihren »Scall Mädchen Report, Teil 1« mit schlüpfrigen Sprüchen und im Stil der Siebziger gestylten Schulmädchen anpreisen.

Bei denjenigen, die sich den guten schlechten Geschmack bereits auf eigene Faust angeeignet haben, führen solche Werbestrategien zu Haßanfällen gegen das beworbene Produkt. Doch das kann den Werbegrafikern egal sein, schließlich gibt es ja Millionen anderer Kunden. Und die lassen sich vielleicht tatsächlich durch die vergebliche Hoffnung verführen, mit der angepriesenen Ware ein Stück Modegeschmack zu erwerben.

Western

Der Western verkörpert den amerikanischen Pioniergeist, dem sich diese Nation noch heute allzu verpflichtet fühlt, wie kein anderes Filmgenre. Dennoch oder gerade deshalb haben hier wieder, wie auch beim Horrorfilm, die italienischen Filmemacher als Meister der Imitation die perfektesten Filme geschaffen. Allen anderen voran gilt »Spiel mir das Lied vom Tod« von Sergio Leone als der Spaghetti-Western-Klassiker schlechthin und das nicht zuletzt aufgrund der unübertroffen pathetischen Filmmusik von Ennio Morricone. Während diese Filme durch die sprichwörtliche italienische Freude an großen Gesten und Gefühlen glänzen, begeistern amerikanische B-Movies durch ihre Plattheit, die die Kernmotive des Westerns Ehre, Liebe, Tapferkeit und Tod ohne unnötige Umwege auf den Punkt bringt, wie auch durch die billige Pappmaché-Optik der Kulissen.

Es ist kein Wunder, daß dieses Genre für Filmemacher wie Jim Jarmusch eine unumgängliche Inspirationsquelle darstellt. Mit »Dead Man« hat er einen Film gedreht, der, angereichert durch skurrile übersinnliche Vorgänge und kruden Realismus, die klassischen Westernmotive aufgreift und in eine neue Form bringt. Für den bösen Auftraggeber der Killer hat er sich mit Robert Mitchum den Schauspieler geholt, der auch den schlechtesten Pistolenfilm durch seine schauspielerischen Leistungen veredelte und durch seine Position zwischen Trivialkino und künstlerisch anerkannten Filmen wie beispielsweise »Die Nacht des Jägers« schon früh einen speziellen Fankreis gewann.

*W*ood, Ed

»Das einzige, was ihm nicht paßte, waren Angies Schuhe, aber auch dafür wußte er Abhilfe. Hinter dem Spiegel hatte er eine gut ausgestattete Garderobe, aus der er ein Paar auswählte und anzog. Von diesem Moment an war offensichtlich, daß er für sein weibliches Selbst bewundert werden wollte. ›Ich heiße Ginger‹, sagte er.«

(Ed Wood, zit. aus »Watts … the Difference«, einer erotischen Novelle)

Es wurden schon viele kompromittierende Auszeichnungen an Verschwender von Filmmaterial vergeben, doch einer hat es wirklich verdient, als schlechtester Filmemacher aller Zeiten geehrt zu werden: Edward D. Wood jr., bekannter unter dem Namen Ed Wood, vereint in seinen Filmen auf geniale Art alle Merkmale, die ein richtig schlechter Film braucht. Das Wichtigste ist ein ambitioniertes Vorhaben, das aufgrund seiner Offensichtlichkeit Gefahr läuft, ins Lächerliche abzurutschen. Und Ed Wood drehte, so geht die Legende, alle seine Filme mit Inbrunst und Leidenschaft. Mit »Glen und Glenda – I changed my sex« wagte er sich an ein Sujet, das ihm persönlich am Herzen lag: In der Geschichte über einen Transvestiten spielte er selbst die Hauptrolle; dabei ließ er sich auch außerhalb des Sets grundsätzlich gerne in Angorapulli und Stöckelschuhen sehen und gab damit an, im Zweiten Weltkrieg bei den Marines unter der Uniform BH und Damenhöschen getragen zu haben.

Weiterhin ist die abgrundtiefe Verehrung des Regisseurs für einen abgehalfterten Leinwandstar Garant für die Diskrepanz zwischen Anspruch und Ergebnis, die einen Film wahrhaft schlecht macht. Wood trieb den greisen Bela Lugosi auf, der seit dem Ende seiner Karriere im Gruselfilm dem Morphium verfallen war. Ihn ließ er in allen seinen Filmen auftreten, mal als dämonischen Weltbeschwörer (»Glen und Glenda«), mal als diabolischen Wissenschaftler (»The Bride of the Monster«). Und als der Ex-Dracula während der Dreharbeiten zu »The Bride of the Monster« plötzlich verstarb, ersetzte Wood ihn einfach durch den Chiropraktiker seiner Gattin. Dieser sah Lugosi zwar in keinster Weise ähnlich, doch Wood ließ ihn dann eben das Gesicht bis auf die Augen bedecken, um die Unstimmigkeiten notdürftig zu überspielen. Diese Unbedarftheit demonstriert er auch im Einsatz von Technik und Kulissen. Da bei der mechanischen Krake in »The Bride of the Monster« aus Budgetgründen leider auf einen Motor verzichtet werden mußte, bewegte Lugosi die Arme des Ungetüms selbst, um den Effekt des tödlichen Kampfes zu simulieren. Am begeisterndsten ist der völlige Verzicht auf perfekte Illusion in Woods berühmtestem Film »Plan 9 from Outer Space«: In diesem Science Fiction wackeln die Grabkreuze, wenn einer der Protagonisten versehentlich dagegenläuft, die Grabkapelle sieht aus wie eine Duschkabine, und Tag- und Nachtszenen wechseln beliebig.

Keiner seiner Filme, und auch das macht ihn zum verdienten Exponenten des schlechten Geschmacks, ist ausschließlich das Ergebnis distanzierter Selbstironie – auch wenn Wood solche Anwandlungen zumindest im nachhinein nicht fremd waren. So behauptete er, aufgrund von in »Plan 9 from Outer Space« als Ufos eingesetzten Pappuntertellern für den Oscar des »Best Special Effect« nominiert worden zu sein.

Der Ruf, ein unsäglich schlechter Regisseur zu sein, umgab Wood schon zu Lebzeiten, und sein Tod macht die Legende perfekt: Mit 54 Jahren war er zu einem alkoholkranken Wrack heruntergekommen, um das sich außer seiner Frau Kathy letztlich niemand mehr kümmerte. Völlig verarmt starb er 1978 vor dem Fernseher im Haus eines Freundes, nachdem er und seine Frau mit Polizeigewalt aus der Wohnung geworfen worden waren, weil sie die Miete nicht mehr bezahlen konnten. Nach seinem Tod wurden Woods Filme in Off-Kinos zu Geheimtips, und ihm wurde durch den »Batman«-Regisseur Tim Burton sogar die Ehre eines biographischen Films zuteil.

*XY-Z*immermann

Eine spezielle Variante der Begeisterung für Verbrechen stellt die Sendung »Aktenzeichen XY ungelöst« dar. Sowohl der seit Jahrzehnten mit ungebrochener Überzeugung moderierende Eduard Zimmermann als auch die treuen Fans der Sendung leben in fiebriger Erwartung des nächsten Sendetermins. Während Herr Zimmermann jedoch sicher ist, mit seinem Kampf gegen das Böse die Deutschen zu einer gesunden Blockwart- und Spitzelmentalität zu erziehen, lieben zahlreiche Zuschauer ganz andere Aspekte der Sendung: Sie delektieren sich an den stümperhaft nachgestellten Verbrechensszenen, an der Ernsthaftigkeit der Präsentation, wie auch der Sensationslust, mit der sich sicher viele andere, weniger geschmacksgebildete Zuschauer blutige Szenen und Fahndungsphotos anschauen. Zudem haben wissenschaftliche Untersuchungen gezeigt, daß das Aktenzeichen jedem Splatterfilm überlegen ist, wenn es darum geht, unschuldige Jugendliche in Angst und Schrecken zu versetzen. Und das allein ist schon eine Würdigung wert.

Die Lebenshilfe:
Wie werde ich Trendsetter?

Es gibt noch eine ganze Reihe unentdeckter Garanten des schlechten Geschmacks! Mit ein bißchen Fingerspitzengefühl und genügend hartgesottener Geschmacksignoranz schaffen es auch Sie, Ihre Freunde zu beeindrucken und als absoluter Trendsetter die Szene zu bestimmen. Tauschen Sie Ihre Akten- oder Handtasche gegen eine Aldi- oder Lidl-Plastiktüte. Tragen Sie Rolex-Uhren (möglicherweise ist bis dahin sogar die Swatch für solche Zwecke geeignet), und lassen Sie sich einen zünftigen Schnauzer nach dem Vorbild des örtlichen Polizeihauptwachmeisters wachsen (wenn Ihnen keiner wächst, Pech gehabt, wenn Sie schon einen tragen, um so besser), oder kaufen Sie sich rosa und fliederfarbene Blusen mit Puffärmeln und Rüschenkragen.

Mindestens ebenso wichtig wie Aussehen und Ausstrahlung ist der Eindruck, den Ihr Zuhause auf Bekannte und Freunde macht. Ersetzen Sie Ihre Picasso-Drucke durch Knüpfteppiche nach numerierten Vorlagen; seien Sie nicht zu sparsam und nehmen sie alle, die Sie finden können. Hängen Sie auch ein paar röhrende Hirsche daneben und, wenn Sie einen auftreiben können, einen Balkensepp, frisch aus bayrischen Landen bzw. Schulzimmern entwendet. Kaufen Sie Zinnkrüge, eine ziselierte Kupfergießkanne und Kuckucksuhren, verschaffen Sie sich selbstgekaufte Häkeldeckchen und Tischfeuerzeuge in Form einer Pistole, einer Handgranate oder eines Plastikdildos. (Sie wissen schon, Dildo, die dicken fleischfarbenen Dinger vom Beate-Uhse-Versand. Dort gibt es übrigens auch ganz reizende Klingelknöpfe in Tittenform für die Haustüre.)

Es sind die raffiniert ausgewählten Kleinigkeiten, die Ihr Zuhause auf die Ebene des guten schlechten Geschmacks katapultieren. Das stille Örtchen beispielsweise ist ein sehr sensibler Bereich, der durch das Aufhängen von unheimlich witzigen Kalendern und Sprüchen die Geisteshaltung der BenutzerInnen verrät. Doch der Trick besteht darin, nicht nur einfallslos die Wände zu bestücken, sondern auch die treffenden Accessoires auszuwählen. Hier bietet sich die Klobürste ganz besonders an: Sie ist an und für sich bereits ein ausgesprochen peinlicher Gegenstand und kann durch ästhetische Verfehlungen nur noch weiter gewinnen. Holen Sie Ihren borstigen Haushaltsgehilfen aus seinem Schattendasein heraus und machen Sie ihn zu einem Schmuckstück! Sei es das stilechte Toilettenbürsten-Schwein, sei es die Ente mit verchromtem Schnabel, eine Kloschnecke oder ein niedlicher kleiner Teddybär; Tiermotive sind das Allerletzte und damit das Allerbeste!

Kaufen Sie sich ein Aquarium. Lassen Sie das ganze Plastikspielzeug, das Sie im Fernsehen in Aquarien gesehen haben, draußen, das ist nun wirklich ein alter Hut. Schockieren Sie Ihre Gäste lieber mit echten, lebendigen Fischen und langen Vorträgen über deren Aufzucht und Hege.

Vor allem das Auto ist ein wichtiges Symbol für Ihren Status. Hier sollten Sie besondere Sorgfalt, sowohl in der Wahl der Marke (Opel Manta, Vectra oder Kadett, VW Scirocco) als auch in Farbgebung (metallic) und Ausstattung, walten lassen. Stellen Sie eine Rolle Klopapier mit gehäkeltem Häubchen auf die Ablage Ihres Mittelklassewagens. Kaufen Sie sich buntgemusterte Schonbezüge für die Autositze, und hängen Sie ein Bündel netter Plüschtalismane an den Rückspiegel. Kleben Sie Rallyestreifen auf die Wagenseiten, besorgen Sie sich einen Heckspoiler und befestigen Sie einen Fuchsschwanz an der Antenne. Wichtig sind auch die Boxen und die zugehörigen, heckscheibenfüllenden Kenwood-Aufkleber. Lustige Sprüche wie »Nicht hupen – Fahrer träumt von (hier Namen einer beliebigen Firma oder Marke einfügen)« und Stickers von VfB Stuttgart oder Bayern München komplettieren den harmonischen Gesamteindruck.

Gehen Sie mit auf Kaffeefahrten, und erzählen Sie Ihren Bekannten davon, während Sie alle dabei erstandenen Staubsauger, Lockenstäbe und garantiert echten Perserteppiche vorführen. Sammeln Sie Ihre langweiligsten Urlaubsfotos mit der Familie und alle Super-8-Filme aus der glücklichen Kinderzeit. Und wenn Sie keine Familie haben, leihen Sie sich eine dafür. Sobald eine abendfüllende Sammlung zusammengekommen ist, laden Sie Ihre besten Freunde und Ihren Chef (falls Sie einen haben, sonst den Hauptkonkurrenten Ihrer Firma oder den Universitätspräsidenten) zu einem gemütlichen Beisammensein ein.

Wenn Sie mit wichtigen Leuten essen gehen, achten Sie darauf, daß es beim Italiener ist, und üben Sie italienische Sätze ein, um zu bestellen: »Tschau Luitschi, kome sta, pronto, ihr Mafiosos, subito mandschare, Pappagallo«, das belebt die Konversation. Verlangen Sie Messer und Eßlöffel für die Spaghetti, schütten Sie den gesamten Inhalt des Parmesantöpfchens darüber, und trinken Sie Cappuccino zum Essen, während Sie vom Urlaub auf Mallorca, dem Ballermann 6 und ihrem Traum von der Papstaudienz erzählen. Falls nach dem Essen einige Flaschen Grappa zur Auswahl gereicht werden, stecken Sie am besten so viele ein, wie in ihre Tasche passen.

Nun machen Sie sich erstmal an die Arbeit, und wenn Sie alles nach Anweisung gestylt haben, lesen Sie noch ein bißchen weiter, um die ultimativen Trendsettertips zu erfahren.

So, alles fertig? Sie Trottel! Hiermit haben Sie es endgültig geschafft, Ihren Ruf total zu ruinieren. Es besteht Anlaß zur Befürchtung, daß Sie es nie lernen werden. Denn jetzt leben Sie ganz einfach so wie alle anderen Spießer auch, ja, gerade wie diejenigen Leute, von denen Sie sich mittels Entwendung von deren Attributen so dringend unterscheiden wollten. Der distanzierte Genuß des Schlechten ist ein schwieriges Geschäft; er kombiniert Massenverachtung mit rührender Liebe zu den Exponaten eben dieser Bevölkerungsgruppen. Das kann man nicht nach Vorschrift lernen, denn der Erfolg liegt gerade im Oszillieren zwischen Überheblichkeit und Zuwendung. Der prima Geschmack ist immer da, wo es eng und abschüssig wird; viele haben seine Höhen erklommen und viele sind von dort aus, ohne es selbst auch nur ansatzweise zu merken, wieder ganz tief abgestürzt (gehen Sie nicht über

Los, ziehen Sie keine 4000 Mark ein, gehen sie direkt zurück zum ganz normalen Alltagsgeschmack).

Zweite und letzte Chance: Beantworten Sie die Fragen des großen Psychotests (ohne Schummeln). Vielleicht klappt's ja diesmal. Falls Sie sich wundern sollten, wenn Sie im folgenden geduzt werden, haben Sie schon verloren, weil die Kenntnis der »Bravo«-Grammatik eine unabdingbare Voraussetzung für jede geschmackliche Weiterentwicklung darstellt.

Der Psychotest:
Wie dehnbar ist dein Geschmack?

1. Du ziehst mit deinem Freund/deiner Freundin zusammen. Was tust du als erstes?

a) Ich hole mir den Ikea-Katalog und bestelle außerdem noch eine Waschmaschine, eine Personenwaage und diverse Einrichtungsaccessoires.

b) Ich lache meinen Freund/meine Freundin aus, weil er/sie sich den Quelle-Katalog geholt hat, und dann lesen wir uns gegenseitig daraus vor.

c) Ich warte, bis Sperrmüll ist, und suche mir dann eine sorgfältig ausgewählte Ladung Schrott und altes Zeug zusammen.

d) Nichts von alledem, ich verabscheue das bürgerliche Familienideal und lebe mit niemand/allen möglichen Leuten/überhaupt nicht in einer Wohnung.

2. Du kaufst dir ein gebrauchtes Auto. Der Vorbesitzer hat es liebevoll mit Breitreifen, Alufelgen, türkis-rosa Dekor zum Aufkleben, Schonbezügen und einem teuren Radiorecorder ausgestattet. Was tust du?

a) Ich bin zufrieden, weil das Auto ausgesprochen hochwertig ausgestattet ist. Allerdings hätte ich selbst einige Sachen etwas anders gemacht, vor allem die Farben des Dekors sind nicht mein Geschmack.

b) Ich hänge einen Fuchsschwanz an die Antenne, um das schöne Arrangement zu komplettieren.

c) Ich kaufe mir sowieso kein Auto, weil ich nie Kohle habe und sowieso immer trampe.

d) Ich entferne Dekor und Schonbezüge, freue mich über Anlage und Breitreifen und hänge ein Amulett mit viel Glitzer und Plastik an den Rückspiegel, das ich aus dem letzten Urlaub mitgebracht habe.

3. Du bist bei deiner/m Oma/Onkel/Nachbarin zum Kaffee eingeladen. Was tust du?

a) Ich gehe nicht hin.

b) Ich freue mich total darauf, mit ihr/ihm gemeinsam Heino-Platten zu hören, und ziehe Hemd und Schlips/ein nettes Kleid, an, um sie/ihn nicht unnötig zu verärgern.

c) Ich kaufe einige neu herausgekommene Schlagerplatten und versuche, sie/ihn zu einem Deal zu überreden: die mitgebrachten Platten gegen die Plattenkiste aus den Sechzigern, die sie/er auf dem Dachboden eingemottet hat.

d) Ich bringe ihr/ihm ein paar Kassetten mit Techno und anderem Zeug mit, das wirklich gut ist (Hossa, House of Schlager, eine Techno-Version von Heino usw.), um ihr/ihm zu zeigen, was man aus Schlagern alles machen kann.

4. Du hast Geburtstag und möchtest eine ganz besondere Party feiern. Wo wird sie stattfinden?

a) Bei mir zu Hause. Ich war schon seit Monaten auf keiner Party ohne Gags, Mottos und dem ganzen Müll, so daß alle total überrascht sein werden, wenn es einfach nur Bier, Wein und irgendwas zu Essen gibt. Alles weitere wird sich ergeben.

b) Im Partykeller meiner Eltern, dort habe ich alle meine Geburtstage gefeiert, aber diesmal müssen sich die Gäste nach dem Motto »Zwanziger Jahre« verkleiden.

c) Im Bowlingcenter draußen im Industriegebiet, da war sicher noch niemand von meinen Freunden, und ich kann sie durch das exotische Ambiente beeindrucken.

d) Parties sind scheiße, wir können ja einfach ein paar Sixpacks kaufen.

5. Du möchtest dir ein Haustier zulegen. Was suchst du dir aus?

a) Ich möchte einen Zwergpinscher, das Vieh ist so daneben, daß es schon wieder gut ist.

b) Es muß eine Katze sein, denn diese Tiere sind stilvoll, stolz und unabhängig.

c) Ich kann mich nicht entscheiden, ob es zwei Pudel oder zwei Schäferhunde sein sollen, mit beiden hat sich Heino auf seinen Plattencovern abbilden lassen, und der Anblick ist so wunderschön!

d) Was soll ich mit noch einem Haustier? Die Kleidermotten im Schrank und die Kakerlaken hinter dem Herd reichen mir schon vollkommen.

6. Du bist verliebt und hast eine Verabredung. Wie sieht dein Outfit aus?

a) Wie immer: das Oberteil von meinem alten Kinderschlafanzug und irgendeine Hose. Was soll die Frage überhaupt?

b) In London habe ich mir ein knallbuntes Hemd, Schlaghosen und Doc Martins gekauft. Wenn ich dazu noch ein paar häßliche dicke Ringe anziehe, bin ich unschlagbar.

c) Ich gehe auf Nummer Sicher. Jeans und Lederjacke sind immer gut, und vielleicht fällt mir noch eine abgefahrene Kleinigkeit ein, ein Sechziger-Jahre-Ohrring, ein Heiligenbildchen-Anhänger oder die grellen Schuhe aus dem Second-hand-Laden.

d) Wenn ich Erfolg haben will, lasse ich lieber alle Tricks und zeige mich, wie ich wirklich bin. Also ziehe ich mich ganz unauffällig an, um ihm/ihr zu zeigen, daß ich es ernst meine.

7. Du möchtest für ein paar Leute etwas ganz Besonderes kochen. Was steht auf dem Speiseplan?

a) Ich mache Sauerkraut und Würste und zum Nachtisch einen Pudding in meiner neuen Puddingform: Das Ding sieht aus wie ein frisch präpariertes Gehirn und ist wirklich eklig.

b) Ich kann gar nicht kochen, vielleicht sind von gestern noch irgendwelche Spaghetti im Kühlschrank.

c) Ich koche etwas Japanisches und serviere das Ganze auf meinem bayrischen Service mit Karomuster blau-weiß.

d) Beim Essen hört der Spaß auf, wichtig ist, daß es nett aussieht und gut schmeckt.

Auswertung:

	a	b	c	d
1.	🍒	❀	✌	☠
2.	🍒	✌	☠	❀
3.	☠	🍒	❀	✌
4.	❀	🍒	✌	☠
5.	✌	🍒	❀	☠
6.	☠	✌	❀	🍒
7.	✌	☠	❀	🍒

☠ Der Scheißegal-Typ:

Du bist sicher mächtig stolz auf deine Scheißegal-Haltung. Vielleicht hast du Glück und bist damit gerade hip, aber eigentlich ist dein Leben unglaublich langweilig. Punk ist nicht so, wie du dir das vorstellst, bei dir fehlt die wilde Leidenschaft und die Lust am Kaputten; dazu gehört auch, keine Angst vor kindischen Aktionen zu haben. Du bist ein Langweiler, nichts weiter als ein Abziehbild dessen, was deine Eltern für Punk halten. Aber daß du diesen Test überhaupt mitgemacht hast, läßt hoffen: Ein echter Egal-Typ hätte nicht einmal im Traum daran gedacht, sich solchen uncoolen Anstrengungen zu unterziehen.

🐚 Der Hip-Typ:

Du hast wirklich alles drauf, was man für den Kult des Schlechten wissen muß. Keine Geschmacklosigkeit ist dir fremd, und du hast einen scharfen Blick dafür, wo du dich mit weiteren Trash-Accessoires ausstatten kannst. Leider ist dein Stil so berechenbar, daß du auf die Dauer ausgesprochen lächerlich wirken wirst. So wie du das Ganze betreibst, ist dein krampfhaftes Bemühen um Coolness so deutlich sichtbar, daß du niemals ein wirkliches Schundidol werden kannst. Denn hier kommt es nicht nur auf die Quantität an. Allerdings hast du sicher eine riesige Trash-Sammlung. Wenn du ein paar Sachen hergeben kannst, machst du deinen Freunden sicher eine große Freude und bist gleichzeitig dem Ruf des Szene-Angebers entkommen.

🐞 Der Spießer-Typ:

Sorry, bei dir ist nichts zu retten. Du bist der absolute Spießer, und jeder Versuch, dich auf die Ebene des prima Geschmacks aufzuschwingen, endet gnadenlos wieder da, wo du angefangen hast: im Mittelmaß. Aber es gibt einen Trost: Leute wie du sind ein optimales Studienobjekt dafür, ihr Faible für Geschmacklosigkeit um viele weitere Nuancen auszuarbeiten. Und letztlich bist du vielleicht ein netterer Mensch als die perfekten Trash-Spezialisten und hast deine Mitmenschen so lieb, wie sie wirklich sind.

🌸 Der Grenzgänger-Typ:

Gratulation, du hast das richtige Fingerspitzengefühl. Vielleicht bist du aber auch nur zu feige und versuchst es deshalb mit dezenten Anpassungsmanövern an die schrille Trash-Welt. Wie es wirklich um dich steht, mußt du selbst herausbekommen. Eine kleine Hilfestellung: Hast du schon einmal etwas Geschmackloses in deiner Wohnung behalten, obwohl alle deine Gäste dich deshalb als komplett bescheuert bezeichnet haben? Wenn ja, stehen deine Chancen nicht schlecht. Wenn nein, laß das Ganze lieber bleiben und beschränke dich auf die bürgerlichen Werte des guten Geschmacks, da gehörst du hin.

Das Nachwort:
Trash Couture

Überlegungen zum guten schlechten Geschmack

Schlechter Geschmack hat Konjunktur: Modebewußte Boutiquen und Szenekneipen sind voll von sorgsam arrangierten Geschmacklosigkeiten, und der deutsche Schlager ist ebenso hip wie die Discomusik der siebziger Jahre. Fast jede Zeitung schiebt den einen oder anderen Bad-taste-Artikel ein, und es werden sogar Bücher darüber geschrieben. In den Abgründen von Schund, Trash und Pulp eröffnet sich eine wunderbare Spielwiese. Einrichtungsgegenstände, Kleidungsstücke, Frisuren oder Musikstile, die von Trendsettern und Modebewußten noch vor ein paar Jahren im besten Falle mit einem mitleidigen Lächeln quittiert worden wären, werden jetzt verehrt und kultiviert. Inzwischen ist es offensichtlich nicht mehr notwendig, sich um ein dezentes, geschmack- und stilvolles Image zu kümmern, sondern das Schlechteste ist gerade schlecht genug.

Allerdings stößt die Freigabe des Trash für Prestigebewußte nicht nur auf Begeisterung: Für andere läutet diese Entwicklung den endgültigen Untergang von Kultur und Zivilisation ein. Dabei muß häufig die vielzitierte postmoderne Beliebigkeit herhalten, um die moralische Verkommenheit der heutigen Jugend zu beschreiben. Die Maßstäbe, anhand derer etwas als gut oder schlecht, bewahrens- oder verdammenswert eingeschätzt wird, scheinen vielleicht auf den ersten Blick zeitlos und unabänderlich. Doch Entscheidungen darüber, wer nun Kultur und Niveau hat und wer nicht, sind nicht unverrückbar, sondern werden von denjenigen gefällt, die ihre Meinung als allgemeinverbindlich durchzusetzen vermögen. Feuilletonisten, Kultur- und Kunstwissenschaftlerinnen, Künstler, Fernsehmoderatoren und Politikerinnen, Pädagogen, Marcel Reich-Ranicki – kurz alle, denen öffentliche Medien für ihre Meinungsäußerungen zur Verfügung stehen, basteln mit vereinten Kräften an den gesellschaftlichen Koordinaten der Geschmacksbewertung.

Doch nicht nur Berühmtheit und Bildung sind ausschlaggebend dafür, wer Geschmack festlegen kann, auch Geld spielt eine Rolle; auf dem Kunstmarkt kann die allgemein zugebilligte Qualität eines Werkes recht eindeutig an seinem Preis abgelesen werden. Es stellt sich die Frage, warum Gutes teuer, Schlechtes hingegen billig ist. Ist es nicht auch manchmal umgekehrt, das heißt, daß Teures langweilig und deshalb schlecht, Billiges hingegen großartig ist?

Geschmack und Distinktion

Selbstverständlich existieren gesellschaftlich allgemeinverbindliche Kriterien darüber, daß Werke, die von einzelnen Künstlern geschaffen wurden, kulturell hochstehender sind als Produkte der Massenkultur. Begründet wird dies mit der Originalität von Einzelstücken und der billigen, profitorientierten Imitation solcher Werke, die bei industriell produzierter Ware vorherrscht. Doch auch diese scheinbar an objektiven Formkriterien festgemachte Unterscheidung zeigt: Das Gute ist selten und dementsprechend teuer, das, was allen zugänglich ist, dagegen von geringem Wert. Die Festlegungen von gutem und schlechtem Geschmack hängen ebenso eng damit zusammen, daß alle Objekte, Verhaltensweisen und Einstellungen auch zur Selbstdarstellung und zur Abgrenzung gegenüber anderen dienen. Sie können Distinktionsgewinn erzielen oder eine Positionierung im gesellschaftlichen Abseits deutlich sichtbar werden lassen. Wie der französische Soziologe Pierre Bourdieu in seiner Studie über »die feinen Unterschiede« zeigt, ändern sich die Statussymbole des guten Geschmacks ständig, je nachdem, welche gesellschaftlichen Gruppen sich ihrer bedienen. Tennis spielen galt beispielsweise nur so lange als Beleg für Kultiviertheit, wie sich die subalternen Klassen diesen Sport nicht leisten konnten. Sobald der Run von Leuten ohne viel Geld und Prestige auf die Tennisplätze einsetzte, war es mit der Vornehmheit weißer Socken auf rotem Sand vorbei, und die oberen Zehntausend bega-

ben sich – selbstverständlich unter Einsatz von etwas Klein-
geld – auf die Golfareale. Ebenso wie dem Tennissport erging
es zahlreichen klassischen Musikstücken, die, sobald sie in
Supermärkten, in Form von Jingles in Fernsehshows oder in
der Werbung angelangt waren, unerbittlich aus der bildungs-
bürgerlichen Plattensammlung verbannt wurden.

Im bürgerlichen Verständnis werden Ästhetik und guter
Geschmack demgegenüber seit Kant als objektivierbar Fak-
tisches gehandelt. Die Jagd nach Prestigeobjekten als Ausdruck von gutem Geschmack zu verklären ist folglich selbst
ein Teil des Bestrebens, sich von den unteren Klassen nicht
nur durch den Kontostand, sondern auch äußerlich zu unterscheiden. Diejenigen, die Geschmack als Gespür für das
absolut Wahre und Schöne begreifen wollen und diese
Sichtweise gesellschaftlich verbindlich machen, kommen ja
zumeist auch aus dem bürgerlichen Milieu. Und das definiert sich seit seiner Entstehung über den guten Geschmack:
Nichts Protziges oder Übertriebenes ist Zeichen von erwähl-
tem Stil, alles muß Tiefe haben und von humanistischer Bildung zeugen, dann ist es schön, wahr und erhaben.

Die drei Ebenen des Geschmacks

Es zeigt sich also, daß Geschmack erst dadurch eine Wertung
als gut oder schlecht erfahren kann, wenn er mit einer Haltung
verknüpft wird, die von der eigenen gesellschaftlichen Positionierung abhängig ist, wie auch von den Funktionen, die den
unterschiedlichen Aneignungsweisen von kulturellen Gütern
zugrunde liegen. Dies läßt sich mit dem Modell der drei Ebe-
nen beschreiben, das darlegen soll, wie die unterschiedlichen
Einstellungen zu Geschmack auseinander hervorgehen, in
Wechselwirkung stehen und sich voneinander abgrenzen:

Ebene Eins

Dinge, die allgemein als schlechter Geschmack gelten, zeichnen sich dadurch aus, daß sie zunächst einmal von Leuten
geliebt oder verwendet werden, die als Exponenten der Un-

kultur, der Unbildung und der Niveaulosigkeit gelten. Sie genießen auf Ebene Eins: Schön ist, was vergnügt, was angenehme Gefühle und Erinnerungen weckt, und erfreuen sich
an Dingen oder Musikformen, die Gemütlichkeit und Wohlbe-
finden suggerieren. Familienfotos im vergoldeten Plastikrah-
men werden in die Wohnzimmerschrankwand gestellt, weil
es eine angenehme Atmosphäre hervorruft, sich im Kreis
seiner Lieben zu wissen. Die gemusterte Tapete zeugt davon,
daß hier jemand darum bemüht war, alles nett herzurichten,
die Souvenirs auf dem Regal sind für Bewohner und Besucher
sichtbare Beweise, daß man in Spanien Urlaub gemacht hat.
Dabei geht es – zumindest aus der Sicht derjenigen, die sich
davon abgrenzen – nicht um eine intellektuelle Auseinandersetzung mit Ästhetik und ebensowenig um das Gefühl der
Erhabenheit, sondern um direkt vermittelbare Emotionen, die
sich ohne Umwege über Reflexion und Bildung einstellen.

Der Geschmack auf Ebene Eins ist auch ein »Notwendig-
keitsgeschmack« (Bourdieu). Wer sich keinen Porsche leisten
kann, aber gerne einen Sportwagen fahren möchte, kann sein
ganzes Leben trauern, weil ihm das teure Statussymbol niemals gehören wird. Er kann aber auch zu der Überzeugung
kommen, daß der Opel Manta ein wunderschönes Fahrzeug
ist, ihn tieferlegen, mit Heckspoiler und Breitreifen versehen
und Rallyestreifen auf die Seiten kleben. Der Notwendigkeits-
geschmack der Ebene Eins orientiert sich an dem, was mach-
bar und zugänglich erscheint; er berücksichtigt auch die Frage,
ob etwas praktisch, nützlich und erschwinglich ist.

Ebene Zwei

Für diejenigen, die sich kulturelle Güter auf der Ebene Zwei
aneignen, sollten solche Beweggründe letztlich unwichtig
sein. Sie lieben nur das, was im allgemeinen Verständnis
als kulturell hochstehend und geschmackvoll gilt. Ihr Wohl-
gefühl beim Anblick von Kunstwerken und Einrichtungsge-
genständen oder beim Hören von Musik entsteht zu einem
Gutteil aus der Gewißheit, das Richtige zu lieben. Mangelnde
finanzielle Möglichkeiten gleichen sie durch Arroganz aus.

Wer sich keine Jacht leisten kann und nicht genügend Geld hat, um sein Leben zwischen New York und Ibiza zu verbringen, findet solche Formen der Freizeitbeschäftigung geschmacklos. Als Alternative bietet sich die Kulturreise an, bei der Kunstschätze besichtigt werden – selbstverständlich werden Lieblingsziele japanischer Touristen wie beispielsweise Neuschwanstein zugunsten romanischer Kirchen ausgelassen – oder man kauft sich ein Jahresabonnement beim Staatstheater. Die Entscheidung für einen Audi 100 mit einem Golf als Zweitwagen wirkt dezenter als ein Mercedes der S-Klasse und ein sportliches Cabriolet; solche Fahrzeuge werden abfällig als typische Angebereien kulturloser Neureicher betrachtet. Daß sie auch gar nicht im Bereich des Finanzierbaren liegen, ist dabei allerdings nur scheinbar Nebensache, denn wer wirklich reich ist, steht über dem ganzen Geschmacksgerangel und kauft sich ohne Rechtfertigungszwänge einfach alles, was teuer und selten ist. Nichtsdestoweniger erhebt sich das Bildungsbürgertum in der selbstgerechten Gewißheit, Kultur und Geschmack für sich gepachtet zu haben, über alle anderen gesellschaftlichen Gruppen. Weil es ökonomisch wenig zu melden hat, versucht es zumindest, sich über kulturelles Kapital eine angesehene Position zu verschaffen.

Ebene Drei

Für diejenigen, die das bürgerliche Geschmacksrepertoire beherrschen, wird die wohlanständige, gebildete Selbstdarstellung allerdings spätestens dann langweilig und uninteressant, wenn sie sich mit den damit verbundenen Lebensvorstellungen und Idealen nicht (mehr) identifizieren können oder wollen. Damit ist das Feld für die Ebene Drei abgesteckt. Wer sich hier tummelt, weiß genau, was gemeinhin als guter und was als schlechter Geschmack gilt und vergnügt sich damit, gegen diesen Kanon zu verstoßen und gerade all das schön zu finden, was schlecht und niveaulos ist. Diese Haltung bietet einen doppelten Genuß: Es macht Freude, andere als angepaßte Mitläufer abzustempeln und durch die eigenen Geschmackspräferenzen zu schockieren. Unabhängig von der direkten Wirkung, die die Ebene Drei auf gebildete ›Normalbürger‹ hat, bezeugt der Genuß des Schlechten auch eine Kritik an Werten und Normen, die rigide Ausschlußkategorien aufstellen und unangepaßte gesellschaftliche Gruppen wie auch ganz allgemein »die Masse« mit dem Argument von Geschmack- und Niveaulosigkeit diskreditieren.

Gleichzeitig haben sich aber die Liebhaber der Ebene Drei nicht so weit vom herkömmlichen guten Geschmack gelöst, daß er ihnen völlig fremd wäre. Also wenden sie die erlernten Kriterien der Ebene Zwei einfach für Dinge an, die normalerweise aus diesen Bewertungskategorien ausgeschlossen werden. Sie bewundern andächtig, was schlecht ist, und genießen die Diskrepanz, die sich zwischen ihrer Haltung und der allgemeinen Einschätzung des Bewunderten auftut. Ihr Geschmack ist nicht einfach nur schlecht, sondern sie erfinden den guten schlechten Geschmack, der sich zwar aus dem Repertoire des Trivialen bedient, aber nichtsdestoweniger eines komplexen, verfeinerten Stilempfindens bedarf.

Die Objekte der Begierde für den Genuß auf Ebene Drei stammen gemeinhin aus dem Bereich der industriell produzierten Massenkultur. Hier gibt es unübersehbar viele Möglichkeiten, Schund aufzuspüren, die sich in die Kategorien Kitsch, Trash und Camp zusammenfassen lassen.

Kitsch

Die Entstehung der industriellen Massenproduktion veränderte das Verhältnis zu Dingen grundlegend. Immer weniger Objekte sind reine Gebrauchsgegenstände, die ihre Besitzer ein Leben lang begleiten und immer wieder ausgebessert und repariert werden. Durch die billige Massenfertigung nimmt die Anzahl der Besitztümer insgesamt zu, und gleichzeitig wird deren Lebensdauer immer kürzer. Infolge dieser Entwicklung entstehen neue Formen massenkultureller Gebrauchs- und Ziergegenstände. Diese wurden bald mit dem Begriff Kitsch belegt, der bis dahin ein im süddeutschen Sprachraum weitverbreiteter Ausdruck für aus altem Schrott zusammengeschusterte Dinge war und in seiner neuen Bedeutung erstmals um 1860 im Raum München auftaucht.

Versuche, Kitsch in seiner Bedeutung als schlechter Geschmack zu definieren, waren zumeist sehr moralisch; Begriffe wie »künstlerische Entstellung« oder »Geschmacksentartung« wurden bemüht, um das Phänomen zu beschreiben. Hermann Broch erfand den Begriff des »Kitschmenschen«, für andere wie Giesz und Gillo Dorfles verfälscht Kitsch wahre Gefühle und ersetzt sie durch unechte Sentimentalität. Es lassen sich aber auch weniger emotionsgeladene Definitionen für Kitsch aufstellen. Die meisten kitschigen Gegenstände sind von vornherein nicht als hohe Kunst gedacht, sondern die Intention besteht darin, Elemente der Kunst in Gebrauchs- oder Dekorationsgegenstände des täglichen Lebens zu überführen. Letztlich ist Kitsch die Entwendung von Formen und Sujets, die der Hochkultur zuzurechnen sind und nun verzerrt, verniedlicht, banalisiert erscheinen. Die Nutzungsweise der Kitschgegenstände bestimmt Größe und Material; die Dimensionen wie auch der Preis der verwendeten Rohmaterialien werden an die Bedürfnisse und Möglichkeiten der anvisierten Käufer angepaßt. Michelangelos David wird auf handliche 30 Zentimeter für das Wohnzimmerbuffet geschrumpft; Gips liefert eine Art Marmoroptik, die bezahlbar bleibt. Barocke Kirchenaltäre werden auf Miniaturformat für den dekorativen Hausgebrauch zurückgestutzt, und die Goldfassung wird mit dem Produkt des 20. Jahrhunderts imitiert, das für Kitsch wie geschaffen erscheint: dem Plastik. Plastik mit Holzmaserung, Marmorplastik, Plastik in leuchtendem Edelmetall-Look – die Künstlichkeit der Imitation bleibt vollkommen offensichtlich, und gleichzeitig muß hinter der banalen, billigen Kopie das Original immer kenntlich bleiben.

Eine weitere Eigenschaft des Kitsches ist es, die hohe Kultur aus ihrem ursprünglichen Kontext herauszureißen und in einen Gebrauchszusammenhang zu überführen. Der Turm von Pisa gefällt als Salzstreuer, der Petersdom schmückt einen

Aschenbecher, Nofretete wird zum Schlüsselanhänger, und die Freiheitsstatue thront auf einem Erdnußspender.

Diese Neuschöpfungen schwanken zwischen Mittelmäßigkeit und Originalität; in einigen glücklichen Fällen schleicht sich sogar eine Dosis Surrealismus ein, z. B., wenn ein Feuerzeug in Revolverform gegossen wird oder der Flaschenöffner die Form eines Düsenjets annimmt. Ähnlich waghalsige Kombinationen des Gebrauchswerts mit einem Objekt aus einem völlig anderen, heldenhaften oder auch fortschrittseuphorischen Zusammenhang können in keinem anderen Genre erreicht werden.

Ein ganz besonderer Bereich ist der Pornokitsch, der nackte Frauen zu allem und jedem Zweck einsetzt: Stiefelknechte, Brieföffner, Cocktaillöffel oder – besonders frivol – Nußknacker; dabei sagt dieser Einsatz des weiblichen Körpers als Gebrauchsgegenstand mehr über die Gesellschaft aus, in der er erfunden wurde, als die meisten psychologisierenden Analysen des Geschlechterverhältnisses.

Auch wenn Kitsch mit Vorliebe als das Mittelmäßige, wenig Herausragende und Triviale beschrieben wird, bedingt gerade die Umnutzung von Hochkultur, ihre Adaption für Geschmack und Bedürfnisse der »Massen« eine extreme oder auch lachhafte Überzeichnung eben der Mäßigkeit, die eigentlich das Merkmal des bürgerlichen, niveauvollen Geschmacks ist. Aus dieser Überspitzung, die sich in kitschiger Ästhetik finden läßt, erklärt sich zumindest ein Teil der Faszination, die Kitsch auf Ebene Drei auslösen kann.

Trash

Während Kitsch sich noch auf Darstellungsformen und Bilder der Hochkultur bezieht, ist Trash durch und durch schlecht. Hier ist von vorneherein schon keinerlei künstlerischer Ehrgeiz vorhanden, sondern die Gesetze des Marktes produzieren unambitionierte Filme und Musikstücke, die allein darauf ausgelegt sind, möglichst viel Gewinn herauszuschlagen.

Der Genuß, den das Niveaulose auf Ebene Drei bereitet,

speist sich zu einem guten Teil aus der Empörung, die solche Dinge bei Bildungsbürgern alter Schule auslösen. Während Kitsch noch etwas Niedliches, Süßes und Harmloses an sich hat, ist Trash immer auch als Bedrohung der Kultur durch Barbarei und Wertezerfall gedeutet worden. Als Trash oder Schund wurde seit der Entstehung von Druckerzeugnissen für die Massen alles bezeichnet, was sich nicht im Kanon der bürgerlichen Hochkultur verorten ließ. Zwar zählten dazu auch schwülstige Frauenromane, doch vor allem die Gewaltdarstellungen der Trivialkultur riefen erbitterte Gegner auf den Plan. Besonders im Genre des Horrorfilms ist Trash zu Hause; während Krimis zumeist auf subtile Weise mit dem Reiz des Grausamen spielen, erlegt sich der Splatterfilm keinerlei Zurückhaltung auf: je blutiger, desto besser. Ebenso erlaubt sich der Sexfilm, all das zu zeigen, was sich die Zuschauer nur vorstellen, wenn sie sich eine nette kleine Romanze oder auch die Verfilmung großer Literatur anschauen.

In den Kampagnen gegen Schmutz und Schund beklagten bürgerliche Pädagogen die Verderbtheit der Jugend, die durch den Genuß kulturell wertloser Medienprodukte geistig verkümmere, und bejammerten den Wertezerfall, den sie bei den Liebhabern der Schundkultur auszumachen meinten. Bereits im 19. Jahrhundert warnten Bildungsbürger und Pfarrer vor den unseligen Auswirkungen schlechter Literatur auf die arbeitenden Klassen. Mit dem Aufkommen der industriellen Buchproduktion wurden vor allem Groschenromane angeprangert; im 20. Jahrhundert mußten dann Filme als Ursache für die angeblich rohe und kriminelle Lebensführung der Jugend herhalten.

In dieser Kritik werden Form und Inhalt in eins gesetzt; grausame, gewaltverherrlichende Szenen sind vor allem dann jugendgefährdend, wenn sie im Gewand der Massenkultur daherkommen. Dagegen hat sich noch niemand gegen das Lesen der »Leiden des jungen Werther« im Schulunterricht ausgesprochen, um Schülerselbstmorden vorzubeugen, und auch die unzähligen Schlachten und Morde der klassischen Literatur gelten nicht als jugendgefährdend, weil sie ›Niveau‹ haben.

Die Verteufelung des Trash wurde Anfang des Jahrhunderts mit denselben Argumenten betrieben wie in den fünfziger Jahren und hat auch derzeit wieder Hochkultur; der Heavy-Metal-Band Judas Priest wurde der Prozeß gemacht, weil jugendliche Fans Selbstmord begingen, und im Fall der Ermordung des zweijährigen James Bulgar durch zwei Halbwüchsige in England wurde ein Videofilm zum eigentlichen Täter stilisiert. Mit dem »Culture War« in den USA, der sich gegen Musikstile wie den »Gangsta Rap« wendet, wird vollends offensichtlich, daß der Kampf gegen Gewalt in der Populärkultur auch eine politische Dimension hat, indem er Unterprivilegierte kriminalisiert, anstatt soziale Ungleichheit sichtbar zu machen.

Die ›Machwerke‹ des blutigen und grausamen Trash erlebten ungeachtet der Versuche, sie zu unterdrücken und zu verteufeln, in den sechziger Jahren eine Blütezeit und führten damit zur ersten Zelebrierung auf Ebene Drei. In der Literatur hat sich in den letzten Jahren ebenfalls eine Trash-Kultur herausgebildet, die sich an Groschenromanen, Sexheften und vulgärer Alltagssprache orientiert.

Das kulturelle Feld von Schund und Trash, das alle gesellschaftlichen Werte mit Füßen zu treten scheint (auch wenn viele Horrorgeschichten dann doch wieder voller Klischees sind, doch das ist ein anderes Thema), spielt mit Extremen; es verherrlicht all das, was in der Gesellschaft offiziell verachtet wird, aber unterschwellig dennoch überall vorhanden ist, und läßt kein Tabu aus.

Camp

Während sich Kitsch an den Objekten selbst festmachen läßt und als Klisterung, Trivialisierung, Verzerrung und Verniedlichung von Versatzstücken ›hoher‹ Kultur bezeichnet werden kann, ist die Definition von Camp schwieriger, weil hier sehr unterschiedliche, konkurrierende Konzepte existieren. Camp ist nicht nur eine Bezeichnung für kulturelle Phänomene, sondern auch eine Einstellung zu ihnen.

Das Wort Camp kam wahrscheinlich erst Anfang des 20. Jahrhunderts auf; in einem Lexikon für viktorianische Umgangssprache findet es 1909 Erwähnung. Es wird kolportiert, daß sich der Begriff von der Abkürzung K.A.M.P. ableitet, die früher in Großbritannien als polizeilicher Aktenvermerk für »known as a male prostitute« verwendet wurde. Vielleicht sahen einige Travestie-Prostituierte das Kürzel in den Polizeiakten und kreischten: »Schau mal, Darling, da steht Kamp, das ist ja wirklich camp!« Weniger witzig aber, naheliegender ist, daß sich Camp von dem französischen Wort »se camper« ableitet, das soviel wie »prunken, posieren« bedeutet. Es bezeichnet eine übertriebene, schwülstige Form der Selbstdarstellung.

Letztlich geht es bei Dingen oder Personen, die als camp wahrgenommen werden, um die Diskrepanz zwischen Intention und Ergebnis. Wenn etwas einfach schlecht ist, so oft deshalb, weil nicht genug Ehrgeiz darin steckt, wogegen Camp das mißglückte Resultat eines Versuchs darstellt, etwas wirklich Großes, Besonderes, Ausgefallenes zu schaffen. Etwas (oder jemand) ist camp, wenn ein hoher künstlerischer Anspruch angemeldet, aber nicht eingelöst wird. Die Millionärin Florence Foster Jenkins, die sich für eine begnadete Sängerin hält und schauerlich gejammerte Arien auf Platte bannt, ist mit Sicherheit camp, ebenso ein mittelmäßiger Schauspieler, der Talent durch Leidenschaft auszugleichen versucht und sich mit übertriebenen, peinlich wirkenden Gesten in Szene setzt. Camp »sucht allein sein Glück in gewissen leidenschaftlichen Fehlschlägen« (Susan Sontag).

Camp kann aber auch eine bewußte Parodie von künstlerischen Ausdrucksformen sein, die überzogen, exaltiert und damit ins Lächerliche gezogen werden. Während feminisierte und perfekt durchgestylte Männer spätestens seit dem Barock ihre Auftritte zu öffentlichen Anlässen zelebrierten und dann als Dandies des 19. Jahrhunderts glänzten, wurde diese im besten Sinne dekadente Form männlicher Selbstdarstellung im 20. Jahrhundert als Zitat eingesetzt und entwickelte sich mehr und mehr zu einer schwulen Praxis der Selbststilisierung. Häufig handelt es sich in diesem Zusammenhang um die Überspitzung von gesellschaftlichen Bildern des Weiblichen; bestes Beispiel hierfür sind Drag Queens: Männer, die sich als luxuriöse, übertrieben erotisierte Frauen verkleiden.

Camp wird in der US-amerikanischen Literatur vielfach als ausschließlich homosexuelle Haltung interpretiert und auf den ironischen, parodistischen Umgang mit weiblichen Formen der Selbstdarstellung eingeschränkt. Eine weiter gefaßte Definition, die Camp als ein bewußtes Bekenntnis zum Marginalen faßt, erscheint hier sinnvoller: Die Erfahrung, sich im gesellschaftlichen Abseits zu befinden, wird positiv umgedeutet, indem randständige kulturelle Phänomene parodistisch überhöht und ironisch verehrt werden. Wenn camp also eine Antwort auf soziale Marginalisierung darstellt, ist die Diskriminierung aufgrund von Homosexualität nur eine – wenn auch möglicherweise die wichtigste – von zahlreichen Ausgrenzungsformen, die zu einem tiefen Verständnis von camp führen können. In dieser Sicht lassen sich auch alle anderen subkulturellen Stile als Camp deuten, die sich zum Lächerlichen, Exaltierten oder im herkömmlichen Verständnis Niveaulosen bekennen. Sie zelebrieren die Diskrepanz zu herrschenden Geschmacksvorstellungen und stellen damit gleichzeitig eigene Bewertungskriterien für gut und schlecht auf. Dies setzt eine Einstellung zu den kulturellen Produktionen der Gesellschaft voraus, die gerade das genießen läßt, was den ernsthaften Kunstkenner mit Abscheu erfüllt: die unfreiwillige Komik, die in das Scheitern hochgehängter Ansprüche eingeschrieben ist, wie auch die Künstlichkeit und Dekadenz theatralischer Ausdrucks- und Darstellungsformen. Camp ist, wie Scott Long formuliert, »eine bewußte Antwort auf eine Kultur, in der Kitsch allgegenwärtig ist. Camp ist im Grunde genommen eine Haltung gegenüber Kitsch«.

Vor allem im Rahmen von »Gay Studies« und »Queer Politics« entstand in den letzten Jahren eine rege Diskussion um die politische Bedeutung von Camp. In diesem Zusammenhang wurde Susan Sontag heftig attackiert, weil sie in »Notes on Camp« die Behauptung aufstellte, Camp sei unpolitisch. Kritische Stimmen stellten Camp als politische, emanzipato-

rische Praxis dennoch in Frage, weil sie darin eine Verdoppe-
lung von Geschlechterstereotypen sahen. Sie wiesen darauf
hin, daß sich in der Travestie auch eine verächtliche Haltung
gegenüber Frauen ausdrückt. In der Folge wurden ebenso
überzogene Machismen einbezogen, um diesem einseiti-
gen Lächerlichmachen eines Geschlechts entgegenzuwirken.
Letztlich läßt sich Camp im Rahmen der homosexuellen Kultur nur im jeweiligen historischen Kontext verstehen. In Zeiten,
als die »Gay Community« eher defensiv auf die gesellschaftlichen Diskriminierungen reagierte, war Camp eine Überle-
bensstrategie; seit Schwule und Lesben ihre Rechte offensiver
einklagen, kann Camp auch eine Praxis des kreativen wie
auch bewußtseinsverändernden Umgangs mit den restrikti-
ven Normen der Gesellschaft sein.

Die Faszination des Trivialen

Die Lust am Kitsch und an überzogenen, lächerlichen Auswüchsen in der Kultur hat vor allem in schwulen Subkulturen
schon seit der Jahrhundertwende einen festen Platz. Aber
auch die Hinwendung zum Trivialen, der Tourismus in die Niederungen der Unterschichten, ist nicht erst ein Phänomen
der letzten Jahre. Schon die stilbewußte Elite im New York
der zwanziger Jahre ging »slumming« nach Harlem. Dabei
machte sicher nicht nur die neue Jazz-Musik die Anziehungskraft dieses schwarzen Viertels aus, sondern auch die Atmosphäre in den Clubs, in denen die Reichen und Schönen
auf Menschen aus einfachsten Verhältnissen trafen und sich
am Exotischen dieser ihnen fremden Welt delektierten. Auch
Künstler und Bohemiens zogen nicht nur deshalb in die Vier-
tel der armen Leute, weil sie sich dort die Mieten leisten konnten, sondern auch, um sich von dieser Umgebung inspirieren
zu lassen und sich als wilde Outcasts zu fühlen.
    Im Bereich der Kunst nimmt mit der Verwendung von
Objets trouvés in den Arbeiten der Kubisten und später der
Dadaisten die Beachtung für triviale Alltagsgegenstände
zu. Diese Hinwendung zur Alltagskultur wird in den fünfziger

Jahren von den Situationisten fortgeschrieben; sie sahen beispielsweise in Comics die adäquate Darstellungsform der Zeit.

Eine Blütezeit des kultivierten schlechten Geschmacks sind die sechziger Jahre. Mit der Pop Art entwickelte sich ein künstlerischer Umgang mit der Massenkultur, der auch einer Suppendose, der Ästhetik von Comics und der Farbigkeit von Werbeplakaten Museumsfähigkeit zusprach und von Kunstkritikern, wie wohl intendiert und auch nicht anders zu erwarten, als Frontalangriff auf künstlerische Werte begriffen wurde. Triviale Alltagsgegenstände fanden nicht mehr nur als Fragmente Verwendung, sondern erhielten sozusagen als Ikonen einen Eigenwert, der die Demokratisierung der Kunst und, damit einhergehend, einen neuen Kunstbegriff ausdrücken sollte. Es verwundert nicht, daß das Umfeld von Andy Warhol eine Avantgarde-Kultur pflegte, die durch und durch camp war; in diesem Zeitraum entstand auch mit Susan Sontags »Notes on Camp« der erste Text, mit dem versucht wurde, sich diesem Phänomen analytisch zu nähern.

Auch wenn Vampire und Untote schon in der Stummfilmzeit ein beliebtes Filmthema darstellten, bildeten sich parallel zu Demokratisierungsideen im Bereich der Kunst auch Filmgenres heraus, die sich überhaupt keinen hochkulturellen Setzungen mehr verpflichtet sahen: der provokative, bewußt dem Häßlichen und Trivialen huldigende Trash. Exemplarisch für diesen Trend sind Mondo-Filme, aber auch einige Filme der neuen Genres von Sexploitation und des Horror- und Splatterfilms. In den folgenden Jahren war schlechter Geschmack in Musik, Film und Kunst vor allem das Steckenpferd von Sammlern im Bereich der Musikszene. Sie bauten ihre schauerlich-schönen Funde zum Teil in ihre eigene Arbeit ein und konnten einen kleinen, aber leidenschaftlichen Kreis von Fans um sich versammeln.

Die Lust an Kitsch und Trash blieb über viele Jahrzehnte hinweg das Vergnügen, aber auch das Erkennungssymbol einiger weniger Eliten und Subkulturen. In den letzten Jahren verbreitete sich das Phänomen jedoch zusehends und avancierte zu einem Kult, der alle Bereiche der Alltagskultur durchzieht. »Bad taste« ist zum Modebegriff geworden; Designer spielen mit dem Einsatz von Geschmacklosigkeiten, Möbelhäuser bieten Nierentischchen an, und Talkmaster laden Heino ins Studio ein. Schlechter Geschmack ist allgegenwärtig, seit eine ganze Generation sich diesem Phänomen verschrieben hat: die sogenannte Generation X.

Die Generation X ist eigentlich eine Medienerfindung. Nachdem es über Jahrzehnte problemlos gelungen war, den Zeitgeist-Hype mit knalligen Bildern und Symbolen in den Griff zu bekommen, eröffnete sich angesichts der in den 60er Jahren Geborenen auf einmal die große Leere. Sie sind zu jung, um am Mythos der 68er teilzuhaben, und zu alt für die HipHop-Rave-Generation. Zumindest diejenigen, die in der Kategorie Yuppie nicht unterzubringen sind, scheinen einfach unsichtbar oder zumindest durchsichtig zu sein. Verschiedenste subkulturelle Stile bestehen nach- und nebeneinander, ohne sich so einfach zu einem geschlossenen Bild stilisieren zu lassen. So konnte es passieren, daß diese Altersgruppe ihr Label erst aufgeklebt bekam, als die meisten von ihnen eigentlich schon lange nicht mehr als jugendlich bezeichnet werden konnten.

In einer Hinsicht ist die Generation X aber möglicherweise keine reine Medienerfindung, sondern es gibt sie tatsächlich. In den späten sechziger und den siebziger Jahren stieg der Lebensstandard in den kapitalistischen Industriegesellschaften zunehmend, und immer mehr Jugendliche wuchsen nicht mehr in einer Atmosphäre von Mangel und Sparsamkeit auf, sondern es gab alles zu kaufen, und der Glaube daran, daß die Konsummöglichkeiten unbegrenzt seien, war allgegenwärtig. Nach dem Motto »Unsere Kinder sollen es einmal besser haben« verausgabten sich Mittelschichtseltern bis zum letzten, um ihren Kindern ein Höchstmaß an materiellem Wohlstand zu bieten. Es sollte nicht mehr Margarine aufs Brot gestrichen werden, sondern gute deutsche Markenbutter. Es ging nicht mehr darum, überhaupt eine neue Hose zu haben, sondern um Wrangler oder Levi's. Die Freizeitaktivitäten vor allem der bürgerlichen Kinder wurden komplett durchorganisiert. Etwas sportliche Betätigung, ein Musikinstrument, Nachhilfeunterricht und vielleicht noch eine Jugendgruppe, um soziale Kompetenzen zu schulen, waren das mindeste, was sich die Eltern zur minutiösen Vorberei-tung ihrer Sprößlinge auf das spätere Leben leisten mußten. Die Generation X war auch die erste Generation, für die eine gute Ausbildung zum Standard gehören sollte. Immer mehr Jugendliche machten Abitur, und der Hauptschulabschluß geriet zum gesellschaftlichen Stigma. Dabei wurde allerdings übersehen, daß das Leben im materiellen Überfluß beileibe nicht der Normalfall war; vielmehr stiegen die materiellen Ansprüche, das Level dessen, was gemeinhin als ›normal‹ galt. Diese Normalität konnten sich aber nach wie vor nur einige leisten, und diejenigen, die aus dem Konsumwunder ausgeschlossen blieben, bekamen die Verachtung für ihre geringe Bildung, ihre billigen Klamotten und die von der Mutter mehr schlecht als recht gestutzten Haare um so mehr zu spüren. Sie wurden nicht mehr nur schief angeschaut, sondern schlichtweg ignoriert. Mit der Begeisterung für die nivellierte Mittelstandsgesellschaft standen die weniger Privilegierten nicht einmal mehr am unteren Ende der Hackordnung, sondern waren schlicht nicht mehr vorhanden.

Abgesehen davon haben all denen, die tatsächlich in den Genuß von sorgsamer Aufzucht im Überfluß und Bildungsboom kamen, diese Vorteile gar nichts geholfen. Als nämlich die mehr oder weniger gutsituierten Kids in dem Alter waren, in welchem sie ihre Ausbildung hätten einsetzen können, gab es so gut wie keine Perspektiven auf beruflichen Aufstieg. Während das Lehramtsstudium der Elterngeneration mit fast hundertprozentiger Sicherheit einen Arbeitsplatz eröffnete, war es nun nicht einmal mehr das Papier wert, auf dem das Staatsexamen bescheinigt wurde. Auch Betriebswirtschaftler, die ihr Studium in dem sicheren Gefühl begonnen hatten, auf diese Weise beruflich ausgesorgt zu haben, sahen sich auf einmal vor die Alternative gestellt, MacJobs (Coupland: »A low-pay, low-prestige, low-dignity, low-benefit, no-future job in the service sector«) anzunehmen oder als unter- bis unbezahlte Praktikanten in den großen Betrieben nach Schlupflöchern zu suchen. Aus dem Gefühl der Zukunftslosigkeit entwickelte sich unter anderem auch ein jugendkultureller Stil, der unter der Bezeichnung Grunge geführt wird. Grunge zeichnet sich durch ärmlich aussehende Kleidung und depressive, nicht zu wilde, keinesfalls aufrührerische Garagenmusik aus; die amerikanische Gruppe Nirvana mit ihrem Leadsänger Kurt Cobain, der seine Selbstmorddrohungen schließlich wahrmachte, zählt zu den Vorzeigebands dieser Bewegung.

Nicht nur die sichere berufliche Karriere, die zufriedene Bürger produziert, fehlte, auch kulturell konnten diese Leute ansonsten eigentlich gar nichts vorweisen. Die Generation X ist die erste Gruppe, die ihr Leben nicht als authentisch empfindet, sondern als ein einziges Zitat. Bis zur 68er Generation waren die Hoffnungen und Wünsche der Jugend auf die Zukunft ausgerichtet. Die Vergangenheit der Bundesrepublik wurde als muffig bis hassenswert empfunden, und es galt, einen Neuanfang zu machen, der den Ballast von Spießigkeit und autoritätsgläubigem Gehorsam abzuwerfen half. Diese Entwicklung verlief in anderen Ländern der sogenannten westlichen Welt ganz ähnlich. Gleichzeitig mit der 68er-Revolution erhob sich in den USA ein breiter Widerstand gegen Sexualmoral und (Vietnam-)Kriegsunmoral. Auch diejenigen, die niemals an Happenings, Sit-ins und Demos teilgenommen hatten, waren dabei, wenn sie sich nur durch lange Haare, Indienklamotten und Haschisch als Bestandteil der Flower-Power-Generation kenntlich machten. Während diese Generation voll Selbstbewußtsein für ihren Lebensstil eintrat, hatten von da an alle das Gefühl, für das Wahre eigentlich zu spät geboren zu sein und nur noch ein Abziehbild der Träume und Aufstände abzugeben, welche die Hippie-Yippie-Sex-Drogenrevolution zum Mythos gemacht hatten.

Auch wenn der Verlust von Utopien als Phänomen der neunziger Jahre gehandelt wird, beginnt er bereits in den Siebzigern mit dem Punk, und die Punks sind auch die ersten, die sich Trash, Müll und Kitsch in Kleidung wie Musik zu eigen machten. Sie griffen unterschiedslos alles auf, was ihnen in der verlogen sauberen Gesellschaft vor die Füße fiel, von der Nationalflagge bis zum Volkslied, und überzogen es mit Nieten, Sicherheitsnadeln oder schrammelndem Gitarrenlärm. Sie diskreditierten, was der Nation heilig war, und stellten sich offensiv selbst an den Platz, der ihnen von der Gesellschaft zugewiesen worden war: in den Mülleimer.

Parallel dazu entwickelte sich die glitzernd-glatte Disco-welle, die von Anfang an keinerlei Probleme mit der Kommerzialisierung hatte. Für die neuen Musiksendungen »Hitparade« und »Disco« mit Dieter Thomas Heck und Ilja Richter entstanden die ersten Retortenbands im Studio, die auf nichts anderes als schnellen Erfolg ausgerichtet waren und dementsprechend seichte Liedchen zum besten gaben. Diese Musik taugte vielleicht noch zum Tanzen, aber sie hatte nichts mehr mit dem Image von Widerständigkeit und Auflehnung zu tun, das vorhergehende Stile der Popmusik für sich beanspruchen konnten. Daran änderte auch John Travolta nicht viel, denn im Vergleich zu Helden wie Jimi Hendrix oder den Rolling Stones war er ein braver Hampelmann, der höchstens noch für den »Bravo«-Starschnitt im Jungmädchenzimmer gut war. Und niemand glaubte im Ernst daran, daß ein Disco-Hit jemals wieder Beachtung finden würde, war er einmal aus den Charts verschwunden.

Nutzungsweisen von Trash und Schund

Doch es kam anders. Im Sog der Revivals wurden Abba und Bee Gees wieder ausgegraben, gespielt, gesampelt und stolz im heimischen Plattenschrank präsentiert. Während zu Anfang nur die Musik der Fünfziger von verschrobenen Sammelfreaks bewahrt wurde, weil die Exotica-Plattencover so schrill waren, erlangten mit der Zeit – nicht zuletzt, weil Vinyl ganz allgemein seit der Erfindung der CD zur Antiquität wurde – immer mehr Schallplatten Raritätenstatus. Der Zugriff auf ebenso vielfältige wie nichtssagende Möglichkeiten des Konsums, der das Leben der Generation X bestimmte, galt oder gilt für den gesamten kulturellen Bereich. Es gibt Unmengen von Dingen zu kaufen – daß nicht alle das Geld dazu haben, wird dabei zumeist übersehen –, aber die Palette an Waren ist

ebenso groß wie immergleich und langweilig. Was bleibt
also anderes, als diese Gegebenheiten neu zu nutzen und einen Stil daraus zu machen? In der Trash Couture verbindet
sich die offensive Nutzung des mittelmäßigen Angebots mit
der selbstbewußten Mißachtung von kulturellen Werten, die
schon der Punk zu Makulatur erklärt hatte. Denn wozu ist bürgerliche Hochkultur noch gut, wenn man sich von schlecht-
bezahltem Nebenerwerb zu MacJob durcharbeitet? Wieso
sollte man sie mehr schätzen als den deutschen Schlager der
fünfziger oder siebziger Jahre?

Gleichzeitig ist die Liebe zum schlechten Geschmack auch
eine Form des Umgangs mit einer Medienlandschaft, die
zunehmend von Einschaltquoten und ökonomischem Kalkül
bestimmt wird. Privatsender kaufen billige Schundserien, um
das Programm zu füllen. Die Filme sind veraltet, lächerlich,
schlecht, niemand kann sie ernsthaft gut finden, und neue
Serien werden häufig nur noch als Umfeld konzipiert, in dem
sich möglichst viele Werbeminuten unterbringen lassen. Man
hat die Wahl, als Purist zu leben und dem Fernsehkonsum
abzuschwören oder aber das Angebot aus vielfältigen, un-
übersehbaren und doch immergleichen Sendungen in einer
neuen Weise zu nutzen. Wenn man einem Übel nicht entkommen kann, ist die eleganteste Lösung, mit ihm zu spielen,
die Inhalte und Formen gerade dafür zu lieben, daß sie so
allgemein verbreitet wie verachtet sind. Was man nicht ernsthaft als Bereicherung schätzen kann, kann man immer noch
dadurch kreativ umnutzen, daß man es unernsthaft gut
findet.

Dieser Erklärungsversuch beschreibt jedoch nur einen Aspekt der billig eingekauften Serien. Denn unabhängig davon,
ob und inwieweit dies von Regisseuren und Drehbuchschrei-
bern bewußt intendiert ist, stöbern die Zuschauer in Handlungen und Charakteren auch Subtexte und unterschwellige Be-
deutungen auf und kultivieren sie. Diese Umnutzung ist nicht
unbedingt davon abhängig, daß solche Ergänzungen in den
Figuren angelegt sind; möglicherweise kann gerade das völlige Fehlen der angedichteten Eigenschaften oder sogar deren Tabuisierung die Fantasie anregen. Ein Beispiel sind die

vor allem in den USA verbreiteten homoerotischen Geschichten, mit denen Serienfans ihre Stars um wichtige Persönlichkeitsaspekte erweitern und dadurch auch den Fernsehgenuß entschieden vergrößern. Interpretiert man die Star-Trek-Helden Kirk und Spock als verhindertes Liebespaar, verändern sich dadurch alle Dialoge und Interaktionen. Wenn beide in der (bis heute in der BRD niemals gesendeten) Folge auf dem Nazi-Planeten mit entblößtem Oberkörper zu sehen sind und Spock auf den nackten Rücken von Kirk steigt, um eine Glühbirne zu erreichen, erhält die durch und durch ernsthafte Situation vor diesem Hintergrund einen neuen, prickelnden Gehalt.

Bei Low-Budget-Kinofilmen kommt, mehr noch als bei Fernsehserien, der Umstand hinzu, daß sie nicht wie die großen Hollywood-Produktionen unzählige Male auf Publikumsgeschmack und Stromlinienförmigkeit hin überprüft werden. Regisseure wie Schauspieler können ihrer Kreativität freien Lauf lassen und unkonventionelle, für den Mainstream undenkbare Plots verwirklichen. Zudem zeichnen sich solche Filme oft durch eine unfreiwillige Komik aus, weil preiswerte oder zeitsparende Notlösungen gesucht werden müssen, die sich manchmal überdeutlich am fertigen Produkt ablesen lassen. Seit durch Computeranimation und Millionenbudgets der Perfektion keine Grenzen mehr gesetzt sind, erhält das Unperfekte, Dilettantische einen neuen Wert. Die täuschend echte Simulation ist kein unerreichbares Ideal mehr, sondern fast schon der Normalfall. In dieser Situation kann ein Film oder ein Video seinen Reiz auch daraus beziehen, daß der Produktionsprozeß im Endergebnis noch spürbar und nachvollziehbar bleibt.

Spielregeln der Trash Couture

Dabei ist es keinesfalls so, daß nun alles unterschiedslos zum Kult erklärt werden kann. Die angebliche Beliebigkeit der Postmoderne, die gerne als Rahmen für das Phänomen des guten schlechten Geschmacks gesehen wird, ist alles andere als beliebig. Vielmehr sind die Regeln, die das Schlechte zum

Kultgegenstand machen, recht eng gesteckt. Eine Voraussetzung, die erfüllt sein muß, ist klar: Es muß sich um etwas handeln, das in dem Rufe steht, niveau- oder geschmacklos zu
sein. Allerdings eignet sich hierfür nur selten etwas Aktuelles,
eben erst in Mode Gekommenes. Das flotte Dekor des Zweit-
wagens, beispielsweise türkisfarbene und rosa Dreieckchen
auf einem schicken Golf, ist zumindest derzeit einfach nur
schlecht. Auch die Ständer für CDs, die bunt lackiert in die
Wohnzimmerlandschaft ragen, scheiden aus, ebenso die
pseudojapanischen Futonbetten mit Federkernmatratze aus
dem Möbelhaus auf der grünen Wiese und Musicals wie
»Cats« oder gar »Miss Saigon«. Kult wird zumeist nur das,
was durch die Patina des unwiederbringlich Vergangenen
eine Aufwertung erfahren hat und deshalb keinesfalls zu Ver-
wechslungen mit den Dingen (und vor allem Leuten) führen
kann, die gegenwärtig auf Ebene Eins ihr Dasein fristen.

Die grundlegende Vorbedingung für den Schlechtigkeits-
kult besteht also in einer Distanz. Zumeist liegen Jahrzehnte
zwischen erster und zweiter Nutzung von Kitsch und Schund;
im Falle der DDR trat die Historisierung jedoch spätestens
am Tag des Mauerfalls ein, weil eine Ära und mit ihr die real-
sozialistischen Formen von Ästhetik per Beschluß von einem
auf den anderen Tag zu Ende gegangen waren. Während originale Mauerstückchen während des Umbruchs aktuell und
damit für die Ebene Drei wertlos waren, avancierten Abzei-
chen, Orden ebenso wie das DDR-Alltagsdesign über Nacht
zu begehrten Objekten für Stilbewußte.

Die Distanz kann aber auch durch andere als zeitliche
Abstände geschaffen werden, so z. B. im Falle von Kindersendungen, in denen die eigentliche Zielgruppe klar definiert
ist. Schon dadurch, daß man eigentlich über dieses Alter
hinaus ist, entsteht eine soziale Distanz, kann man durch das
Bekenntnis zu Urmel und Krümelmonster selbstironische Lächerlichkeit demonstrieren.

Ein letzter wichtiger Aspekt ist, daß Kultgegenstände der
Ebene Drei diese Position dadurch erringen, daß sie aus
ihrem bisherigen Zusammenhang herausgeholt und in einen neuen Kontext gebracht werden. Ein stilvolles Schund-

ensemble muß also immer eine Collage aus coolen, im Verständnis der jeweiligen Szene positiv besetzten Komponenten und solchen des schlechten Geschmacks sein. Je genauer das Mischungsverhältnis austariert ist, desto durchschlagender ist der Erfolg.

Es ist wohl so, daß die kulturellen Spielarten zunehmend vielfältiger geworden sind; für Außenstehende ist die Trash Couture häufig nur schwer nachvollziehbar. Wenn diese dann mit dem Beliebigkeitsvorwurf reagieren, drückt sich darin eher die Tatsache aus, daß subkulturelle Formen und Hochkultur in ihren Wertigkeiten nicht mehr eindeutig zu trennen sind. Der angemessenere Begriff für diese Entwicklung wäre folglich die Unübersichtlichkeit der kulturellen Ausdrucksformen. Die breite Kultivierung der Niveaulosigkeit ist ein schönes Spiel unter vielen anderen, das die Hierarchie der Wertungen neu zusammensetzt. Es ist nicht mehr ausschließlich bedeutsam, wieviel ein Statussymbol gekostet hat, sondern es geht darum, im richtigen Moment am richtigen Ort gewesen zu sein und den richtigen Blick für ein Fundstück gehabt zu haben.

Doch die Spielwiese des Schunds hat auch ihre Schattenseiten. Zuerst einmal sind die Subkulturen, die es sich auf dem Terrain der Ebene Drei gemütlich eingerichtet hatten, ziemlich aufgeschmissen, seitdem der gute schlechte Geschmack zum Allgemeingut zu werden droht. Sie sind sozusagen enteignet, weil ihre Erkennungsmerkmale nun auf einmal von allen stolz herumgezeigt werden. Während beispielsweise Schwule vor ein paar Jahren noch sicher sein konnten, auf einer Marianne-Rosenberg-Party unter sich zu sein, sind solche Schlager nun der Hit auf allen möglichen Feten. Das Abfeiern von kitschigen Schlagern ist nicht einmal mehr auf mehr oder weniger fest umrissene Szenen und Subkulturen beschränkt, sondern sogar Fernsehshows für das ›gehobene Publikum‹ präsentieren mit einem Augenzwinkern die Protagonisten der Schlagerwelt als Gaststars.

Man könnte meinen, die Verbreitung des schlechten Geschmacks sei zwar für die Subkulturen tragisch, doch zumindest für diejenigen, die schon immer und unreflektiert das

Triviale gerne mochten, eine positive Entwicklung. Die optimistische Annahme, der Kult des Schlechten könne dazu beitragen, daß dem Geschmack minderprivilegierter Gruppen und damit auch ihnen selbst eine respektvolle Wertschätzung entgegengebracht würde, ist aber eher naiv. Die Kultivierung von Geschmacksverfehlungen auf Ebene Drei läßt sich nicht unbedingt als Aufwertung derjenigen Bevölkerungsgruppen verstehen, die sich sozusagen immer schon auf diesem Terrain bewegten. Im Gegenteil, möglicherweise handelt es sich um ein subtiles, zweifaches Lächerlichmachen derjenigen, die sich solchen Dingen ganz distanzlos hingeben. Wer sich ihrer bedient, um aus dem Image der Geschmacklosigkeit stilistischen Profit zu ziehen, dringt in das kulturelle Terrain der Ebene Eins ein, um sie dadurch letztlich einmal mehr dem allgemeinen Spott preiszugeben. Hinter der vorgeblichen Begeisterung fürs Triviale verbirgt sich häufig eine zynische Attitüde, die letztlich nichts anderes ist als das Ausschlußverfahren via Kultur, das von den Vertretern der Hochkultur praktiziert wird.

Ein weiteres Risiko, das mit der oben beschriebenen Massenverachtung eng verknüpft ist, besteht darin, die Ebene Drei mit einem Freibrief zur Schadenfreude und zur Provokation um jeden Preis zu verwechseln. Vor allem die Feinde der »Political Correctness« schwimmen auf der Geschmacklosigkeiten-Welle mit. Sie hoffen, endlich in kindischer Lausbuben-Manier wieder die ganzen bösen Wörter sagen zu dürfen, die als Gewalt in der Sprache gebrandmarkt und aus dem Wortschatz des kritisch denkenden Menschen verbannt wurden. Für diejenigen, die das tun, mag es ein Spaß sein, doch letztlich rütteln sie damit keinesfalls an herkömmlichen Denkvorstellungen, sondern sie sprechen im Gegenteil nur aus, was viele sowieso denken. Die Revolte gegen die zugegebenermaßen häufig schwer erträgliche Betroffenheits-Linke geht nach hinten los, wenn am Ende nur reaktionäres Geschwätz und böse Klischees übrigbleiben.

Die Liebe zum schlechten Geschmack muß nicht zwangsläufig zu einer verächtlichen Haltung gegenüber Schund, Trash und Kitsch und den damit assoziierten Bevölkerungsgruppen führen. Sie kann ebenso eine Ablehnung von hoch-

kulturellen Normen und Werten zeigen, die nicht auf der ver-
bal-expliziten Ebene ausgedrückt wird, sondern im ästhetischen Bereich verbleibt. Es ist einfacher und möglicherweise
auch aussagekräftiger, sich einen röhrenden Hirsch an die
Wand zu hängen, als sich wortreich über den repressiven
Charakter des bürgerlichen Kunstbegriffs auszulassen. Diese
Form des Protests läßt sich im Rahmen der herkömmlichen
Vorstellungen von gesellschaftlichen Auseinandersetzungen
und Positionierungen nur schwer fassen oder kritisieren und
ermöglicht es zudem, sich eigene Kategorien von Genuß und
Amüsement zu schaffen.

Diejenigen, die sozial aufgestiegen sind und die Ebene
Zwei der Hochkultur nicht in die Wiege gelegt bekamen, sondern sich mühsam erarbeitet haben, wollen zumeist ihre Vergangenheit hinter sich lassen und verschreiben sich ganz der
gängigen Hochkultur. Doch auch unter ihnen gibt es einzelne,
die zu einer liebevollen Haltung gegenüber den ästhetischen
Formen zurückfinden, die sie jahrelang ablehnten und glaubten überwinden zu müssen. Die Freude an Dingen, die früher
ganz unreflektiert Teil des Alltags waren und nun auf einmal
exotisch und vertraut zugleich wirken, hat möglicherweise
auch ein Stück weit mit Nostalgie zu tun. Doch nicht nur für
soziale Aufsteiger, sondern für alle, die sich auf der Ebene Drei
tummeln, gilt wohl, daß eine heimliche Sehnsucht nach einfachen, anspruchslosen Vorstellungen von Glück und heiler
Welt im Zelebrieren von Kitsch mitschwingt.

Und hier liegt eine weitere der vielen Stolperfallen, die das
souveräne Geschmacksmonopoly unversehens ernst werden
lassen können. Während die Verhältnisse auf Ebene Eins und
Zwei relativ stabil sind, weil man entweder hineingeboren
wird oder sich eine Menge Wissen angeeignet hat, ist die
Ebene Drei eine ausgesprochen unbeständige Angelegenheit. Es ist unmöglich, es sich dort dauerhaft und krisensicher
einzurichten, denn zu viele schwer kontrollierbare Gegebenheiten führen zum unausweichlichen Absturz. Erster Risiko-
faktor ist eben das Quentchen Nostalgie, das manchmal doch
echte, distanzlose Glücksgefühle nach sich ziehen kann. Die
Begeisterung für schlechten Geschmack erscheint für viele

wie eine Befreiung; offensichtlich ist die heimliche, verbotene Liebe zum Schlechten schon lange unterschwellig vorhanden, und nun brechen die Geständnisse nur so aus Trash-Liebhabern und Pulp-Fans heraus: Endlich darf ich Abba hören, endlich habe ich Freunde, die mich für die Sucht nach Vorabendserien, billigem Plastikramsch und Schlagermusik nicht mehr verurteilen. Mitschunkeln ist gut, aber rechtzeitig damit aufhören ist besser. Denn der Genuß darf ja gerade nicht in der Illusion von glücklicher Gemeinschaft und heiler Welt bestehen, sondern die Teilnahme an als trivial verschrienen Handlungen muß ununterbrochen als skurriles, nur durch seine Peinlichkeit interessantes Vergnügen empfunden werden. Sonst ist es aus mit Ebene Drei, und die Ebene Eins hat den unachtsamen Trash-Touristen wieder im Klammergriff.

Doch auch die Ebene Zwei ist selbst dem versiertesten Trashkenner näher als ihm lieb sein kann. Die konsequent distanzierte Haltung zum Trash ist nämlich paradoxerweise genauso riskant; der Sicherheitsabstand erweist sich als ebenso notwendig wie gefährlich. Wer nicht trotz aller Distanz mit ganzem Herzen zu seiner Lust an Trash steht, ist nicht besser als alle, von denen er oder sie sich abgrenzen wollte; von der sicheren Position des Gebildeten steigen solche ausschließlich zynischen Protagonisten nur scheinbar wirklich in die Niederungen des Trivialen hinab; in Wirklichkeit bleiben sie aber unbeweglich auf der hohen Warte des Kulturmenschen – und die findet sich nun mal auf Ebene Zwei. Die wahre Kunst besteht in dem Drahtseilakt, wahre Gefühle zu empfinden, gerade weil sie falsch sind.

Zudem ist man ja nicht (mehr) alleine mit der Lust auf Schund; die Trivialitätenshow ist gerade dafür da, sich zu präsentieren und bei anderen Schundliebhabern einen Wiedererkennungseffekt zu erzielen. Sobald aber ein Umfeld entstanden ist, in dem alle den schlechten Geschmack als stilvoll einstufen, geht der Konkurrenzkampf los: Wer ist schlechter? Wer hat die geschmacklosesten Ideen? Und flugs sind einfach nur die Inhalte ausgetauscht; die hochkulturelle Form der Selbstdarstellung durch beeindruckende Stilmittel regiert wieder ungebrochen.

Trash-Inflation

Inzwischen findet sich der schlechte Geschmack als Attitüde fast überall. Diese grenzenlos scheinende Verbreitung könnte man als Sieg des zelebrierten Schunds auf ganzer Ebene bezeichnen, wahrscheinlicher jedoch markiert sie das Ende des guten schlechten Geschmacks. Die Fristen zwischen der Nutzbarkeit von Phänomenen auf Ebene Eins und Drei werden immer kürzer; anfangs betrug der Sicherheitsabstand zu den Fünfzigern immerhin noch ein Vierteljahrhundert, Mitte der Neunziger sind schon die achtziger Jahre wieder neu vermarktbar. Das Publikum auf entsprechenden Veranstaltungen wird immer gemischter, und das Risiko ist groß, mit Schlager-Revivals eben diejenigen zu bedienen, die man eigentlich nur als Zitat verwenden wollte.

Die Gerisseneren unter den Schlagersängern haben längst auf den Trend zur Schunkelmusik reagiert. Sie sind echte Profis; wie sie verkaufen, ist ihnen egal. Heino führt einen Enzian-Rap auf, der Techno-Schlagersampler »Hossa: House of Schlager« kompiliert alles von »Schöne Maid« über »Fiesta Mexicana« bis »Addio Mexiko«. Das Video dazu zeigt Heidi im Splatterfilm-Ambiente, die gruseligsten Gestalten in dieser Horrorwelt sind Rex Gildo, Tony Marshall und Roberto Blanco, die eine Polonaise durch düstere Gänge, vorbei an aus Horrorfilmen entlehnten Monstern anführen. Mit solchen selbstironischen Auftritten öffnen sich die alternden Barden einen neuen Markt, und inzwischen ist auch die Werbung für deutsche Schlager-CDs auf den Musikkanälen VIVA und MTV tatsächlich völlig normal.

Auf dieser Welle reiten inzwischen auch Sendungen wie »Stern-TV« mit. Moderator Günther Jauch präsentiert eine wissenschaftliche Abhandlung über den hohen Stellenwert der Gestik für den Schlagererfolg. In Handbewegungen wie dem Einfachen Ranzieher, der Kleinen, Großen oder Doppelten Sonne, der Verträumten Körperklammer oder dem Exaltierten Hossa verbirgt sich der neuesten Forschung zufolge das große Geheimnis von Ruhm und Anbetungswürdigkeit. Allerdings sind die Versuche, die Erfinder dieser Gesten durch die wissenschaftliche Konfrontation ins Lächerliche zu ziehen, von vornherein zum Scheitern verurteilt. Denn ein Karel Gott (Spezialgeste: Gottes Hand) ist Stefan-Raab-geschult und außerdem sowieso nicht auf den Kopf gefallen. Auf die Frage, welche tiefe Bedeutung sich hinter dem Spreizen von drei Fingern einer Hand verbirgt, antwortet er mit verschmitztem Lächeln: »Vielleicht, daß ich gerade das dritte Lied singe?«

Wie soll das bloß weitergehen? Einige vermuten, daß eine Gegenbewegung anrollt, die wieder die strenge Etikette einfordert und sich strikt auf die Ebene Zwei beschränkt: rigorose Verhaltensregeln, die nur durch Bildung und hartes Training eingeübt werden können. Doch das gab es schon, und es wäre einfach nur ein weiteres Zitat in der langen Reihe von kulturellen Recycling-Prozessen. Wahrscheinlicher ist, daß diese Form der Abgrenzung eine neben vielen anderen sein wird. Wo das alles hinführt, weiß niemand. Aber wüßte man's, wäre das Ganze nicht einmal mehr halb so spannend. Und deshalb endet dieser Text genauso wie jede triviale Fernsehserie: abrupt und mit einer offenen Frage.

Literatur

Bergman, David (Hg.): Camp Grounds. Style and Homosexuality. Amherst 1993.

Bourdieu, Pierre: Die feinen Unterschiede. Kritik der gesellschaftlichen Urteilskraft. Frankfurt a.M. 1991 (franz. Orig. 1979).

Broch, Hermann: Massenpsychologie. Schriften aus dem Nachlaß. Gesammelte Werke Bd. 9, Zürich 1959.

Core, Philip: Camp. The Lie that Tells the Truth. London 1984.

Coupland, Douglas: Generation X. Geschichten einer immer schneller werdenden Kultur. München o.J. (engl. Orig. 1991).

Dorfles, Gillo: Der Kitsch. Tübingen 1969.

Giesz, Ludwig: Phänomenologie des Kitsches. Ein Beitrag zur anthropologischen Ästhetik. Heidelberg 1960.

Keller, Harald: Kultserien und ihre Stars. Berlin 1996.

Labranca, Tommaso: Die Ekstase des Schafgeruchs. Warum können wir uns nicht »Brianzoli« nennen. Heidelberg 1994.

Martenstein, Harald: Das hat Folgen. Deutschland und seine Fernsehserien. Leipzig 1996.

Meyer, Moe (Hg.): The Politics and Poetics of Camp. London und New York 1994.

Moles, Abraham A.: Psychologie des Kitsches. München 1972.

REsearch: Incredibly Strange Films. Hg. von Andrea Juno und V. Vale. San Francisco 1986.

REsearch: Incredibly Strange Music. Hg. von Andrea Juno und V. Vale. San Francisco 1993.

Sontag, Susan: Anmerkungen zu »Camp«. Der Dandy neuen Stils. In: Gerd Stein (Hg.): Dandy – Snob – Flaneur. Exzentrik und Dekadenz. Kultfiguren und Sozialcharaktere des 19. und 20. Jahrhunderts, Bd. 2. Frankfurt a.M. 1985 (engl. Orig. 1964).

Stankowicz, Tom/Marie Jackson: The Museum of Bad Art. Art Too Bad To Be Ignored. Kansas City 1996.

Waters, John: Schock. Das geschmackvolle Buch über schlechten Geschmack. München 1982 (engl. Orig. 1979).